€ 5,—

Klaus-M. Kodalle

Gott und Politik in USA

In den USA ist Religion noch heute eine das Denken, Fühlen und Handeln durchdringende Macht, die den öffentlichen Diskurs entscheidend prägt. Diesem bei uns bislang viel zu wenig beachteten Merkmal der amerikanischen Gesellschaft spüren die Autoren des vorliegenden Bandes nach. Sie kommen zu auch historisch fundierten Aufschlüssen darüber, was es z. B. mit dem amerikanischen Freiheitspathos und politischen Sendungsbewußtsein auf sich hat oder mit der Überzeugung vieler Amerikaner, einem von Gott auserwählten Volk anzugehören.

Der Herausgeber: Klaus-M. Kodalle ist Professor für Religionsphilosophie und Sozialethik im Fachbereich Theologie der Universität Hamburg. Gastprofessuren in Israel, Italien und den USA. Veröffentlichungen u. a.: „Thomas Hobbes – Logik der Herrschaft und Vernunft des Friedens", 1972; „Politik als Macht und Mythos. Carl Schmitts Politische Theologie", 1973; „Unbehagen an Jesus", 1978; zusammen mit T. Koch und H. Schweppenhäuser: „Negative Dialektik und die Idee der Versöhnung", 1973; „Die Eroberung des Nutzlosen", 1988. Herausgeber: „Tradition als Last?", 1981; (zus. mit U. Bermbach) „Furcht und Freiheit. Leviathan-Diskussion 300 Jahre nach Thomas Hobbes", 1982; „Gegenwart des Absoluten", 1984; „Karl Christian Friedrich Krause (1781–1832) und der ‚Krausismo'", 1985.

Gott und Politik in USA

Über den Einfluß des Religiösen

Eine Bestandsaufnahme
Herausgegeben von Klaus-M. Kodalle

athenäum

CIP-Titelaufnahme der Deutschen Bibliothek

Gott und Politik in USA: über d. Einfluß d. Religiösen;
e. Bestandsaufn. / hrsg. von Klaus-M. Kodalle. –
Frankfurt am Main: Athenäum, 1988
ISBN 3-610-08506-1
NE: Kodalle, Klaus-Michael [Hrsg.]

Satz: Computersatz Bonn GmbH, Bonn
Druck und Bindung: Bercker, Graphischer Betrieb GmbH, Kevelaer
Printed in West Germany
ISBN 3-610-08506-1

Das Wort „Demokratie“ hat keinen Zauber für Euch, auch nicht für die unter Euch, die erbitterte Feinde des Nationalsozialismus sind. Ihr könnt nicht verstehen, wie für einen Amerikaner, ja, man kann ohne Übertreibung sagen, für jeden Amerikaner, das Wort Demokratie etwas Heiliges, Letztes, Großes bedeutet, an das er glaubt, für das er kämpft, für das er bereit ist zu sterben. Er kann es schwer ertragen, wenn jemand verächtlich über Demokratie spricht. Er empfindet es wie die Antastung von etwas Geheiligtem. Ich, der ich Eure Erfahrungen mit der Demokratie teile und Eure Gefühle ihr gegenüber verstehe, möchte Euch etwas über den *Glauben der Amerikaner an die Demokratie* sagen. Ihr sollt verstehen, was dieses Wort hier bedeutet, wieviel mehr es hier bedeutet als in Europa, und wieviel tiefer es in den Seelen der Menschheit verwurzelt ist.

Paul Tillich

1942 in einer Rundfunkrede über die „Stimme Amerikas“, gerichtet an die deutsche Opposition.

Inhalt

Klaus-M. Kodalle

Einleitung

Alles verstehen heißt nicht: alles verzeihen. Aber dem anderen ‚verzeihend' seine Partikularität zuzugestehen, und dies nicht von oben herab, sondern im Bewußtsein der Faktizität eigener Borniertheiten, ist die erste Bedingung friedvollen Zusammenlebens und schließlich: von Kooperation.

Daß Deutsche Amerika bewundern, daß sie seit 1945 zunehmend seinen way of life imitieren, daß sich die Orientierung des Wissenschaftsbetriebes, vor allem in den Sozialwissenschaften, zunehmend verwestlicht hat im Sinne einer Angleichung an angelsächsisch-amerikanische Paradigmen, ist eine Beobachtung von trivialer Art. Doch es sind nicht nur Intellektuelle, die die amerikanische Kultur ebenso wie die amerikanische Politik häufig mit Mißbehagen, Unverständnis, ja auch Empörung und Sarkasmus begleiten und kommentieren (und dies nicht erst seit Reagan!). Den tieferen Ursachen dieses Unverständnisses soll hier nachgefragt werden.

Die Amerikaner ihrerseits führen zur Zeit eine sehr heftige Debatte über die Frage, ob nicht der eklatante Zusammenbruch moralischer und intellektueller Standards in der politischen Kultur ebenso wie in den Bildungsinstitutionen der USA auf den subversiven, verderblichen Einfluß deutschen Denkens zurückzuführen sei! Den Anstoß gab das – inzwischen unter dem Titel „Der Niedergang des amerikanischen Geistes" (Hamburg 1988) auch auf Deutsch vorliegende – Buch von *Allan Bloom*, das, versehen mit einem Vorwort von *Saul Bellow*, 1987 in New York erschien und dem sofort eine enorme Aufmerksamkeit zuteil wurde: „The Closing of the American Mind. How higher education has failed Democracy and impoverished the souls of today's students." – Nietzsche habe wirkmächtig dem *Wert-Relativismus* und *Historizismus* Tür und Tor geöffnet; in Soziologie (Max Weber), Philosophie (Heidegger), Psychologie (Freud, Fromm, Marcuse) sei dieser nihilistische Grundansatz im 20. Jahrhundert durch wissenschaftliche Ausdifferenzierung voll zur Geltung gelangt. Diesen Theorien sei, bei aller Problematik und Fragwürdigkeit, ein hohes Reflexionsniveau keinesfalls abzusprechen. Aber die popularisierende breitenwirksame Verpflanzung dieser deutschen Philosophie – the German Connection – in die amerikanische Lebenswelt habe entscheidend dazu beigetragen, die ethische Fundierung der amerikanischen Demokratie zu untergraben: „. . . the new American lifestyle has become a Disneyland version of the Weimar Republic for the whole family“ (147). Die authentischen Theorien Nietzsches, Freuds, Webers blendeten das Tragische gerade nicht aus, sie verschwiegen nicht, daß der Wertrelativismus in dunkle Zonen der Existenz und (auch politisch!) in große Gefahren führt. Indessen: im nivellierenden Prozeß der amerikanischen Aneignung dieses Denk- und Handlungsparadigmas wurde daraus „nihilism with a happy ending“ (147), ein Nihilismus ohne Bewußtsein der Gefahr und der Abgründe (155). Bloom zieht zur Verdeutlichung dieses Bild heran: So wie mancher gute Wein, wenn er auf eine lange Reise geschickt wird, so lassen sich auch kultur- und lebensweltspezifische Denk- und Wahrnehmungsformen nicht ohne erhebliches Verderbnisrisiko von einer Lebenswelt in eine völlig anders geartete transportieren.

> „In short, after the war, while America was sending out its blue jeans to unite the young of all nations, a concrete form of democratic universalism that has had liberalizing effects on many enslaved nations, it was importing a clothing of German fabrication for its souls, which dashed with all that and cast doubt on the Americanization of the world on which we had embarked, thinking it was good and in conformity with the rights of man. Our intellectual skyline has been altered by German thinkers even more radically than has our physical skyline by German architects.“ (152)

Fremdheit und Nähe der politischen Kulturen Deutschlands und der USA sind durch Blooms provozierende Thesen nun also auch in Amerika auf der Tagesordnung.

Wer mit einem Menschen aus einer fremden, uns bislang gänzlich unzugänglichen Kultur zusammenträfe, dem käme es vermutlich nicht in den Sinn, auf befremdlich erscheinende Handlungen und Symbole mit *Verstimmung* zu ‚antworten'. Eher reizt ja das Anstößige, dem Eigen-Sinn des Fremden nachzufragen – mit aller Vorsicht, eigene Standards nicht vorschnell zu übertragen. Könnte es nun nicht sein, daß die Crux im Verhältnis zu den USA – die sich im Grunde als Diskrepanz der Beurteilung fast in jeder neuralgischen politischen Entscheidungssituation auftut, in der es um Recht und Moral geht – aus der vielleicht völlig unangebrachten Unterstellung resultiert, die USA seien im Grund Teil unserer europäischen Denk- und Kulturgeschichte und demgemäß auch an Standards zu messen, die in dieser Geschichte ausgebildet wurden? Daß wir uns so einfach in der ‚gemeinsamen' Sprache des Englischen finden, daß die Wissenschaftler und Geschäftsleute so blendend und zufriedenstellend ihre Kontakte pflegen können, daß wir so zahllose Spuren europäischen Kulturerbes in der amerikanischen Zivilisation entdecken, daß wir uns gemeinsamer soziologischer Erklärungsraster mit befriedigendem Erfolg bedienen können, daß – und ich hätte es als erstes erwähnen müssen – wir uns alle im Rahmen einer homogenisierenden universalen Technik und ihrer abstrakten zwingenden Imperative bewegen – alles das könnte zu der Verfestigung einer fatalen Illusion und hermeneutischen Naivität verführen, die nur durch die widerspenstige Behauptung aufzusprengen wäre: „Amerika ist uns *fremder*, als wir es uns auch nur im Traum eingestehen möchten!"

Ließe man sich auf diese Fremdheitshypothese methodisch und existentiell ein, würde zumindest die eingefleischte Rechthaber-Attitüde eingezogen. Und selbst Fälle von moralisierender Rechthaberei auf *amerikani-*

scher Seite gerieten dann nicht zum Anlaß vorschneller Pathologie-Verdächtigungen, sondern würden selbst ins Feld zu verstehender kultureller Konfigurationen eingerückt. Nur diese Hypothese der wirklichen *Fremdheit* macht's möglich, daß Phänomene überhaupt erst in ihrem eigenen scharfen Profil zu Gesicht kommen, ohne den üblichen Vereinnahmungstendenzen, die auch die *Kommunikation* durchdringen, zum Opfer zu fallen. Die Fiktion, über gemeinsame Urteilsnormen zu verfügen, fördert eben auch die Tendenz zur Verfügung und intellektuellen Bemächtigung! Und zwar vor allem um den Preis der Aus- und Abblendung der womöglich ausschlaggebenden Wirklichkeitsfelder.

Die Rolle und Bedeutung der Religion im Fühlen, Denken und Handeln ‚des' Amerikaners ist eines der eklatantesten Beispiele für unwillkürliche Verdrängungsleistung europäischer Intellektueller. Sie haben, selbst und sogar wenn sie *theologisch* interessiert sind, den europäischen Neutralisierungsprozeß aller metaphysisch-religiösen Motivationen so stark verinnerlicht, daß es ihnen nicht mehr evident erscheinen will, Religion könne in einer hochtechnologisierten Industriegesellschaft des Westens, die auch noch die Idee des *Pragmatismus* auf ihre Fahnen geschrieben hat, über den sonntäglichen Kult hinaus eine alle Felder menschlicher Praxis durchdringende Macht sein. Statt beunruhigt nachzufassen, wendet man sich eher vom Thema ab. Zwar sind die *Phänomene* unübersehbar, aber bedeutsam für die Gestaltung der Wirklichkeit können sie *allen Ernstes* doch nicht sein ... Wenn also ein amerikanischer Präsident, der ‚von Hause aus' Schauspieler ist, seine bescheidenen Talente auch in seinem politischen Amt mit Massenerfolg zur Geltung bringt, und zwar auch noch im Zusammenhang mit *religiösen* Überzeugungen, Motiven, Ausdrucksformen, wird das den blasierten Europäern sogleich zum Anlaß, diese Komponente als ‚*bloß* schauspielerisch', als *bloß* rhetorisch beiseite zu schieben – mit der Konsequenz, von amerikanischer Politik nichts begriffen zu haben.

Vordergründig scheint sich allerdings in letzter Zeit eine Wende abzuzeichnen: In den alteuropäischen, ideologisch scheinbar abgesättigten Gesellschaften macht sich ein neues *Interesse an Religion* bemerkbar. Noch ist nicht absehbar, wieweit es sich hier nur um das Strohfeuer einer neuen Mode handelt – die Postmoderne ist schließlich angesagt. Mag sein, daß eine reale, durch Aufklärungs- und Neutralisierungsprozesse ausgelöste *Defiziterfahrung* hinter diesem neuen *Interesse* an Religion, am Irrationalen, am Mythischen steht. Aber hieße es nicht, geradezu die Phänomene zu verfehlen, wenn man schlösse, daß hier Anzeichen eines großen *revival* und *awakening* vorlägen, die auf eine neue religiöse Selbstbestimmung der einzelnen in unserer so stark durchprofanisierten Gesellschaft verwiesen? Selbst ein Kirchentag voller Zeugnisse des Enthusiasmus macht aus seinen Teilnehmern noch keine vom Geist durchdrungenen Alltagschristen. Sogar dieses *bei uns* wieder erstarkende Interesse an Religion muß deshalb zunächst von der Bemühung ferngehalten werden, den *fremden* Charakter der religiösen Kraft in Amerika sich ein Stück weit zugänglich zu machen. Daß dies gelingen kann, ist, trotz der Fremdheitssuggestion, natürlich meine starke Hoffnung.

Der Beitrag des Herausgebers versucht, die inzwischen sehr intensiv geführte Debatte über die Zivilreligion zu durchleuchten, um so eine Art Rahmen für das Verständnis der folgenden Detail-Analysen zur Verfügung zu stellen. Weil gerade im Kontrast das Profil eines Sachverhalts oft klarer hervortritt, wurde dabei auch auf die *deutsche* Geschichte und die darauf bezogenen zivil-theologischen Theorien Bezug genommen. – Die Anordnung der Beiträge richtet sich dann nach dem folgenden Gesichtspunkt: Zunächst werden jene Analysen präsentiert, die die *gegenwärtige* Konstellation des Verhältnisses von Politik und Religion aus verschiedenen Blickwinkeln darstellen. Danach schließen sich jene Untersuchungen an, die noch nachdrücklicher darauf ausgerichtet sind, die *geschichtlichen Wurzeln* des thematisierten Problemkomplexes freizulegen.

Paul Duke, ein renommierter Journalist des Public Television in den USA, gibt eine auf die gegenwärtigen Tendenzen des amerikanischen Machtgefüges konzentrierte Lagebeurteilung – mit einem Ausblick auf die Präsidentschaftswahlen 1988.

Hans Schwarz untersucht das Phänomen der „Elektronischen Kirche", theologische und gesellschaftliche Hintergründe, Geschäftsgebaren, Resonanz. Welche Bedürfnisse werden so mit welchen Konsequenzen befriedigt?

Der Religionspädagoge *Dieter Stoodt* rekonstruiert das dualistische Weltbild der unter Jugendlichen (auch College-Studenten) weit verbreiteten fundamentalistischen Comic-Serien. Auch hier werden die gesellschaftlichen Rahmenbedingungen des Phänomens nicht ausgeblendet.

Martin Riesebrodt analysiert als Sozialwissenschaftler Identität und Wandel der religiös-fundamentalistischen Einstellungen zum Modernisierungs- und Rationalisierungsprozeß. Das Vorurteil, der Fundamentalismus sei prinzipiell modernitätskritisch und wissenschaftsfeindlich, wird fragwürdig.

Alan Mittleman, als Vertreter des *American Jewish Committee* (New York), beschreibt das traditionelle Selbstverständnis der Juden in Amerika und ihre politische wie gesellschaftliche Verortung. Die fundamentalistische Einflußnahme auf den öffentlichen Diskurs und die wirkmächtigen konservativen Theorien, die auf eine Neufassung des Verhältnisses von Politik und Religion dringen, haben verunsichernd auf die traditionelle Selbstdefinition der Juden in der amerikanischen Gesellschaft gewirkt. Auf die Frage, wie die partikulare Identität des Judentums bestimmt, bewahrt und gesichert werden soll, werden inzwischen Antworten gegeben, die auch neue Koalitionen auf dem religiösen wie auf dem politischen Feld möglich erscheinen lassen.

Wie artikulierte sich die Vision der Freiheit in den

Zeiten der Sklaverei? Welche religiösen Impulse prägten den Kampf der Schwarzen um Menschen- und Bürgerrechte, aber auch um ihre kulturelle Identität? Welche christologisch-messianischen Ideen inspirierten die Radikalisierung, die Wende zur Gewaltsamkeit, im Kampf gegen Bevormundung und Unterdrückung durch die Weißen? Die wesentlichen Merkmale und Etappen einer sich den gesellschaftlichen Umständen und machtpolitischen Konfigurationen entsprechend verändernden *schwarzen Theologie der Befreiung* zeichnet der Politikwissenschaftler *Manfred Henningsen* nach.

Der Jesuit *Thomas M. Gannon* entfaltet den Entstehungsprozeß, der zum neuen Selbstbewußtsein der amerikanischen katholischen Kirche und von seiten des Episkopats zur Wahrnehmung einer neuen Rolle in der amerikanischen Öffentlichkeit geführt hat. Es wird deutlich, daß die moralische Überzeugungskraft der von den Bischöfen geltend gemachten Normen *essentiell* gebunden ist an die Beachtung und Kultivierung jener selbst *normativen Verfahren,* welche die öffentliche Urteilsbildung in der amerikanischen Demokratie präformieren.

Bis in die Gegenwart hinein prägt ein – oftmals säkularisiertes – pathetisches *Sendungsbewußtsein* die amerikanische Außenpolitik und deren Legitimierung im innenpolitischen Diskurs. *Gustav Blanke* hat die Spuren dieses Sendungsbewußtseins durch die amerikanische Geschichte zurückverfolgt.

In der Gegenwart ebenso wie in der Ursprungssituation der Vereinigten Staaten war die sogenannte Trennung von Staat und Kirche(n) – the wall of separation – ein ‚heißes Eisen'. *Ernst Vollrath* rekonstruiert die Argumentationslinien und Interessenlagen, welche in der Gründungsphase zu jenem verfassungsrechtlichen Grundsatz des First Amendment führten, der die politische Kultur der Vereinigten Staaten so stark geprägt hat und der doch bis in unsere Tage immer wieder auch zum Stein des Anstoßes in sehr konkreten Auseinandersetzungen wurde.

Erich Geldbach erweitert in seiner Darstellung das Spektrum des Beitrags von Vollrath, indem er das amerikanische Verständnis der *Religionsfreiheit* weiter ausdifferenziert, an vor Gericht strittigen Fällen entscheidende Weichenstellungen in der Interpretationsgeschichte des ,wall of separation' beschreibt und schließlich mit Blick auf gegenwärtig ablaufende Prozesse die extreme Gefährdung dieser amerikanischen Errungenschaft der Religionsfreiheit aufzeigt.

Leonard Neufeldt konzentriert seine Aufmerksamkeit ganz auf die Transformationsprozesse im Selbstverständnis der *Unitarier* Neu-Englands (einschließlich der philosophischen Richtung des sogenannten *Transzendentalismus).* Die Sinndimensionen des Begriffs *self-culture* werden begriffsgeschichtlich, sozialgeschichtlich und philosophisch-theologisch herausgearbeitet. Es wird dabei deutlich, daß in dieser Formation der amerikanischen Kulturgeschichte die religiösen Wurzeln des *pathetischen Moralismus* und des spezifischen *Arbeitsethos* innerhalb des American way of life freizulegen sind.

Der Aufsatz von *Michael Biehl* liefert nicht zusätzliche Gesichtspunkte zum vorher Ausgebreiteten. Er zeigt vielmehr, wie die verschiedenen Aspekte des amerikanischen religiösen Pluralismus und der zivilreligiösen Ausrichtung der amerikanischen Kultur im punktuellen Ereignis des ,Weltparlaments der Religionen' 1893 zusammenschießen. Aufgeschlossenheit wie Blindheit der Verbindung ,Religion und Politik in Amerika' kommen so noch einmal zur Sprache.

Die Beiträge von *Paul Duke, Thomas M. Gannon* und *Alan Mittleman* sind vom Herausgeber übersetzt worden. Die endgültige Fassung der Übersetzung des Beitrags von *Leonard Neufeldt* hat gleichfalls der Herausgeber zu verantworten.

Die Durchführung der Internationalen Fachkonferenz 1986, aus der das vorliegende Buch hervorgegangen ist, wurde von der Deutschen Forschungsgemeinschaft

(DFG) gefördert. Die Evangelische Akademie Hofgeismar mit ihrem peripatetischen Ambiente gab – übrigens nicht zum ersten Mal in der Zusammenarbeit mit dem Herausgeber – einen gastfreundlichen, den intensiven Gesprächen höchst förderlichen Rahmen ab. Beiden Institutionen sei hiermit der ihnen gebührende Dank abgestattet. Bei der Erstellung der Reinschrift des Manuskripts war auf die gründliche Arbeit von Frau *Marianne Fischer* Verlaß; ihr ist besonders nachdrücklich zu danken.

Klaus-M. Kodalle

Zivilreligion in Amerika: Zwischen Rechtfertigung und Kritik

1. Modernisierung und Ursprungsmythen. Eine erste Annäherung

Religiöse Orientierungen, die auf die alltäglichen Verhaltensweisen durchschlagen, sind in den USA selbstverständlich-permanent[1]. Schwankend ist freilich der Grad ihrer im Diskurs der Öffentlichkeit oder gar, enger, der Wissenschaft vorgenommenen ausdrücklichen Thematisierung. Insbesondere in der Wissenschaft, die natürlich den neuzeitlichen universalen Standards gehorcht, welche zwangsläufig die Marginalisierung substantieller Gehalte bewirken, ist die Behandlung des Themas „Religion und Politik in Amerika" konjunkturabhängig: In Zeiten der ‚stillschweigenden' Normalität wurde dieses Thema im akademischen Diskurs doch eher peinlich vermieden. Erst offensive, politisch-ideologische Reklamationen religiöser Einstellungen im gesellschaftlich-politischen Raum führen dazu, daß sich, wie jetzt im Gefolge der fundamentalistischen Reagan-Welle, wissenschaftliche Experten wieder des Themas annehmen, ja, sich seiner in durchaus selbst strategischem Interesse bemächtigen. Die Erinnerung an die zivilreligiöse Tradition soll emotionale optimistische Kräfte entbinden, um mit den gesellschaftlichen Herausforderungen der Gegenwart besser fertig werden zu können.

Mehr und mehr werden die Prozesse der gesellschaftlichen Reproduktion von subjektiven Motivationen und damit von Sinnfragen abgekoppelt. Für die ungeheuerlichen Umwälzungen, die immer rascher vonstatten gehen, ist eines besonders charakteristisch: dieser Prozeß der Sinnenteignung von Wirklichkeitsbereichen vollzieht sich offensichtlich in den hochtechnologischen

Gesellschaften so weich und glatt, daß weder die einzelnen noch die religiösen Gemeinschaften dies als *Angriff* auf die Integrität ihrer Wahrheitsansprüche verzeichnen. Andererseits wächst nicht nur das *Interesse* an Religion wieder an, sondern religiöse Sinndeutungen, vor allem un-orthodoxe, ‚wild' vagabundierende bis wahnhaft-expressive, finden zunehmend Anklang. Manche Interpreten sehen darin einen Ausdruck kollektiver Frustration und schließen nicht mehr aus, die für die Moderne typische Marginalisierung der Religion sei womöglich bereits an den Punkt ihres Um- und Rückschlags gelangt. Die wiedererwachte Religion also als *Gegenwirkung zum Modernisierungsprozeß*. Der Schritt vom Deskriptiven zum Normativen ist rasch getan: Womöglich könne der Legitimitätsverlust moderner Institutionen nur durch eine Revitalisierung der Religion abgefangen werden – also gerade *nicht* auf dem Wege einer Ausweitung des liberalen Prinzips, demzufolge Geltungsansprüche diskursrational dem Dauertest der Kritik zu unterwerfen wären[2]. Entsprechend lautet die These: die säkulare Kultur mit ihren liberalen politischen Institutionen besitze ohne Legitimation aus religiösen Selbstbestimmungen langfristig überhaupt keine Überlebenschance[3].

Solche globalen Erklärungsversuche mögen vielleicht einleuchten – die spezifische Eigenartigkeit der *amerikanischen* Situation bringen sie doch nicht vor den Blick. Besinnung auf religiöse Kräfte als Erinnerung der Herkunftsgeschichte bedeutet im Falle der USA jedenfalls nicht: *kompensatorisch* zum rasanten Modernisierungs- und Nivellierungsprozeß die kontingenten Herkunftsbestände museal oder modernitätskritisch zu vergegenwärtigen, wie manche unter Hinweis auf die Begrenztheit unserer „Innovationsverarbeitungskapazitäten" unterstellen[4]. Vielmehr hat in dieser politischen Kultur die Religionsgeschichte der Gründerjahre ständig den Modernisierungsprozeß, als in ihn essentiell verwoben, begleitet und ihn auf ihre „Mythen" hin funktionalisiert – so wie die religiösen Deutungsmuster natürlich von diesem Rationalisierungsprozeß permanent in Dienst genommen und den jeweiligen Erfordernissen des gesellschaftlichen Wandels angepaßt wurden. Diese Synthese von Religion und Modernisierung ist so elementar, daß sich die religiösen Äußerungen in der Regel nicht kritisch gegen das Modernitätsparadigma stellen. Selbst in den wahnsinnig-explosiven Artikulationen religiöser Sinn-Exzesse[5] richtet sich das Aggressionspotential eher gegen sich als gegen ‚die' Gesellschaft.

Die hier angedeutete Synthese von Modernisierungsprozeß und religiöser Sinnvergewisserung spiegelt sich im Bewußtsein des amerikanischen Durchschnittsbürgers keineswegs als historische Besonderung kollektiver Identität! Diese Kontingenz wird nicht eingestanden, sie wird nicht als *relativ* gegenüber anderen, *auch* berechtigten Einstellungen vertreten. Vielmehr wohnt hier dem de facto partikularen Wahrheitsanspruch ganz traditionell immer noch eine Universalisierungsforderung inne. *Alle* sollen *dieser* ‚ganzen' Wahrheit teilhaftig werden. In der Moralisierung politischer Optionen in den USA manifestiert sich diese Tiefendimension der göttlichen Rechtfertigung des eigenen Weges. (G. Blanke zeigt in seinem Beitrag zum amerikanischen Sendungsbewußtsein die Wurzeln dieser Einstellung auf.)

Die Privatisierung der Religion im neuzeitlichen Staat stellt sich in den USA und in Europa in völlig unterschiedlichen Strukturen dar: in Europa wird der Toleranzgedanke wirkmächtig aufgrund der Unerträglichkeit der konfessionellen Bürgerkriege des 16. und 17. Jahrhunderts. Zwar kann man mit guten Gründen formulieren, das Wahrheitsverständnis des Christentums, insbesondere in seiner reformatorischen Ausprägung, begünstige die Aufnahme der Toleranzidee in die Entfaltung dieser Wahrheitskonzeptionen – aber es käme einer Verdrehung oder Verkennung der geschichtlichen Prozesse gleich, wollte man übersehen, daß geschichtlich-faktisch die Toleranz, die Akzeptanz des konfessionellen Pluralismus, den Kirchen vom säkularen, sich als „neutral“ definierenden Staat abgetrotzt werden mußte. Idealtypisch findet sich diese Konstellation in Thomas Hobbes’ politischer Philosophie abgebildet, in der die christlichen Denominationen im (kontingent-)christlichen Staat auf die Einschränkung verpflichtet werden, nur der Grund-Satz „that Jesus is the Christ“ dürfe als die einzig notwendige Glaubenswahrheit ausgegeben werden[6]. Mittels dieser Dichotomie von ‚notwendiger Geschichtswahrheit‘ und zufälligen besonderen konfessionellen Ausprägungen des Christentums hoffte Thomas Hobbes einen Pluralismus zu ermöglichen, der von den meisten christlichen Denominationen zunächst als Teufelswerk interpretiert wurde, solange sie sich theokratisch der staatlichen Institutionen zum Zweck der monopolistischen Durchsetzung ihrer partikularen Konfessionalität bedienen konnten. Hobbes hatte verheißen: Sollte es gelingen, den Staat von dieser Bevormundung zu befreien und ihn absolutistisch-souverän den Wahrheitsansprüchen der Religionen überzuordnen – nach der Devise „auctoritas non veritas facit legem“ –, werde es schließlich dem Bürger endlich wieder so freistehen „wie den Urchristen, Paulus, Kephas oder Apollos zu folgen, wie es jeder gerade möchte. Geschieht dies ohne Streit . . ., so ist dies vielleicht das beste. Erstens, weil es keine Macht über die Gewissen der Menschen außer dem Wort selbst geben sollte, da in jedem Menschen der Glaube nicht immer nach der Absicht derer wirkt, die pflanzen und gießen, sondern nach der Absicht Gottes selbst, der das Wachstum schenkt. Und zweitens, weil diejenigen, die lehren, in jedem kleinen Irrtum stecke eine solche Gefahr, unvernünftig handeln, wenn sie von einem mit eigener Vernunft begabten Menschen verlangen, der Vernunft irgendeines anderen Menschen oder dem Mehrheitsbeschluß anderer Menschen zu folgen. Dies ist aber nicht viel besser, als sein Seelenheil auf Wappen oder Zahl zu setzen.“[7] Übrigens war Hobbes auch von der größeren moralischen Integrität einer *privaten* Kult-Praxis überzeugt, denn hier walte jedenfalls eher aufrichtige Frömmigkeit als in einem öffentlichen Kult; letztere nämlich „kann erheuchelt sein und auf eigennützigen Nebenabsichten beruhen“[8].

Was Hobbes in rationaler Konstruktion entwarf, spiegelt tendenziell den real-geschichtlichen Verlauf des Neutralisierungsprozesses der Religion (Carl Schmitt[9]) in Mitteleuropa wider. Privatisierung der Religion bedeutete: die Wahrheitsansprüche der christlichen Religion können vor dem Forum aufgeklärt-neuzeitlicher wissenschaftlicher Vernunft im Ernst nicht bestehen. Sie werden im Binnenraum der Kirchen zwar weiter, als verbindlich für die Gemeindeangehörigen, erhoben, doch ihre Anmeldung im öffentlichen Diskurs, zum Zweck der Bestimmung des Politisch-Allgemeinen, gilt dann sehr schnell als obsolet, wenn sich diese Anmeldung kritisch zur politisch herrschenden Meinung verhält. Dort, wo religiöse Äußerungen zur legitimierenden Abstützung den Politikern verwertbar erscheinen, sind sie natürlich willkommen.

Sich der Terminologie von Odo Marquard bedienend, könnte man formulieren: Die europäische Aufklärung ist mit dem *Monomythos* vom aufgeklärten starken Staat verbunden, der „von oben“ – wenn es seiner binnenfunktionalen Staatsräson nicht zuwider ist – jene Rechtsräume schafft, in denen sich, sehr begrenzt oder auch großzügig, zunächst ein konfessioneller, später auch ein ideologischer Pluralismus entfalten *durfte* und konnte. Genau von dieser Struktur kann in der Ursprungsgeschichte der Vereinigten Staaten eben keine Rede sein. Wohl mögen sich die Funktionen dieses modernen Staates weitgehend mit denen des mitteleuropäischen decken – die Fundierung dieses Nomos, also die den ganzen geschichtlichen Prozeß der Ausbildung dieses Staates tragende politische Kultur ist doch eine qualitativ andere. Aus der gruppenspezifischen religiösen Selbstbestimmung der in Europa verfolgten Einwanderer, abstrakter geredet: aus der Dynamik eines gesellschaftlichen Diskurses, also *von unten,* wird unter heftigsten Auseinandersetzungen (vgl. Vollraths Beitrag) schließlich eine staatliche Organisationsform hervorgetrieben, in der, anders als in Europa, der konfessionelle Pluralismus, die Toleranz gegenüber Andersdenkenden, nicht abgepreßt, sondern aus dem Innersten der Überzeugung gewollt wird. Die innovativen „Mythen", die in dieser Ursprungs- und Gründungssituation das Dasein orientierten, stellten die Übersetzung biblischer Bilder und Motive dar (Exodus, Verheißung, Landnahme, Bund mit Gott). Ablagerungen dieser religiösen Grundierung des Daseins haben sich in den verschiedensten profanen Konditionierungen des amerikanischen way of life niedergeschlagen – abgesehen davon, daß sie in Gestalt religiös-enthusiastischer Auf- und Ausbrüche, wie im Falle der Mormonen und der Gründung eines mormonischen Staatswesens, auch ihre *religiöse Wiederholung* erfuhren. – Daß auch die Selbstbefreiung der Schwarzen sich unter alternativem Rückgriff auf diese biblischen Motive vollzog und noch vollzieht, ist dem Beitrag Henningsens zu entnehmen.

Die spektakulären Auseinandersetzungen um das Thema ‚Bibel gegen Evolutionslehre' in einigen US-Staaten haben Aufsehen erregt. Angesichts dieser Versuche, religiös-partikulare Interpretationsansprüche, die heute sektiererisch anmuten, auch staatlich verbindlich durchzusetzen, erhebt sich die Frage nach den typisch amerikanischen Problemlösungsressourcen. Offenbar wird das neuzeit-typische Medium zur Klärung solcher Ansprüche: die *diskursrationale* Auseinandersetzung, nicht als ausschlaggebend angesehen. W. Ch. Zimmerli gibt zu bedenken, es könnte sein, daß das *Scheitern* dieses Mediums Alternativen produziert, „die allein schon ihres Alternativcharakters wegen eine gewisse Gefolgschaft finden"[10]. Womöglich wird der unumstrittene Anspruch dieses Mediums auf letzte Entscheidung hinsichtlich erhobener Geltungsansprüche auf der Basis der Ursprungsmythen des amerikanischen Nomos gar nicht zugegeben! Wir hätten es dann mit einer Fassung des Problems religiöser Wahrheit zu tun, nach der „zwar ihr Geltungsanspruch universell, ihre Legitimationsmöglichkeit aber nur noch partikular ist“[11]. Dies so zu konstatieren, ist natürlich nur für denjenigen plausibel, der akzeptiert, daß Legitimationsansprüche exklusiv nach den Standards neuzeitlicher Rationalität im wissenschaftlichen Diskurs zu beurteilen sind. Indessen werden wir durch die Beobachtung der amerikanischen Konstellation von Religion und Politik auf die Möglichkeit gestoßen, daß diese angeblich unhintergehbare Selbstreflexivität – die auf der Ebene des analytisch-wissenschaftlichen Diskurses allerdings unhintergehbar *ist* – auf die Ebene praktischer Legitimität nicht einfach zu übertragen ist. Lebensweltlich fühlen sich die geschichtlichen Agenten offensichtlich befugt, universelle Gültigkeit für Optionen zu beanspruchen, die diskursrational als universell gültig nicht ausweisbar sind. Würde auf der Ebene der Analyse nach dem Modell rein formaler Diskursrationalität verfahren, führte kein Weg daran vorbei, die Behauptung jener nicht ausweisbaren universalen Geltungsansprüche als Privatsache einzustufen. Die geschichtliche Konstellation „Politik und Religion in Amerika“ zeigt empirisch eine andere Form der Problembewältigung: Jene Binnenspannung des religiösen Bewußtseins treibt immer neue Anstrengungen hervor, auf der konkret-allgemeinen Ebene der politischen Kultur ständig modifizierbare ‚Übersetzungen‘ und ‚Korrespondenzen‘ zu entwickeln, in denen sich die Ansprüche einer auf Universalität dringenden Vernunft zwar spiegeln, in denen aber doch die sperrigen kontingenten Geschichten der ursprünglichen Identitätsfindung und Identitätssicherung sich stets auch gegen den Universalisierungssog noch zu behaupten scheinen.

Nachträglich-analytisch können wir aus diesen Geschichten, die das Leben des Amerikaners bestimmen, natürlich die moralischen Maximen, sozusagen das Abstrakt-Allgemeine, heraustrennen, und so wird dann deutlich, wie wenig zwingend diese Synthese nach den Maßstäben kritischer Rationalität eigentlich ist. Doch diese theoretisch gewiß saubere nachträgliche Trennung hilft zum Verständnis nicht weiter. Die genetisch-kontingente Gründung der amerikanischen Synthese von Religion und Politik hat ihre durch *Einsicht* in die Kontingenz und Relativität keineswegs aufhebbaren Konstanten einer geschichtlichen Lebensform gezeitigt ...

2. Der Streit um den Status und die Qualität von ‚Zivilreligion': Robert N. Bellahs Wahrnehmung der ‚Civil Religion'

Ein kleiner Aufsatz Bellahs über „Civil Religion in America"[12], veröffentlicht 1967, ist zum Auslöser einer weltweiten Debatte geworden. Es liegt nahe, dessen Thesen hier zu präsentieren.

Das Thema Civil Religion/Zivilreligion ruft Assoziationen hervor, die sich mit dem Namen Rousseau verbinden: Dieser hatte bekanntlich im „Contrat Social" (Kapitel 8/Buch 4) das Konzept einer religion civile, eines ‚rein bürgerlichen Glaubensbekenntnisses', entworfen und als dessen Gehalt vorrangig folgende Bestimmungen herausgestellt, auf deren Einfachheit und also Unstrittigkeit es ihm besonders ankam: „Das Dasein einer allmächtigen, weisen wohltätigen Gottheit, einer alles umfassenden Vorsehung; ein zukünftiges Leben, die Belohnung der Gerechten und Bestrafung der Gottlosen, die Heiligkeit des Gesellschaftsvertrages und der Gesetze"; dazu kommt noch die sehr dezidierte Ächtung religiöser Unduldsamkeit[13].

Konzeptualisierungen wie diese lagen damals in der Luft – auch unabhängig von Rousseau nahm der Zeitgeist diese Bahn. Bellah zitiert das Beispiel Benjamin Franklins, der eine quasi-natürliche aufgeklärte, tolerante Religion ähnlicher Provenienz propagierte, denn es erschien höchst nützlich und wünschenswert, die staatstragenden Einstellungen auch tief verinnerlicht zu wissen. In Washingtons Fair Well Address heißt es: „reason and experience, both forbid us to expect that

National morality can prevail in exclusion of religious principle“ (6).

Gerade der Hinweis auf Rousseau macht es erneut dringlich, auf die spezifischen qualitativen Unterschiede zu achten: Im Gegensatz zu den Erfahrungen im alten Europa (und ihren Spiegelungen in der Theorie) artikulierte sich die amerikanische Zivilreligion weder antiklerikal noch militant-‚weltlich‘ (13).

In der amerikanischen Unabhängigkeitserklärung markiert Bellah vier Bezugnahmen auf Gott: Naturgesetze als Gesetze einer von Gott gesetzten Natur, welche des Menschen Unabhängigkeit autorisieren; die These, daß alle Menschen von ihrem Schöpfer mit gewissen unveräußerlichen Rechten ausgestattet worden sind; die Anrufung eines höchsten Weltenrichters; sowie das feste Vertrauen auf die Unsichtbare Hand, die göttliche Vorsehung. Diese Motive wurden in zahllose offizielle Dokumente aufgenommen und immer wieder rhetorisch bestärkt. Bei näherem Hinsehen läßt sich erkennen, daß die Motiv-Konstellation der amerikanischen Zivilreligion nicht mit einer übernationalen „Religion-im-allgemeinen“ übereinkommt, sondern ein ganz unverwechselbares geschichtliches Konglomerat bildet. Obwohl sich die zivilreligiöse Dimension der Gesellschaft klar abhebt vom Erscheinungsbild der eigentlichen christlichen Kirchen, sind doch wiederum die zentralen Motive der Zivilreligion selektiv dem christlichen Erbe entnommen; das Gebilde insgesamt ist freilich nicht-christlich. Eine Erwähnung Christi wird in den offiziellen Reden Washingtons, Adams’ oder Jeffersons eher vermieden (7). Der Gott der Zivilreligion ist für Ordnung und Gesetz und Recht zuständig, nicht für Liebe und Erlösung. Allerdings erscheint er auch nicht deistisch entmächtigt: *Dieser Gott greift aktiv in die Geschichte ein – mit besonderem Interesse an Amerika.* Die Analogie zu Israel ist auffällig: nicht selten taucht das Motiv vom „amerikanischen Israel“ auf. Europa ist Ägypten und Amerika das verheißene Land, in das man im Exodus aus dem Land der Tyrannei gelangte, als man die nichtverschlingenden Wasser durchquerte; Amerika mit seiner Gott wohlgefälligen Revolution ist das Licht unter den Völkern der Erde.

Der Bürgerkrieg mit seinen ungeheuren Blutopfern und seinem brudermörderischen Charakter war nach der Revolution das zweite einschneidende Ereignis, das in der Zivilreligion verarbeitet werden mußte. Das Thema der Sklaverei dominierte über das der zerrissenen Einheit als solcher. Die Motive von *Tod, Opfer* und *Wiedergeburt* rückten nun stärker in den Vordergrund („those who here gave their lives, that that nation might live"). Man hat Lincolns Gettysburg Address als ein sakramentales Symbol, ja, als the Lincolnian New Testament bezeichnet (10). Schon früh wurden diese Symbole verwendet, um Lincoln („our martyred President"), der übrigens nie einer Kirche angehörte, dann doch mit Jesus zu vergleichen. Ein Zeitgenosse pries ihn als den „vornehmsten und liebreichsten Menschen seit Jesus Christus" und als „Gottes Auserwählten" (11). Lincoln selbst hatte sich übrigens davor gehütet, die Ziele der Nation mit denen Gottes zu identifizieren. – Das große nationale Opfer-Thema fand im Memorial Day ritualisierten Ausdruck. Während der Thanksgiving Day die Familie in den Geist der Zivilreligion integrierte, vermittelte der Memorial Day das Leben der Gemeinden vor Ort mit dem nationalen Kult.

Declaration of Independence und *Constitution* als heilige Bücher und Washington als der von Gott erkorene Moses, der sein Volk aus dem Elend der Tyrannei herausführte: Anknüpfung an diese Bestände war auch im 20. Jahrhundert noch, unter den verschiedensten sozialen, ökonomischen und politischen Randbedingungen, möglich. Präsident Johnson nahm das alte Symbol des Covenant wieder in Anspruch.

> „They came here – the exile and the stranger, brave but frightened – to find a place where a man could be his own man. They made a covenant with this land. Conceived in justice, written in liberty, bound in union, it was meant one day to inspire the hopes of all mankind;

> and it binds us still. If we keep its terms, we shall flourish." (8)

Selbst der Katholik Kennedy hatte sich mit seinen politisch-religiösen Deklamationen durchaus in dem durch seine Vorgänger vorgegebenen zivilreligiösen rhetorischen Rahmen bewegt und Anklänge an eine spezifisch katholisch geprägte Ausdrucksweise vermieden.

Bellah verwirft die funktionale Erklärung, man habe die eigentliche christliche Religion abgemildert, um nicht die Gefühle der „Nichtchristen" zu verletzen – waren doch Nichtchristen kaum in Sicht, als man jene Symbole und rhetorischen Figuren quasi-kanonisierte (8). Eine andere Wahrnehmung dieser Herkunftsbestände ist besonders in Intellektuellen-Kreisen weit verbreitet: Man ist überzeugt, diese traditionellen Symbole und Sprachformen hätten wohl nur zeremonielle Bedeutung, schüfen nur eine sentimentale Atmosphäre und appellierten an die weniger aufgeklärten Glieder der politischen Gemeinschaft; der Anschein von Frömmigkeit gehöre nun einmal beim Präsidentenamt als ungeschriebene Qualifikationsanforderung hinzu (2); schließlich werde Präsident Eisenhower doch der Ausspruch nachgesagt, „unser Amt (Government) hat keinen Sinn, es sei denn, es gründet in einem tief empfundenen religiösen Glauben – und mir ist es egal, welcher Art dieser Glaube ist" (3). – Für Bellah steht dennoch außer Frage, daß Symbole und Rituale dieser Art die grundsätzliche, nicht denominationell eingeschränkte religiöse Legitimation der höchsten politischen Autorität erneuern und bestärken. Er unterscheidet Mehrheitsentscheidungen als *operative* Quelle politischer Autorität von deren Zurückführung auf eine letzte und höchste Bedeutsamkeit (ultimate significance). Bekanntlich kann die Mehrheit irren – weshalb die Verpflichtung des Präsidenten sich auf ein höheres Kriterium zu beziehen habe (4). Erst dieser Bezug erlaubt es, verselbständigten politischen Absolutismen ihre Berechtigung zu bestreiten.

Der neuralgische Punkt der ganzen Sache ist natürlich

die Problematik des Verhältnisses zwischen Zivilreligion einerseits und christlichen Kirchen und deren Theologie andererseits. Bellah bestreitet, daß die profilierten Kirchen befürchten müßten, durch Zivilreligion verdrängt oder ersetzt zu werden. Zivilreligion habe den Überzeugungsrahmen geschaffen, der es ermöglichte, daß in Amerika die Kirche nicht den Staat und der Staat nicht die Kirche zu kontrollieren trachte. Die Polemik vieler Theologen gegen die Zivilreligion sei vermutlich weniger gegen diesen ganzen Überzeugungs- und Motivationskomplex als solchen gerichtet. Vielmehr ziele sie auf die fatale Durchdringung des spezifisch christlichen Lebens mit den Idealen dieser Zivilreligion, in deren Folge das „Christentum" schließlich mit einer aktivistisch-pragmatischen moralisierenden Lebensauffassung identisch werde (12). Weil sich die Zivilreligion so viele zentrale Motive aus dem christlichen Kontext aneignete, vermochten viele schließlich gar keinen Unterschied mehr wahrzunehmen (13). Der Sache nach aber ist die Zivilreligion, so Bellah, nicht irgendein allgemeiner Abhub, sondern eine durchaus genuine Wahrnehmung der universalen transzendenten Wirklichkeit, wie sie sich im Durchgang durch die Erfahrungen des amerikanischen Volkes artikulierte, ja, „offenbarte". Dies nachdrücklich hervorzuheben, bedeutet nicht, sich gegen Deformationen, ja, dämonische Verzerrungen der Zivilreligion blindzustellen (12). Bekanntlich benutzt auch ein primitiver Nationalismus bei seiner Verfolgung Nonkonformer oder seiner Disqualifikation liberaler Ideen und liberal gesinnter Bürger gleichfalls diese zivilreligiösen Symbole, um an die tief im kollektiven Unbewußten wurzelnden Kräfte nationaler Identität erfolgreich zu appellieren. Zeiten der Wiederbelebung der Zivilreligion sind keine guten Zeiten für den indifferenten, den skeptischen Amerikaner. Wer sich in kritischer Distanz hält, läuft Gefahr, als unpatriotisch, als unamerikanisch isoliert zu werden, abgestempelt zu werden als einer, der zu feige ist, den Feinden der Demokratie kraftvoll – sei es offen, sei es konspirativ – entgegenzutreten.

Noch gravierender als die möglichen innenpolitischen Gefährdungen sind nach Bellahs Einschätzung die außenpolitisch relevanten Verfallsmöglichkeiten: Hier sind in die Zivilreligion kaum Sicherungen gegen einen Imperialismus im Zeichen göttlicher Erwählung eingebaut. (Die Indianer haben es nur als erste zu spüren bekommen.) Die Moralisierung einer interventionistischen Außenpolitik im Zeichen der missionarischen Idee, die Demokratie als Religion in Kreuzzügen zu verbreiten, irritiert ja bekanntlich auch immer wieder die Freunde, nicht nur die Gegner der Vereinigten Staaten. Schon der politische Fanatismus des McCarthyismus trat ja in der Absicht an, im Namen der theistischen Demokratie gegen den atheistischen Kommunismus zu kämpfen. Bei wachsendem außenpolitischem Druck und zunehmenden inneren Zweifeln entsteht ein hochgradiger Konsensbedarf zur Balancierung des Unsicherheitsgefühls – entsprechend verstärkt sich die *Militanz* amerikanischer zivilreligiöser Rhetorik. Der furchtbare Schindluder, der von Amerika im Zeichen eines religiös-politischen Manichäismus getrieben worden ist[14], wird von Bellah deutlich bloßgestellt (14 f.). Dabei sind freilich auffällige Unterschiede zu beachten. Bis ins 20. Jahrhundert hinein frönte Amerika der Vorstellung, es gebe der Welt nur *das Beispiel* einer republikanisch verfaßten freiheitlichen Gesellschaft; darauf konnte man sich auch zurückziehen, wenn man begründen wollte, warum Amerika sich weigerte, Verantwortung im internationalen politischen Aktionsraum zu übernehmen. Mit dem 2. Weltkrieg trat hier eine tiefgreifende Änderung ein. Zu dem seither ständig wachsenden Gewicht von internationaler Tragweite hat Amerika nach Bellah ein tragfähiges zivilreligiös ‚gesichertes' Verhältnis noch nicht auszubilden vermocht. Der Eindruck drängt sich auf, als geriete dieser Staat immer wieder ins Taumeln, weil er, fasziniert von seiner eigenen enormen militärischen Macht, in Konfliktsituationen weniger dem intelligenten Urteil als eben dem Einsatz des bloßen Machtpotentials vertraut. Sobald sich aber das zivilreligiöse Pathos umstandslos mit der Faszination des Machtbewußtseins verbindet, kann leicht verdrängt werden, daß, wie Bellah in Erinnerung ruft, „unsere Nation noch unter einem höheren Gericht und Urteil steht“ (17). Der Vietnam-Krieg hat hier tiefe Spuren des Zweifels hinterlassen. Dieses Desaster gibt auch Bellah den Anstoß, die Motive der Zivilreligion mit der Bürgerrechtsbewegung und der Opposition gegen den Krieg zu verbinden. Diese selbstkritische Auffassung findet ihren Ausdruck in dem pathetischen zivilreligiösen Statement: „As Americans, we have been well favored in the world, but it is as men that we will be judged.“ (18)

Bellah visiert eine Zukunft an, in der ein lebendiger international geprägter Symbolismus in die nationale amerikanische Zivilreligion einverleibt würde: Amerikas Zivilreligion als Teil einer neuen weltweiten Zivilreligion – das könne als Erfüllung, nicht Negation der amerikanischen Tradition angesehen werden – denn diese universale eschatologische Perspektive sei von Anfang an in der amerikanischen Zivilreligion enthalten gewesen.

3. „Grund“-Verhältnis und Ordnungsstiftung: Jürgen Gebhardts kritische Würdigung der zivilreligiösen Symbolik

In Deutschland hat Jürgen Gebhardt in eigenständiger Weise das Problem und den historischen Wandel der amerikanischen Zivilreligion untersucht[15].

Ordnung, die dem Leben Gestalt gibt, erschließt sich Gebhardt zufolge nur, wenn und insofern die geschichtlich-gesellschaftliche Existenz in „erfahrender Teilhabe an einer übergreifenden Realität“ nichtgegenständlicher Natur gründet, deren sich der Mensch meditativ zu versichern hätte. Nicht die Institutionen als solche verkörpern also unmittelbar die Weisheit der Gründer, sondern die Gründer ebenso wie die späteren Generationen haben sich in philosophisch-erotischem Streben dem Agathon (= dem Guten) jenseits von „Gesellschaft“ und „Geschichte“ zu öffnen, wenn rationale Gestaltung der Geschichte auf dem Fundament ‚noetisch-substantieller Vernunft‘ gelingen soll (vgl. 266): „Denn Macht und Ordnungsstrukturen werden durchformt von der Ordnung des Bewußtseins, das sich in der Symbolordnung auslegt.“ (Vgl. 219) Die gemeinschaftsstiftende Erfahrung ist auslegbar in Symbolen, weil ihr ein ‚primäres Wissen‘ vom Logos als dem Gemeinsamen ‚inheriert‘ (221). Dieses gelangt an den Tag der Geschichte in „Grund“-Erfahrungen und Erlebnissen von ‚optimaler Intensität‘ (221), auf die eine Gesellschaft anamnetisch – auch in der Fortschreibung ihrer Realitätsbilder – immer wieder zurückkommt.

„Gründung“: dieser fundamentale Vorgang der Ordnungsstiftung legt sich von Anfang an parallel aus in den Prozessen der Institutionalisierung und denen des symbolischen Ausdrucks. Die Symbolordnung einer Gesellschaft ist keineswegs bloß *sekundäre* Legitimierung institutioneller Ordnung. Im symbolischen Universum, „in dem die Gesellschaft sich selbst interpretiert“, manifestiert sich eine Grund-Struktur, die existentiell „durch die Frage nach dem Woher und Wohin des Menschen gegeben ist“ und in der die Spannung von Zeitlichkeit und Ewigkeit ihren Ausdruck findet (216). Im „Erlebnis des Sich-Durchdringenlassens von ewigem und zeitlichem Sein, aus dem die ratio als Sachstruktur des Bewußtseins resultiert“, ist das Fundament gelegt, auf dem die dianoetische Tugend der Klugheit (phronesis) zur „Stifterin und Vermittlerin öffentlicher Tugenden und Gerechtigkeit im Habitus richtig handelnder Personen wird“ (80).

Wo Symbole und Symbolwelten nicht mehr transparent sind hin auf jenen Transzendierungsvorgang selbst, jene Erschließung der Transzendenz, die alles Ordnen motiviert und konstituiert, da werden Symbolordnungen zu Fetischen und zu relativ beliebigen „funktionalen Aggregaten, deren Sinn vom Beobachter willkürlich festgelegt werden muß" (205 f.). Anders formuliert: Deformationen des gesellschaftlichen Bewußtseins sind unweigerlich zu verzeichnen, wenn die substantiell-vernünftige Einheitserfahrung sich nicht mehr nur in Leitbildern und Heroen *repräsentiert,* wenn die spezifische Symbolkonfiguration nicht mehr als *Medium* angesehen wird, in dem Ordnungserfahrungen transparent werden, sondern wenn diese Symbolkonfiguration selbst als Quelle gilt (201). In der Folge dieser Verflachung und qualitativen Reduktion ist es dann ganz plausibel, sich exklusiv an der geschichtsimmanenten „Größe" der Gründer-Heroen zu orientieren oder, handgreiflicher, den Gruß der Nationalflagge z. B. gesetzlich zu erzwingen . . .

Diese hier beschriebene Verlaufsform möglicher Deformationsprozesse hält Gebhardt, bezogen auf das amerikanische Gesellschafts- und Politikverständnis, für geschichtlich gegeben. Wohl hatte das amerikanische Bewußtsein in ursprünglicher Symbolform den Nexus von Gründung und Ordnung authentisch zum Ausdruck gebracht, weil die verschiedenen Dimensionen der Realität, einschließlich des libidinösen, auf Lust- und Gewinnmaximierung zielenden Ego, „durch den Richtungsfaktor Vernunft" synthetisiert waren (236); doch diese Synthese verfiel fortschreitend infolge der – natürlich sozial bedingten – systematischen Freisetzung individueller Selbstsucht: die individuell-privatistische Existenz gelangte zur Vorherrschaft. Gebhardt weiß sich mit den Analysen de Tocquevilles einig: Es ist „die destruktive Reduktion des Menschen auf sein libidinöses Ich, die gleichermaßen die Ordnung der individuellen Psyche wie die Ordnung der republikanischen Gesellschaft gefährdet" (238); der Bourgeois triumphiert über den Citoyen. Der Amerikanismus wurde mehr und mehr mit Ökonomismus und pragmatisch-funktionaler Rationalität identisch.

Gebhardt, der den konkreten Verlauf der Deformationsgeschichte von Zivilreligion nachzeichnet, schreibt den ‚Transzendentalisten' Neuenglands eine wichtige

Scharnierfunktion zu. (Im vorliegenden Band hat L. Neufeldt die Schlüsselbedeutung dieses Impulses für die amerikanische Kultur untersucht.) Der enorme Schock des Verlustes der (Gründer-)Väter mußte verarbeitet werden. Transzendentalisten wie Emerson wiesen den Weg, indem sie den Ursprung aller Ordnung in das expansiv-dynamische autonome, selbstherrliche Ich verlegten. Natürlich habe man dieses Ich spekulativ überhöht und romantisiert bis hin zur Apotheose des Selbst in seiner mystischen Vereinigung mit dem Universum, doch die Schleusen zur *Atomisierung* des ursprünglichen republikanischen Geistes waren damit geöffnet, das Laissez-faire konnte von nun an immer dominanter werden (240).

Angesichts der sich im 20. Jahrhundert vertiefenden Krise des Amerikanismus sieht Gebhardt keine Chance mehr für eine Wiederanknüpfung an die traditionellen Bestände der Zivilreligion (mit der darin eingeschlossenen „Institutions*gläubigkeit*"). Die *Kontinuitätsressource*, welche die Identifizierung des Amerikaners mit seiner Nation jenseits von Macht und Herrschaft stabilisierte, hält er gleichsam für erschöpft (295), obwohl vielleicht nach wie vor die einschneidenden ökonomischen und sozialgeschichtlichen Veränderungen der amerikanischen Gesellschaft vom homo Americanus letztlich noch als Kontinuum *erlebt* werden. Andererseits eskalieren unübersehbar die Versuche, aus dem Kontext von Gründung und Ordnung auszubrechen. Das psychodelische Sektenwesen, die Gott-ist-tot-Bewegung, ökumenische Untergrundkirchen, Women-Liberation-Movement, die Black-Power-Ideologien sind Momente eines tiefgehenden Prozesses der Umstrukturierung des amerikanischen Bewußtseins, der zwischen Rekursen auf kontinentaleuropäische Ideologietraditionen und ansatzweise mystischen Ausbruchsversuchen oszilliert (186). Gebhardt will nicht ausschließen, diese Unruhe könne in eine *schöpferische* Revolte gegen den Amerikanismus einmünden. Eine existentielle Erneuerung der Gesellschaft hätte sich natürlich im *Ambiente* des Amerikanismus zu vollziehen, aber sie müßte scheitern, wenn sie in die spezifischen Denk- und Sprachtraditionen Amerikas gebannt bliebe (277). Vorab ist Einsicht in die Bedingtheit der fragmentarischen nationalen Existenz unerläßlich. Für diese Forderung zitiert Gebhardt als Gewährsmann Louis Hartz[16], der an die signifikante Tatsache erinnere, „that instead of recapturing our past, we have got to transcend it. As for a child who is leaving adolescence, there is no going home for America" (285). Die mit diesem Prozeß verbundene traumatische Erfahrung sei wohl nicht zu umgehen, aber gerade diese werde schließlich eine „moralische Befreiung" und eine „Erweiterung des Bewußtseins" bewirken (286 f.). Eine dieser neuen Situation „adäquate Symbolisierung" (293 f.), welche die Stellung des Menschen in der Welt authentisch verdeutlicht, wäre zu entwickeln. Der erste Schritt in diese Richtung bestünde allerdings darin, überhaupt erst einmal „die Symbolismen der Gründung als geschichtliche Manifestationen des Geistes und Variationen des eigenen Bemühens um Ordnungswissen zu erkennen"! Nur in einer kathartischen Durchdringung der geistig-geschichtlichen Gestalt der Gründer, in einer *kritischen, rationalen* Aneignung der ursprünglichen Erfahrungskomplexe ist die neue postindustrielle Ausformung von Ordnungswissen zu profilieren: das elastisch konstruierte Modell einer guten Gesellschaft, in der das Leben der Vernunft die psychischen und sozialen Strukturen der Gesellschaft durchformt, in der der pragmatische Geist der industriell-technologischen Zivilisation zwar bewahrt und weiterentwickelt wird, in der aber die *letztlich* motivierenden Praxisimpulse sich aus dem Kraftfeld einer nicht-gegenständlichen, nicht-verfügbaren Sinndimension der Realität regenerieren.

Gebhardts Erwägungen zur Zukunft der Zivilreligion berühren sich mit inneramerikanischen. Das zeigt sich z. B. an der Definition von Religion, die Daniel Bell gibt[17]. Danach ist Religion „ein konstitutiver Bestandteil menschlichen Bewußtseins: als kognitive Suche nach der Struktur ‚der allgemeinen Ordnung‘ menschlicher Existenz, als emotionales Bedürfnis, Rituale zu entwikkeln und sie zu heiligen; als Urbedürfnis nach Beziehungen zu anderen Menschen oder zu einem Ensemble von Sinngehalten, das dem Selbst eine transzendentale Antwort gibt; schließlich als existentielles Bedürfnis nach Konfrontation mit Leid und Tod“. An den sehr allgemein gehaltenen Erwägungen Bells fällt allerdings auf, daß es offensichtlich einem Amerikaner äußerst schwerfällt, den Zirkel des „Amerikanismus“ aufzusprengen, wie das von Gebhardt anvisiert wird. Eine Pendelbewegung liegt offensichtlich näher: Bell diagnostiziert für die moderne Gesellschaft (ganz wie Gebhardt) eine Ausweitung der Freiheit und Freisetzung „bis zur Schrankenlosigkeit“: Weil im Prozeß der Modernisierung das Verständnis für das Sakrale so stark erodiert ist, stehen wir heute vor dem „Trümmerfeld der Begierden, Eigennutz und Zerstörung des die Menschheit umgürtenden moralischen Bandes“. Neben dem liberalistischen Laissez-faire eskaliert das religiöse Bedürfnis im Sektenboom: Die Menschen versuchen, die Unmittelbarkeit von Erfahrungen ohne Verbindung zur Vergangenheit festzuhalten, und geraten damit zwangsläufig in die Abhängigkeit von Gruppen oder Gurus. – Die eigentliche Differenz zu Gebhardt bricht nicht in der Diagnose auf, sondern in den Vorstellungen zur Therapie. Da wird dann einfach die Wiederaufrichtung des Sakralen gefordert und nach neuen Eingliederungsriten gerufen, die das Ich daran erinnern sollen, daß es Schuld abzutragen hat gegenüber jenen Institutionen, „die moralisches Bewußtsein aufrechterhalten“! Gegen die typisch protestantische Akzentuierung des persönlichen Glaubens ebenso wie gegen die Reduktion der Gegenwartsprobleme auf Ethik, die das Besondere im Universalen ‚der‘ Menschheit auflöst, plädiert Bell für eine Erneuerung der „Elemente der Erinnerung“, für eine Erneuerung jener religiösen Bedingungen also, zu denen die „notwendig wechselseitige Erlösung und Versöhnung von Vätern und Söhnen“ gehört; in der

Kontinuität der Generationen bedürfe es eben der „segnenden Hände" der Väter, „die ähnliche Schicksale hatten". Und diese Prozesse hätten sich „notwendigerweise" im Rahmen „konfessioneller Identifizierungen" zu vollziehen. Einem sektiererischen Kirchturmsdenken will Bell ebensowenig Vorschub leisten wie einem abstrakten Kosmopolitismus. Der Mensch, der sich von den Einseitigkeiten des Verfalls der bürgerlichen Gesellschaft zu befreien vermöchte, müßte vielmehr „in der Spannung zwischen Besonderem und Universalem leben und die quälende Doppelbindung der Notwendigkeit auf sich nehmen".

Auch Robert Bellah sieht in der ausschließlichen Konzentration auf die Besorgung der eigenen Interessen, also in der „typisch" liberalen Rechtfertigung des freigelassenen Eigennutzes, den Verfall der Republik vorgezeichnet: Deshalb betont er den zutiefst antithetischen Charakter von Republikanismus und Liberalismus[18]. Unter Gesichtspunkten religiöser Evolution gab Bellah (1963)[19] hinsichtlich dessen, was er die „moderne Religion" nennt, der Erwartung Ausdruck, der traditionelle religiöse Symbolismus werde fortbestehen und sich in neue Richtungen weiterentwickeln – in Formen z. B. ‚weicherer' Organisation als gehabt, mit mehr Raum als je zuvor für den individuellen Weg. „Die Suche nach ... persönlicher Reife und sozialer Relevanz ist die moderne Version der Suche nach Erlösung, wenn man das Wort aus seinen dualistischen Konnotationen löst." – Der nicht reflektierte, vor-intentionale Anteil der Bellahschen Überlegung an dem spezifisch amerikanischen Wertekonsens wird in dem optimistischen Urteil über „Hauptmerkmale der Gegenwart" greifbar: „daß man mehr und mehr die Kultur und die Persönlichkeit selbst für unbegrenzt veränderbar hält". Es ist doch nicht zufällig, daß Bellah die vermutliche Zielrichtung dieses Prozesses der religiösen Weiterentwicklung mit zwei Spitzensätzen von Thomas Pain und Thomas Jefferson angibt: „Mein Geist ist meine Kirche" (Pain) und „Ich selbst bin eine Sekte" (Jefferson).

4. Demokratie als höchster Glaubensinhalt. Jüdisch-christliches Bekenntnis in Anpassung und Widerspruch

Die aktuelle Lage der geistig-politischen Verfassung Amerikas deutet also eher auf die Überzeugung hin, die traditionellen Deutungsressourcen der amerikanischen Zivilreligion müßten nur mit Emphase und neuem Elan wiederbelebt werden, um die Herausforderungen der Gegenwart und der Zukunft zu bestehen. Das läßt sich exemplifizieren an einem der in den USA meist-diskutierten Bücher der letzten Jahre: „The Spirit of Democratic Capitalism"[20] von Michael Novak, Leiter der theologischen Abteilung am konservativ orientierten „Institute on Religion and Democracy" (IRD). Dieses Buch wird zuweilen als intelligente Propagandaschrift eingestuft, die dem gegenwärtigen amerikanischen Zeitgeist recht trefflich Ausdruck verleihe. Dabei bemüht Novak sich sehr wohl darum, seine umfassende *Ordnungstheologie* und die *spezifisch christlich-theologische* Urteilsbildung genau zu unterscheiden[21]. Auch dieser Autor plädiert für die öffentliche zivilreligiöse Berufung auf Symbole wie Gott, Allmacht, Schöpfer; auf diese Weise lasse sich die Freiheit des Gewissens durch den Verweis auf eine Macht schützen und stabilisieren, die alle endliche weltliche Macht übersteigt. Die Offenheit des Menschen für Transzendenz werde so gewahrt. Auch die Symbole des Pluralismus – wie freie Rede, freie Presse und freie intellektuelle Betätigung – dienen gleichfalls auf ihre Weise dazu, die Individuen zu belehren, „daß das Gemeinwohl ihre eigene Vision von dem, was gut ist, transzendiert, wie leidenschaftlich auch immer sie an *ihrer* Vision hängen" (53). Was wie eine ‚leere Mitte' erscheine, das inspiriere als moralische Kraft in Wirklichkeit immer neu, zu unbekannten Ufern aufzubrechen und sich nie mit einem einmal erreichten Stand der Gerechtigkeit und Sicherung der Freiheit, als ‚ein für allemal', abzufinden.

Novak erklärt, es sei prinzipiell ausgeschlossen, das System des Demokratischen Kapitalismus unmittelbar als christlich zu qualifizieren (351). Das gewissenhafte christliche Subjekt ist schlechthin „nicht-identisch"; es kann keine noch so intelligente Ordnung geben, die als *adäquate* Einlösung des Praxisimpulses des christlichen Glaubens zu würdigen wäre (352). Daß sich Novak so dezidiert gegen eine kurzschlüssige, fundamentalistische Verbindung judäo-christlicher Motive mit bestimmten Formen des Wirtschaftens ausspricht, mag mit der Erkenntnis zusammenhängen, daß der Zugriff des Marxismus auf dieses Sinnpotential zumindest mit gleicher Kohärenz funktionieren würde (vgl. 241). Der status corruptionis der endlichen Existenz steht prinzipiell gegen jede utopische Hoffnung, welche die Welt schließlich doch in die „Stadt Gottes" transformieren möchte (341). Die Erfolgsorientierung des wirtschaftlichen Handelns wird ausdrücklich von der Integrität des Gottesverhältnisses abgekoppelt (345); aufs Ganze gesehen, habe sich der christliche Glaube sowieso eher als erfolgsfeindlich ‚ausgezeichnet' (346).

Das theologische Schlüsselwort „Inkarnation" wird allerdings für den nächsten Schritt hin zur besitzindividualistischen Marktgesellschaft benutzt: Gott ist schließlich geistesgegenwärtig in allem Seienden, also auch in der Gestalt, in der wir ökonomisch handeln (338 f.). Und das auf ständige Reform durch friedliche Mittel ausgerichtete System der politischen Ökonomie eines demokratischen Kapitalismus ist nach Novak optimal geeignet, der religiösen Voraussetzung einer vom Menschen her nicht aufhebbaren Sündhaftigkeit gerecht zu werden und zugleich jeder Tyrannei im Geiste der Freiheit und des Gottvertrauens zu opponieren (350). Die Argumentation verläuft also ex negativo: es *widerstreitet* der Bibel nicht, wenn sich jeder Mensch anstrengt, im *Wettbewerb* mit seinen von ihm respektierten Mitmenschen *das* aus sich zu machen, was in ihm steckt (348). Die kapitalistische Ökonomie zeichnet sich, so Novak, ja gerade dadurch aus, daß in ihr Kapitalbesitz nur profitabel ist, wenn auch die anderen prosperieren! Was für Macht und Ehre gilt: daß sie an Wert verlieren, wenn viele daran teilhaben, das gilt nicht für das neutrale Geld. Die Bibel macht hier keine Schwierigkeiten: „Die Reichen haben Grund zu Furcht und Zittern. Indessen, wenn ihr Reichtum auch förderlich für andere gewesen ist, dann hat die Welt allen Grund, ihnen gegenüber dankbar zu sein, selbst wenn die Urteilsstandards Gottes höher sind." (349) – Das christlich-theologische Sprachspiel dient Novak gleichsam als ein metatheoretischer Interpretationsrahmen, der im System selbst nur als ein Bestandteil unter anderen zur Geltung kommen kann. Daß Gott der Schöpfer jeden Menschen als dieses Individuum liebt und aus der Gegenläufigkeit der vielen Bestrebungen eine unsichtbare, verborgene und doch machtvolle Gemeinschaft bildet, spiegelt sich in einer Weltauffassung, der zufolge das politische System des demokratischen Kapitalismus als sinnvoll akzeptierbar ist (355). Dieses System erscheint so zumindest in Korrelation zur christlichen Tugend der caritas und zur bürgerlichen Tugend, die auch zu Opfern für das Gemeinwohl bereit ist (357 f.).

Das bisher Referierte muß den Eindruck erwecken, Novak plädiere in nüchtern-pragmatischer Manier für die Vorteile des westlich-kapitalistischen Systems. In Wirklichkeit aber hat es der Verfasser sich zur Aufgabe gestellt, nicht nur die Praxis des Kapitalismus zu beurteilen, sondern die *Ideale* freizulegen, die latent in dieser Praxis enthalten sind (358 f.); die Stoßrichtung der Publikation ist eine zivilreligiöse. Und auf dieser Ebene erscheinen die bislang referierten Unterscheidungen in einem neuen Licht.

Die Verfahren des Systems und die sie tragenden praktischen Prinzipien mögen ja aus den verschiedensten substantiellen Positionen heraus bejaht werden (nach der Devise: Einheit in der Praxis, Verschiedenheit im Glauben); doch insofern sich der Wert dieser praktischen Prinzipien an den Erfolgen ablesen läßt, ist es nach Novak angemessen – und dies ist der entscheidende zivilreligiöse Schritt –, die Verfahren nicht mehr als *bloße* Verfahren anzusehen! They „become worthy of honor. They themselves become substantive goods of a sort. ... They are loved in and through the respect of persons for substantive good." (65) Der „explosiv revolutionäre" Geist des demokratischen Kapitalismus, die Bejahung von Risiko, Experiment, Abenteuer, Entwicklung, bei gleichzeitiger Wahrung der Unverletzlichkeit der Person, des nicht zu vereinnahmenden einzelnen und eines Pluralismus der divergierenden, dissentierenden Positionen (vgl. 48, 65), dieser Geist schlägt sich als *emphatische Aufladung des Marktverfahrens* nieder! Die Ökonomie ist „ordered to God's meaning". „Die Schöpfung ist nicht vollendet. Die Menschen haben noch Dinge zu tun. Überraschungen sind möglich. Sollten irgendwelche Schrecken vor uns liegen (immer hat es solche gegeben), so ist Gott mit uns. Die Zukunft mag nicht aufsteigend sein, außer so, wie es der Berg Golgatha war: so soll es sein." (73) Die für skeptische Europäer kaum nachvollziehbare Unterhöhlung des reinen Kontingenzcharakters der Verfahrensrationalität durch religiöse Aufladung kommt spektakulär in dem folgenden Text aus dem Jahre 1981 zum Ausdruck: „Für viele Jahre war einer meiner liebsten Texte aus der Schrift Jesaja 53, 2–3: ‚Keine Gestalt besaß er, noch Schönheit; wir schauten, und es war kein Anblick, daß wir sein begehrten. Verachtet war er und von den Menschen gemieden, ein Mann von Schmerzen, leiderfahren; wie einer, vor dem man sein Angesicht verhüllt, verabscheut, von niemand beachtet'. Ich möchte diese Worte auf die moderne Business Corporation anwenden, eine außerordentlich verachtete Inkarnation von Gottes Gegenwart in dieser Welt."[22]

Diese religiöse Aufwertung der politisch-ökonomischen Ordnungsgestalt[23] ist für amerikanische Verhältnisse keineswegs originell. Rabbi Charles Fleischer, ein liberaler Repräsentant seiner Glaubensgemeinschaft, schrieb um die Jahrhundertwende: „We of America are the ‚peculiar people' consecrated to that ‚mission' of realizing Democracy (which) is potentially a universal spiritual principle, aye, a religion . . . men like Washington, Samuel Adams, Jefferson, Lincoln (should be) placed literally in a calendar of saints to be reverenced by our future Americans as apostels of our Republic." (80) Als Fleischer seine „Forderung" aufstellte, war freilich dieser Deifizierungsprozeß längst voll im Gange. Als spektakuläres Beispiel sei daran erinnert, daß anläßlich von Washingtons Tod die christologische Ikonographie zivilreligiös verwertet worden ist, als Bilder den verstorbenen Washington zeigten, wie er, von zwei Engeln geleitet, dem Grabe entstieg und gen Himmel fuhr.

Innenpolitisch bedarf die „Religion der Demokratie" ständiger propagandistischer Stabilisierung. Als „established church" dieser Religion gilt das weite Feld der „public education". Recht typisch sind die öffentlichkeitswirksamen Äußerungen von Agnes Meyer, der Frau des Herausgebers der Washington Post, die, in Übereinstimmung mit Henry Steel Commager, die Ansicht vertrat, die Schulen seien die vornehmsten Manifestationen der ‚religion of the Constitution': „This spiritual unity is the saving grace of democracy and its real defense against totalitarianism or against the devisive influence of sectarianism. Therefore what can justly be called the unifying mission of secularism has a sanctity all its own. Rightly understood and valued, secularism will accelerate its Christian democratic mission to make us all brothers of one another. When we realize, moreover, that the Public School is the chief vehicle for mutual love, forgiveness, and tolerance between all races, classes, and creeds, it becomes an act of vandalism to attack it and an act of piety to work toward its improvement." „Whenever a human being strives upwards for self-development, goodness, and concern for others, there the divine will is active." (81)

In seinem vielbeachteten Buch „What Americans Believe and How They Worship" (New York 1952) hat J. Paul Williams programmatisch gefordert, Amerika müsse sich entschließen, das Ideal der Demokratie als Willen Gottes oder, wenn das akzeptabler erscheine, als Naturgesetz, als wahres Gesetz des Lebens aufzufassen: „democracy must become an object of religious dedication“ (82). Auch die judäo-christlichen Gemeinschaften seien gehalten, Demokratie *als Religion* zu lehren, als letzte metaphysische Wahrheit. Doch da deren Mittel, sich mitzuteilen und sich verständlich zu machen, sehr begrenzt seien, obliege es den Regierungsinstitutionen, die Lehre von der religiösen Qualität der Demokratie zu befördern: „systematic and universal indoctrination is essential.“ Martin Marty zitiert den Bericht einer Konferenz über „The Scientific Spirit and the Democratic Faith“: „A working democracy would be modern religion at work. ... If we really set to work to integrate the values which we recognize as democratic values in life, we will have done the religious job.“ (83) Diese Art des Demokratie-Glaubens – bei dem es weniger um „faith in God“ geht als um „faith in faith“ (29) – läßt sich besonders gut aus Präsident Eisenhowers Reden herausdestillieren. Marty faßt dessen Credo zusammen (83):

„I believe in democracy.
A democracy cannot exist without a religious base.
Free government is the expression of a deeply felt religious faith.
You cannot simply explain free government in any other terms than religious.
This is the faith that teaches us all that we are children of God.
This faith teaches us that our ideals of democracy and freedom ... are eternal laws of the human spirit.
The founding fathers wrote this religious faith into our founding documents ... they put it squarely at the base of our institutions.
Happily our people have always reserved their first allegiance to the kingdom of the spirit.
America is the mightiest power which God has yet seen fit to put upon his footstool.
America is great because she is good.“

Die institutionellen Darstellungsformen einer republikanischen Religion schienen in den Revivals des 19. Jahrhunderts hinweggeschwemmt worden zu sein – zurücklassend ein säkularisiertes Substrat von Individualismus – Aktivismus – Optimismus. Doch angesichts der innen- wie außenpolitischen nationalen Unsicherheit in der zweiten Hälfte des 20. Jahrhunderts und des Schwindens des Protestantismus als traditioneller quasi offizieller Leit-Religion konnte dieser zeitweise in den Hintergrund gedrängte Traditionszusammenhang wieder aktuelle Bedeutung gewinnen (76).

Diese Wiederbelebung unterscheidet sich von den früheren prophetischen Revivals in der amerikanischen Geschichte durch einen qualitativ neuen Grundzug: Handelt es sich doch um eines, „that goes not against the grain of the nation but with it; a revival that draws its strength from its safe residence in the mores of the nation. Hence it has proved largely invulnerable to the assaults of critics outside the churches. America is religionized. It has been on a religious ‚kick' and does not wish to be bothered." (7)

Mit dieser Qualität des vom Inhalt der christlichen Botschaft längst abgelösten Moralismus könnte der befremdliche Handlungszwang zusammenhängen, der sich für die Wahrnehmung der Europäer besonders in der amerikanischen Außenpolitik bemerkbar macht: Es muß etwas getan werden: ... Nur indem man ‚etwas tut' oder indem man den Massen suggeriert, daß mit allem Nachdruck und unter Einsatz aller Mittel ‚etwas getan' wird, läßt sich, unterstützt von der zivilreligiösen Erlösungsrhetorik, das moralische Selbstbewußtsein stabilisieren angesichts des Depersonalisierungssogs in der sich rasant wandelnden Gesellschaft (61). Offensichtlich sind die politischen Agenten in einer religiös bewerteten Demokratie schlicht genötigt, die praktischen Selbsterlösungskräfte sich und der eigenen Bevölkerung zur stetigen Selbstvergewisserung immer wieder neu zu demonstrieren.

5. Die protestantische Kapitulation vor der „Religion-im-allgemeinen"

Die Religion-im-allgemeinen tritt, Marty zufolge[24], so stark in Erscheinung, weil schon seit langem in der amerikanischen Kultur und Geschichte eine Erosion substantiell-religiöser judäo-christlicher Einstellungen zu verzeichnen ist. Die Versuchung, eine bestimmte habituelle Einstellung zur Religion mit absoluter Sinnhaftigkeit zu verwechseln, habe in Amerika immer bestanden, gerade *weil* das „Große Experiment" eines ursprünglichen (eben nicht: resignativen) Pluralismus so ungeheuer erfolgreich war.

Im einzelnen lassen sich idealtypisch folgende Phasen religions- und sozialgeschichtlich rekonstruieren: Das erste wahrhaft bedeutsame große Awakening Mitte des 18. Jahrhunderts beendete die puritanische Dominanz und inaugurierte die pietistische bzw. methodistische. Das war die Wende vom calvinistischen zum arminianischen Amerika. Die nach dem 2. Weltkrieg sich immer stärker abzeichnende inhaltsleere Religion-im-allgemeinen signalisiert das Ende dieses pietistischen Zeitalters und den Aufgang einer post-calvinistischen post-amerikanischen und post-protestantischen Epoche (28).

Es sprechen gute Gründe dafür, *eine* Bedingung der Möglichkeit für diese Entwicklung bereits in der „federal redaction" des Calvinismus zu sehen. Diese bundestheologische Variante des Calvinismus gab schließlich einem Bundesverständnis (covenant) Ausdruck, demzufolge mit Gott gerechnet werden konnte. Letztendlich wußte man doch, daß auch Gott seinen Teil des Handels zu leisten hatte – pacta sunt servanda. Gott war selbst an den Covenant gekettet, und darum konnte die Gemeinschaft auf ihn zählen. Der Covenant diente als eine Art strategischer Rahmen für die Mobilisierung menschlicher Aktivitäten. Gott hatte sich gleichsam freiwillig für bestimmte Regeln und Verfahren engagiert (23)! Und wenn diese religiöse Dimension des alltäglichen Aktivismus in Vergessenheit zu geraten drohte, wurde die ganze Gemeinschaft in den Massenevangelisationen der großen Awakenings wieder an die ursprüngliche Pflicht des Covenant erinnert. Gottes Wille zum Handeln mit ‚seiner' Gemeinschaft (von Frommen und Sündern) spiegelte sich in den Rechtfertigungen der eigenen Aktivitäten, die man als übereinstimmend mit den Gesetzen Gottes interpretierte (24). Der offenkundige Erfolg in der Eroberung der Neuen Welt schien die beste Bestätigung dieser frommen Doktrin des gesegneten dynamischen Aktivismus zu sein. „The do-it-yourself religion of revivalism was sweeping the land, gathering men into community and helping them find individuality there by religious reference in response to God's activity in Jesus Christ." (57)

Parallel zu jener religionsgeschichtlichen und -soziologischen Abfolge ist die sozialgeschichtliche Entwicklung zu skizzieren: Die soziale Revolution hat das einst vorherrschende protestantische Ethos – verwurzelt auf dem Land und in der kleinen Stadt – marginalisiert; die Einwanderungswellen des 19. Jahrhunderts haben eine immer weiter um sich greifende gigantische Verstädterung Amerikas bewirkt: Amerika als Panurbia. Der traditionelle Protestantismus vermochte diese ungeheure städtisch orientierte Dynamik nicht zu integrieren und zu absorbieren; zog er doch seine Kraft gerade aus der Überschaubarkeit (auch Enge) der kleinen Kommune, der relativen Einfachheit des ländlichen Lebens, der Intimität der menschlichen Beziehungen in diesen Gemeinschaften.

Im 19. Jahrhundert hatte sich also bereits angebahnt, was heute voll ausgebildet ist: jener höchst integrative nationale Glaube einer selbstbewußten „religionized community", die für subtile theologische Unterscheidungen der verschiedenen Glaubensbekenntnisse kein Verständnis mehr aufbringt und in der alle sich „irgendwie" in Gottes Willen einbezogen wissen (24 ff). Aus einer Kultur, geprägt von einem spezifischen Glauben, ist man zu einem Glauben, geprägt von einer spezifischen Kultur, gelangt (160 ff). Die christlichen Kirchen tragen erhebliche Mitschuld an dieser Entwicklung, denn sie beteiligten sich an der Propagierung eines richtungslosen ego-zentrischen Moralismus, und sie erweckten den Eindruck, Erlösung sei auf dem Weg der billigen Gnade zu erlangen (63). Der Protestantismus machte es sich auf dem Land und insbesondere in den bürgerlichen Vorstädten bequem, in denen er blendend prosperierte – nicht zuletzt, weil er der Kategorie des Erfolges höchste Dominanz in der Kirchenpraxis einräumte.

Die evangelischen Gemeinden begaben sich in die Gefangenschaft des amerikanischen juste milieu. Die Verkündigung des Evangeliums wurde trostreich und erhebend, sie sollte ein gefälliges Leben in der Gemeinschaft inspirieren und in der Sorge um Kinder und Familie beistehen; eine *Herausforderung* der Gemeinde durch Konfrontation mit den zerreißenden Erfahrungen einer Welt im revolutionären Umbruch und durch Konfrontation mit einem Gott, der von einem etwas *fordert*, gehörte anscheinend nicht mehr zu den christlichen Essentials (100 ff). Hatten doch die Gemeinden gerade großen Zulauf von vielen, die dem Problemdruck der Welt zu entfliehen suchten. Der Erfahrungskontext von zunehmender Isolation und Entfremdung und von immer stärker durch das Wirtschaftssystem abgenötigter Mobilität fand im wachsenden Bedürfnis nach Gemeinschaft seinen Niederschlag. Durch ihre Praxis gaben die religiösen Kommunitäten darauf eine Antwort. Sie suggerierten ja eine Gemeinschaftsbildung, die das bloße Interesse zu transzendieren schien, indem sie an etwas heranreichte, was größer und höher als der Mensch ist – und was doch zur gegenseitigen Stabilisierung der einzelnen in der Gemeinschaft beitragen konnte. In der positiven Aufnahme des Sicherheitsbedürfnisses der Gemeindemitglieder fand man sich zu einer Vermarktung Gottes bereit, welche die Berufung auf ihn in jeder kritischen Lebenslage zur Losung werden ließ. Dieses amerikanische Evangelium wurde trefflich von einem College-Präsidenten in Yale in dem Ausruf gebündelt „be Christians and you will be successfull“ (18). Marty charakterisiert diese Einstellung einer sich selbst betrügenden narzißtischen Innerlichkeit als „safe packaging of God as the Lord of individual lives“: Religion, Verehrung Gottes – das war nicht mehr Zweck an sich selbst, sondern Mittel, um gewisse immanente Lebenszwecke zu erreichen. Man fragte nicht länger, ob eine Haltung „wahr“ sei, sondern ob sich in ihr zeige, daß man einer von „God's kind of guys“ ist (19 f.). Zu diesem „Volk Gottes“ gehört jeder, wenn er will – bei minimalem Engagement und minimalen Kosten. Die Aufnahme in die Gemeinde erfolgt „by handshake with the smiling pastor. The church that opens its door so easily loses its potency to evoke authentic personhood out of community. Few are asked to take the form of a servant, but all are frequently asked to take a packet of envelopes for financial contributions. No one is religious because everyone is ‚religious'.“ (117)

Die Verkündigung des Evangeliums wurde so zu einem Unternehmen mit dem strategischen Ziel, möglichst vielen Sinnbedürftigen entgegenzukommen, indem man sich auf den niedrigsten gemeinsamen Nenner verständigte. Diese Strategie war natürlich mit der Verdünnung der religiösen Substanz zu bezahlen – und mit der Konsequenz, in Zeiten wirklicher Krise die Leute nur mit faden Allgemeinheiten abspeisen zu können (148 f.). Das ausdrückliche Programm lautete, Kirche müsse den Menschen doch nützlich sein: a „believe-as-you-like, worship-as-you-please“ religion, in a „development-task-oriented“ church (150 f.). Praktische, technische, funktionale Fragen gewannen auf diesem Boden vorrangig Bedeutung. „God is ours; we desire that He let our wisdom and will prevail in His actions“ (34). Ein entmystifizierter Gott, ein harmlos netter Nachbar, auf den man sich bei seinen Entscheidungen verlassen kann, zubereitet für den Massenkonsum: „God is Himself predestined by national fiat and by popular acceptance.“ Dieser Gott des ‚positiven Denkens' ist ein Gott ohne Tragik, der keine Paradoxe und kein Kreuz mehr zumutet und der zu keinem Angriff auf die

Selbstgefälligkeit des Menschen in der permissiven Gesellschaft mehr in der Lage ist. „He is one of us, an American jolly good fellow." (39)

Die schleichende, aber immer weiter fortschreitende Anpassung des Protestantismus an die Zivilreligion oder Religion-im-allgemeinen eines sehr komfortablen, quasi-familiären Gottes kommt vorzüglich in der von Marty vorgenommenen Gegenüberstellung des traditionellen Apostolischen Glaubensbekenntnisses und des Credos einer „Community Church" zum Ausdruck (35 f.):

Community Church	*Apostles' Creed*
I believe in God, the Father all-loving;	I believe in God, the Father Almighty,
Maker of all that is;	Maker of heaven and earth:
And in Jesus Christ,	And in Jesus Christ
loveliest of His many sons, our friend;	His only Son our Lord:
who was born of the Mother, Mary;	Who was conceived by the Holy Ghost,
moved by the Spirit of God;	Born of the Virgin Mary:
suffered under the systems of men;	Suffered under Pontius Pilate,
was crucified,	Was crucified,
and died for the sake of truth and right	dead, and buried: He descended into hell;
Yet he lives again in the lives	The third day he rose again
made beautyful by His truth	from the dead:
ascending into the hearts of men	He ascended into heaven,
and working at the right hand of	And sitteth on the right hand of
God, the Father who works	God the Father Almighty:
all that is good.	From thence he shall come to judge the quick and the dead.
I believe in the Holy Spirit of truth, beauty, and goodness;	I believe in the Holy Ghost:
the ministering Christian Church;	The holy Catholic Church;

the communion and cooperation of good men with God and with each other;	the Communion of Saints:
the destruction of sin by righteousness;	The Forgiveness of sins:
the worth and beauty of human personality;	The Resurrection of the body:
and the everlastingness of the life that is in God. Amen.	And the Life everlasting. Amen.

Auf diese Weise, der zivilen Religion angepaßt, erfüllt auch das Evangelium seine Funktion für den Durchschnittsbürger: it „makes ‚feel real good' " (39).

Eine neue Qualität in diesem Anpassungsprozeß wurde durch die Weise erreicht, wie man sich den Gesetzmäßigkeiten der neuen Medien unterwarf; die christlichen Institutionen ließen sich nun noch stärker darauf ein, ihre Botschaft nach den Standards der Mittelmäßigkeit zu verkaufen: Emotionen werden geschürt, irreführende oberflächliche Angebote unterbreitet und übertriebene Ansprüche propagiert; die Abhängigkeit von ganz simplen Erfolgskriterien zeigt sich auch in der Gemeindepraxis als zwanghafte Fixierung auf statistische Erfolgsnachweise; die kirchliche Aktivität reproduziert in religiösem Konformismus nur die säkularen Standards (63 f.).

In den 50er Jahren gab es eine symptomatische (später zurückgezogene) Anweisung des „Protestant Council of New York" an die Redner in Fernsehen und Radio, die folgendermaßen lautete: „In a very real sense we are ‚selling' religion, the good news of the Gospel. Therefore admonitions and training of Christians on crossbearing, forsaking all else, sacrifices, and service usually cause the average listener to turn the dial." (60)

6. Mut zur Partikularität: Martin E. Martys Vorschläge zur Erneuerung des Protestantismus

Im Anschluß an Reinhold Niebuhr, der die Beschwörung des Glaubens in Amerika für eine Form von suggestiver Selbsterlösung gehalten hatte, schärft Marty die qualitative Differenz zwischen dem Gott Jesu Christi und dem Gott als Vater des Demos ein. Dieses Differenzbewußtsein zu artikulieren, bedeute nicht, der politisch-religiösen Symbolik gänzlich ihr Recht zu bestreiten. Widerspruch sei nur anzumelden, wenn der Eindruck verwischt werde, hier handele es sich um ein durchaus *eigenständiges* Credo, und wenn so getan werde, als sei dieses vage und sentimentale synkretistische Überzeugungsgeflecht im Grunde der authentische Ausdruck des Glaubens in Amerika (84 f.). Einer universal akzeptablen Ideologie im Sinne eines nationalen Glaubens bedürfe Amerika gar nicht. Die jüdischen und christlichen Denominationen müßten sich ihres eigenen Propriums bewußt werden und den Mut aufbringen, zur faktisch-geschichtlichen Partikularität ihres Wahrheitsanpsruches zu stehen, obwohl dieser Wahrheitsanspruch „an sich“ doch auf Universalität zielt. Ein selbstbewußter Protestantismus „should begin to learn to enjoy the luxury and to work with the reality of its minority status in a pluralistic post-Protestant culture“ (89). Es gelte, die Sprödigkeit von Zeugnis, Nachfolge und Dogma zu achten, sie nicht aufgehen zu lassen im verschwommenen, freundlich-umfassenden Synkretismus des zivilreligiösen Staats-Shinto oder Wohnzimmer-Deismus. Auch wenn die Kirchen ihre Wahrheit den sicherheitsbedürftigen Menschen anböten wie einen Fels, auf dem man in der Brandung der Zeiten stehen kann, blieben sie noch dem gesellschaftlich-instrumentellen Handlungsmodell verpflichtet; Gott würde wieder – nur anders – strategisch verpackt für Zwecke der menschlichen Identitätsabsicherung (166 f.).

Ein erster Schritt für den amerikanischen Protestantismus, seine eigenartige Integrität und Vitalität zurückzugewinnen oder wiederzubeleben, bestünde nach Marty in der Bereitschaft, mit der Verkündigung sich auch gegen den großen Trend in der Gesellschaft zu bewegen, gegen den Strom zu schwimmen in einer Umwelt, die der Protestantismus so lange mit Recht als kongenial empfunden hat (66). Politisch käme das durchaus der Nation zugute: Gerade Amerikas weltgeschichtliche Führungsrolle macht eine prophetische Kirche zu Hause so dringlich. Aufgrund ihres Differenzbewußtseins könnte sie an Urteilsstandards heranreichen, die nicht selbst integraler Bestandteil der Gesellschaft sind, die beurteilt werden soll (29).

Die Vision einer Erneuerung des Protestantismus in Amerika als Korrektur des eingefleischten amerikanischen Christentums zielt auf einen radikalen Paradigmenwechsel: Theologie sollte nicht länger die Gemeinschaft der Heiligen, sondern die der Sünder in den Vordergrund rücken. Christliche Wahrheit würde so im Kontext einer Theologie des Kreuzes im Zeichen der Demut bezeugt, die mit der Verkündigung verbundene strategische Absicht würde gebrochen in dem Bewußtsein der Unvollkommenheit aller menschlichen Visionen (167). Der Impuls zu dieser Erneuerung ist kaum von einer „obsessiven" Wiederbelebung zu erwarten; das müsse sich vielmehr im Verborgenen und Stillen vollziehen. Gefragt seien die kreative Minderheit und der reuige Sünder (157). Solchem strategischen Rückzug könnte durchaus ein disziplinierter Akt der Neugestaltung auch des Verhältnisses zur Welt auf dem Fuße folgen. Nur wenn diese neue kritische Synthese von Religion und Politik sich etablieren ließe, bliebe die amerikanische Gesellschaft auch verschont von der plötzlich ausbrechenden Aggressivität religiöser Kräfte (68)!

In Krisen der beschriebenen Dimensionalität pflegt Sören Kierkegaard von Theologen beschworen zu werden. Ihm schließt sich auch Marty an: „Die Ritter des Glaubens werden ganz so aussehen wie andere Leute;

und doch wird es da einen Unterschied geben." (120) Diesen Sinn für die Differenzierung müsse die erneuerte Gemeinde sich wieder deutlich zu Bewußtsein bringen (141).[25]

7. Zivíltheologie und „Grundwerte"-Debatte in der Bundesrepublik

Damit ist die tour d'horizon eigentlich zum Abschluß gelangt. Zu *Kontrastierungszwecken* soll nun noch der Übertragung der Civil-Religion-Debatte auf die bundesrepublikanischen Verhältnisse nachgefragt werden. Sollte sich durch die detaillierte Darstellung von Facetten der amerikanischen politischen Kultur die einleitend formulierte *Fremdheitshypothese* erhärtet haben, so wären damit auch schon Grenzen der Übertragbarkeit des Konzepts der Zivilreligion angezeigt. Allerdings ist auch der pluralistische Staat der Bundesrepublik Deutschland auf dynamische Konsensbestände angewiesen, die sich nicht restlos arbiträrer Willensleistung verdanken können. Vom amerikanischen Paradigma aus stellt sich dann die Frage, ob und wie diese letztgültigen Gehalte die subjektiven Emotionen und rationalen Motivationen prägen und wie sie mit den profanen Lebensprozessen vermittelt sind.

Die sog. Grundwerte-Debatte ist dem Problemfeld „Zivilreligion" einzufügen. Auffällig waren der lebensfern-akademische Charakter dieser Diskussionen und ihr recht deutlich defensiver Zug. Der ‚Geist' dieser um staatliche Homogenität angesichts von Terror und allgemeiner ‚Sinnkrise' bemühten Debatten mutete nicht befreiend an, sondern restriktiv bis repressiv[26]. Es hat ja stets etwas Beängstigendes und für die Liberalität einer pluralistischen Gesellschaft Bedrohliches, wenn ausgerechnet die Politiker, die eine höhere moralische Integrität, als sie Otto Normalverbraucher zugemessen wird, keineswegs zu beanspruchen Grund haben, wähnen, es obliege ihnen, jenen Gemeinsinn, der in den kleinen oder großen Krisen vermißt wird, gleichsam „von oben“ einklagen zu sollen. Die amtlichen Entscheidungsträger sorgten sich ums ‚Positive‘, den Sinn u. a., beklagten die dissoziierenden Kräfte der pluralistischen Gesellschaft und inszenierten eine gespenstische Debatte um Grundwerte, deren einziger Wert in der konkreten politischen Situation darin zu bestehen schien, politische Abweichler als „Feinde“ dieser Gesellschaft (dis-)qualifizieren zu können. – Inzwischen ist diese kurzlebige öffentliche Debatte verebbt, und in den wissenschaftlichen Journalen wird sehr gelehrte Nacharbeit geleistet, die aber im nuanciert angesteuerten Ergebnis jenes Fazit im großen und ganzen bestätigt[27].

Diesen Versuchen zur Ausformulierung einer politischen Minimalethik und der Gründe ihrer „Notwendigkeit“ entsprach und entspricht in Deutschland keine vitale massenhaft verbreitete Bewußtseinsinformation. Schränkt man die Zivilreligion – wie bei Hermann Lübbe – auf das Ensemble historisch ausgebildeter, aktuell noch gebräuchlicher Symbole ein[28], die einer höchst amorphen kollektiven Identität Ausdruck geben, so handelt es sich weitgehend um die alltägliche Erinnerung und Verwahrung solcher Ausdrucksformen, die ihre enthusiastische inhaltliche Füllung bei „Gemeinschaftserlebnissen“ wie sportlichen Höhepunkten, wissenschaftlichen Höchstleistungen oder katastrophalen politisch-geschichtlichen Einbrüchen finden. Paul Tillich hat für diese ontologische Dimension neuzeitlicher Bewußtseinslagen den Terminus „Ursprungsmächte“ ins Spiel gebracht. Er drang am Vorabend der nationalsozialistischen Machtergreifung darauf, eine politische Kultur, welche die Humanität bewahren wolle, müsse alles darauf anlegen, eine gelebte Synthese zwischen diesen Ursprungsmächten und den auf Gerechtigkeit und Fortschritt zielenden prophetischen Kräften des judäochristlichen Aufbruchs herbeizuführen[29]. Wie solche Synthese – Brechung des Geltungsanspruchs der Ursprungsmächte war schließlich das Ziel – aussehen könnte, dafür lassen sich wohl viele Ausformungen vorstellen; eine ist eben die alte Synthese von protestantischem Glauben und amerikanischer Demokratie. Der Hinweis auf Tillich soll hier nur so viel besagen: eine „Zivilreligion", die nur jenen Ursprungsmächten und -bedürfnissen in den diversen Ausdrucksmedien Rechnung trägt, enthält in sich keine eingebauten Widerstände, wenn in der Krise des Gemeinwesens, in Angst und Panik, diese Symbole zugunsten von massenhaft „überzeugenden" irrationalen Scheinlösungen mobilisiert werden. An jener – in der Geschichte Amerikas selbst umkämpften – Synthese von Religion und Politik und way of life fällt ja dem gebeutelten Europäer vor allem auch dies auf: Trotz aller rigoristischen fundamentalistischen revivals, trotz aller Machtexzesse auch, ist es dieser pluralistischen Gesellschaft bislang erspart geblieben, für die Krisen der eigenen Gesellschaft Zuflucht bei einem freiheitsfeindlichen totalitären Regime zu suchen. Gewiß hat dies auch entscheidend mit der niemals gänzlich abgeschliffenen Dimension des Prophetischen in der Synthese des amerikanischen Ursprungsmythos zu tun!

An diesen gefährlichen Ambivalenzen gemessen, erscheint Hermann Lübbes „Deskription", die freilich auf die europäische Verarbeitung der Modernisierung beschränkt ist, sehr entdramatisierend. Lübbes These: In demselben Maße, in dem unsere realen Abhängigkeiten voneinander global geworden seien, „sind es damit auch die Zwänge zur wechselseitigen Verschonung mit dem, wessen man in wechselseitig inkompatibler Weise als des einen, was not tut, gewiß ist. Kurz: Wahrheitsansprüche verlieren in demselben Maße an Durchsetzungsfähigkeit, wie der Versuch ihrer Durchsetzung für reale wechselseitige Abhängigkeiten, in denen man ganz unabhängig von Wahrheitsfragen sich befindet, bedrohlich werden müßte"[30]. Wer dennoch Wahrheitsansprüche mit Nachdruck vertritt, sieht sich „zu äußerster Diskretion im Auftritt verpflichtet"[31].

Zivilreligion (so verstanden) gilt Lübbe als Garant der Liberalität; sie verweist als Grund der politischen Ordnung auf ein „Außerhalb“ des Systems und entlastet damit die konkrete, immer strittige politische Interaktion von einer die Militanz und Irrationalität steigernden pseudo-religiösen Aufladung. Wobei sehr wohl nach Lübbes Auffassung die Anerkennungsfähigkeit des politischen Systems insgesamt an der zivilreligiösen Grundlage hängt. Die Frage nach den Wahrheitsansprüchen religiöser Optionen wird in einer wohlwollenden Liberalität neutralisiert: Man wendet sich nur gegen die Negation der Religion, weil die kontingente Sinnvergewisserung angesichts des immer rascheren technologischen Strukturwandels der Gesellschaft für die Ausbildung einer in gewisser Weise resistenten individuellen und kollektiven Identität immer unverzichtbarer wird. Da ist es schon ein großer Vorzug, sich mit wirklichen Wahrheitsansprüchen nicht auseinandersetzen zu müssen[32].

Hermann Lübbe will auf eine fundamentale Struktur des liberalen Rechtsstaates aufmerksam machen und blendet dabei die Frage aus, ob unterschiedliche historische Randbedingungen unterschiedlicher Staaten mit liberaler Verfassung womöglich auf die Qualität dieses Verhältnisses durchschlagen. Beim Vergleich BRD–USA können einem erhebliche Zweifel kommen, ob sich diese systematische Ausblendung des geschichtlich Besonderen durchhalten läßt[33].

Niklas Luhmann hält das Regulativ der Annahme eines universalen Wertkonsenses der Gesellschaft für unerläßlich – doch nur als gleichsam unthematisiert, die differenzierten gesellschaftlichen Prozesse begleitend, ist solche Zivilreligion überhaupt intakt! Konkretisiert und explizit in den Streit um Problemlösungen auf der Ebene der einzelnen Subsysteme einbezogen, büßt sie ihren Status des unangefochtenen „Allgemeinen“ ein. Deshalb hat man also davon auszugehen, „daß in aller sozialen Kommunikation ... mit der Unterstellung eines Wertkonsenses operiert wird, dessen Annahme überhaupt erst die Selektion spezifischer Themen ermöglicht. Die Realität dieser Voraussetzung ist nicht die eines empirischen Konsenses, sondern die einer laufend in Anspruch genommenen Prämisse. Daher ist auch keine ‚Konkretisierung' möglich, die Form und Gehalt des Allgemeinen bewahrt und es nur mit Inhalt füllt; vielmehr muß das neutrale Licht der Zivilreligion gebrochen und zerlegt werden, damit die Farben erscheinen, in denen die Teilsysteme je ihre Prinzipien darstellen"[34]. Bei der Explikation dieser Basis-Voraussetzungen von moderner Gesellschaft überhaupt und ihrer Übersetzung in kritisierbare Theoreme räumt Luhmann den traditionellen Kirchen eine Schlüsselfunktion ein[35].

Auch Stefan Smid kommt zu einem skeptischen Fazit in seiner Nachbetrachtung der Grundwerte-Debatte, doch vermag er dem Ganzen einen guten Sinn gleichwohl abzugewinnen: Letztendlich unterstreicht zwar auch er, daß die „Beteiligung der unterschiedlichsten konfessionellen Gruppierungen am Staat keine homogene Staatsideologie bedingt"[36]. Wolle man nicht bei einem nachsäkularen Glaubensstaat landen, dürfe auch die Herkunft der sog. Grundwerte aus christlicher Tradition nicht zu unvermittelt reklamiert werden[37]. Die zivilreligiöse Zielsetzung des Staates habe sich auf die bloße technische Friedenserhaltung selbst zu beschränken; das ermögliche staatliche Integration und negiere doch nicht die Vielfalt der sinnstiftenden Weltbilder der Bürger. Offensichtlich kommt es diesem Autor gerade auch auf das individuelle Erlebnis des Sinnes staatlicher Friedenssicherung an[38]!

Mögen auch die historischen Voraussetzungen des Pluralismus „genuin christlich" sein, so wird dem Konzept der Zivilreligion bei Smid gerade die Aufgabe zugemutet, eine „Vermittlung der christlichen Rationalität der Verfassung des pluralistischen Staates mit Weltbildern nicht-christlicher Rationalitätsformen" zu übernehmen[39]. In der Folge sei es dann aus plausiblen Gründen den Angehörigen aller Religionen versagt, „gegen die Legalität des pluralistischen Staates aus religiösen Gründen zu protestieren". Positiv geredet: es sei jedem gestattet, sich auf seine nicht-identische Überzeugung zu beziehen und sich auf dieser Grundlage doch am Staatsleben zu beteiligen. Vor allem anderen stellt die gesellschaftliche Dimension der Zivilreligion klar, „daß der Staat nicht außerhalb der Geschichte existiert“[40]. Die Loyalität der Bürger beruht nicht auf deren zufälligem guten Willen, sondern wurzelt in einem – wenngleich sehr amorphen – Bestand kollektiver handlungsrelevanter Überzeugungen. Und diese Bestandsbedingung des Staates wird gerade durch die staatskirchenrechtliche Beschreibung des Verhältnisses von Staat und Kirche(n) und der gegenseitigen Abgrenzung ihrer Kompetenzen nicht hinreichend erfaßt[41].

Gottfried Küenzlen hält daran fest, Zivilreligion sei „ein notwendiger Vorgang für jede Gesellschaft“. Aber ist das, was angeblich ‚notwendig‘ ist, auch schon dadurch ‚gut‘ und einer theologischen Aufwertung bedürftig? Küenzlen rät „dem kirchlichen Handeln“ an, „der theologischen Verdächtigung von civil religion zu wehren“, schließlich gelte es doch, „auf die Zeichen der Zeit zu achten“[42]. Die sind indessen stets vieldeutig, sind nur schwer zu entziffern und führen, weiß Gott, auch in die Irre. Das Plädoyer für die „Leutereligion“ des ‚Durchschnittsmenschen unserer Tage‘ und die Polemik gegen ‚religiöse Esoterica‘ und gegen die theologisch-radikale Unterscheidung von „Glaube“ und „Religion“ verrät wohl eine Faszination durch das neue Thema, doch die *negativen* Implikationen einer solchen Anpassung bleiben ausgeblendet. Und es ist auch sehr fraglich, ob man den Konfessionskirchen die Aufgabe ansinnen sollte, die sog. ‚zivilreligiöse Glaubensorientierung‘ zu garantieren. Gerade das darf ihre Aufgabe nicht werden, wenn Zivilreligion in den Kontexten unserer Gesellschaft Sinn beanspruchen soll.

Ähnlich wohlwollend-unvoreingenommen wie Küenzlen (und unbeeindruckt von der Religionskritik der „Dialektischen Theologie“) nimmt sich auch Klaus Hoffmann des Themas „Bürgerliche Religion“, des „religiösen common sense in unserem Volk“ an, in dem angeblich das Evangelium von Jesus Christus einheimisch geworden ist. Die Volkskirche müsse um die „positive Einordnung" dieser Leutereligion bemüht sein und deshalb realisieren, „daß sie hier dem religiösen Menschen unserer Zeit schlechthin begegnet"[43].

Solcher eindimensionalen Besetzung des Themas redet Wolfhart Pannenberg nicht das Wort, wiewohl auch er sich durch die Lebendigkeit und Vielfalt amerikanischer zeitgenössischer Frömmigkeit beeindruckt zeigt. Den Versuch Hermann Lübbes jedenfalls, die von den institutionalisierten Kirchen unterschiedene Zivilreligion „als Legitimationsinstanz des liberalen und demokratischen Verfassungsstaates wiederzubeleben", schätzt er als „untauglich" ein[44]. „Zivilreligion" wird von ihm doch als bloßes rationales theoretisches Konstrukt angesehen: „Schon bei Rousseau ist eine solche Zivilreligion ein blasses Gedankengebilde gewesen". Dabei will Pannenberg, angesichts der Erosion auch liberaler Ordnungen und der „inneren Schwäche" des total säkularisierten Staates[45], durchaus der Einsicht wieder Geltung verschaffen, daß das Rechts- und Politiksystem des Bezuges auf „eine aller menschlichen Willkür vorgegebene Instanz" bedürfe[46]. Diese transzendente Macht wird repräsentiert durch die Kirche(n); ihre Institutionalisierung soll dem Staat und seinen Funktionsträgern gleichsam permanent die Vorläufigkeit ihres Amtes und damit die begrenzte Reichweite ihrer Eingriffsrechte ins Leben der Bürger zu Bewußtsein bringen: Säkularität auf dem Boden christlicher Religion, die auch die Frontlinie markiert gegenüber einer durch religiösen Nationalismus erpreßten Loyalität[47].

Auch Bellah war ja von amerikanischen theologischen Kritikern vorgeworfen worden, die von ihm herausgefilterten Erscheinungsformen einer amerikanischen Zivilreligion seien Ausdruck der Vergötzung der Nation; Pannenberg stimmt zu, diese Gefahr sei in vielen dieser Erscheinungen unverkennbar; eine pauschale Verurteilung kommt für ihn aber deshalb nicht in Frage, weil er durchaus auch solche Konstellationen der amerikanischen Geschichte zu erinnern weiß, in denen sich das religiös ausgelegte Sendungsbewußtsein mit der Demut vor Gottes Gericht vereinte[48]!

Gegenüber der neuen religiösen Rechten in den USA, die sich als evangelikale Bewegung streng an der Bibel orientiert, ist Pannenbergs Urteil, so scheint es, nicht ganz klar: Handelt es sich hier womöglich nur um eine Variante der Zivilreligion im Gewande eines spektakulären Fundamentalismus? Pannenberg läßt sich auf diesen Verdacht nicht ein, und zwar deshalb nicht, weil er jede theistische Gestalt von Zivilreligion, sei sie auch noch so blaß, nämlich konfessionstranszendent, doch noch als „biblisch“ einstuft, insofern nämlich Gott als „transzendentes Gegenüber der politischen Gewalten“ und als „Lenker der Geschichte“ gedacht wird[49]. Diese Blässe führt Pannenberg darauf zurück, daß jahrhundertelang für die antagonistischen konfessionellen Ausprägungen „Toleranz“ ein Fremdwort blieb und also ein Gemeinsames nur unter Voraussetzung relativ unscharfer Konturen festgehalten werden konnte.

Was man in Pannenbergs Überlegungen vermißt, ist das theologische Bedenken der Frage, wieweit nicht generell, nach den grausigen Erfahrungen der Geschichte, die Verzahnung von „Sendungsbewußtsein“ – und träte es noch so eindeutig christlich-theistisch auf – mit konkret politischen Optionen, Ereignissen, Lebensformen theologisch verworfen werden muß. Die politische Verwertung solchen Sendungsbewußtseins ist doch selbst dann fatal, wenn sie von der Einräumung eines eschatologischen Vorbehalts begleitet wird. Pannenberg registriert: „Die europäischen Nationen, zur weltpolitischen Provinz herabgesunken, eignen sich nicht mehr als Träger eines religiös motivierten Sendungsbewußtseins, zumal die verhängnisvollen Auswirkungen der Geschichte des europäischen Nationalismus vor aller Augen liegen.“[50] – Der einschränkende Hinweis auf europäische Erfahrungen irritiert; soll damit, so könnte man das jedenfalls verstehen, suggeriert werden, daß sich das Problem der Zivilreligion als dringlich überhaupt nur stellt, wo Nationen im weltgeschichtlichen Maßstab als Akteure herausgefordert sind, Verantwortung zu tragen[51]? (Es sei noch einmal an Bellah erinnert, der in der Tat als Grund für die im 20. Jahrhundert in den USA immer wieder aufbrechende Debatte um Sinnverlust und religiöse Revivals die durch die atomare Weltmachtrolle ausgelösten Belastungen angibt. Nach der Unabhängigkeit und dem Bürgerkrieg sei dies die dritte große Herausforderung in der amerikanischen Geschichte[52].)

Auch an Vorschlägen, die *Nation* als „das anerkannte Konkret-Allgemeine" wieder zur Geltung zu bringen, fehlt es nicht. Der Philosoph G. Rohrmoser behauptet apodiktisch[53]: „Wenn das humane und christliche Ethos schwindet, schwindet die Kraft der Demokratie, sich gegen irrationale Nationalisten zu behaupten." Was wäre „die Orientierung eines Lebens, das nach dem Entzug des süßen Gifts der Utopie sich fragt, ob Selbsterhaltung überhaut einen Sinn hat?" Solche Fragen entbehren zunächst einmal nicht der Plausibilität. Indessen, wen vermag die vorgeschlagene Kur zu überzeugen? Rohrmoser beschwört den „Gedanken der Nation" als „Quelle der Kraft, aus der eine Mobilisierung kollektiver Energien und Anstrengungen möglich ist, die den einzelnen befähigt, seine individuellen Bedürfnisse und Anstrengungen zu transzendieren". – Und die Religion, die doch „Substanz" sein soll, dient offensichtlich nur instrumental als Vehikel, wobei eine überraschende Faktenbehauptung eingebracht wird, die – jedenfalls verglichen mit unserem Beobachtungsgegenstand USA und der dort gelebten vielschichtigen Synthese von Religion und Aufklärung – schwerlich verifizierbar sein dürfte: „Die Deutschen sind, mehr als das vielleicht für andere Völker zutreffen mag, letztlich nur aus religiösen Antrieben und Impulsen zu bewegen, auf geschichtliche Herausforderungen konstruktiv zu antworten."

8. Im Schatten nationalsozialistischer Ziviltheologie

Die Nationalsozialisten haben eine kaum übertreffbare Akzeptanz ihrer Ziviltheologie erreicht, die gleichfalls, ohne christlich zu sein, Elemente des christlichen Glaubensgutes („Vorsehung“, religiöse Riten und Weihefeiern) absorbiert hatte; damit ließ sich eine massenhafte Homogenisierung der Einstellungen zur Politik erreichen. Diese Zivilreligion behauptete nicht den paradigmatisch-universalen Charakter der eigenen Lebensform, sondern sie bekannte sich zur Partikularität und setzte die partikulare eigene Lebensform gegenüber allen anderen imperialistisch absolut. Zumindest nachträglich läßt sich konstatieren, daß diese Gestalt der Ziviltheologie schwerlich hätte erfolgreich sein können, wenn nicht in den „eigentlichen“ christlichen Religionen und den entsprechenden Theologien der Boden bereitet worden wäre – z. B. durch ein Verständnis der Freiheit eines Christenmenschen, welches sich bestens mit der Eingliederung in gesellschaftlich-politisch autoritäre Institutionen vertrug. Die religiöse und politische Dimension der Freiheit war hier offensichtlich – im Kontrast zu den USA – nicht mit der Erfahrung „Befreiung von ...“ geschichtlich verbunden, im Sinne einer leiblich-raumzeitlichen Bewegung fort von der Tyrannis, hin zu einer freien oder (siehe: die Indianer in Amerika) als frei phantasierten Welt, in der mit Gottes Hilfe aus Freiheit ein neuer Nomos des Gemeinschaftslebens zu gestalten war. Dies genau ist ja die Errungenschaft der US-Gründungsvision: daß die Motive des auserwählten Volkes, des Gott-mit-Uns, des privilegierten Involviertseins in Gottes weltgeschichtlich-heilgeschichtlichen Plan aufs engste zusammenschießen im *Ideal der prinzipiell universellen unteilbaren Freiheit* und im *Erfahrungssediment* der geschichtlichen Erringung von Freiheit, an die als das höchste Glück und Gut noch immer in Krisenzeiten erfolgreich zu appellieren war.

Der Verführbarkeit der Massen durch die demagogische Auswertung der Instrumentalität der Gründerväter-Rhetorik sind auch in den USA Tür und Tor weit geöffnet. Dennoch ist es im Rahmen dieser republikanischen Verfaßtheit und ihrer Ziviltheologie unerhört und kaum vorstellbar, es könne gelingen, eine Massenbasis für eine Politik der inneren Veränderung der Republik zu gewinnen, die *ausdrücklich* eine Einschränkung der Grundrechte zum Ziel hätte oder an die Stelle der Freiheit als *höchstes* weltliches Gut ein anderes Ideal setzte.

Wenn wir also die deutsche Erfahrung mit einer zwölf Jahre funktionierenden Ziviltheologie vergleichen mit der amerikanischen, so geraten wir in die Wahrnehmung eines Dilemmas: Es kann, es darf bei der Ziviltheologie nicht nur um durch Geschichte(n) vermittelte kollektive Identität überhaupt gehen; es reicht auch nicht aus, das Konzept kollektiver Identität zu splitten und der nationalen Selbstbespiegelung in Symbolen die zufälligen Muster regionaler Eigenart, also die Aufwertung des Provinzialismus, beizugesellen; es muß vielmehr ein geschichtlich an die Kräfte des Unbewußten heranreichender Motiv- und Motivationskomplex sein, der unter den Bedingungen Alteuropas die Geschichte kollektiver Identitäten *unauflösbar* mit einem – im Gegensatz zu den USA vielleicht evolutionären, stärker über tradierte Institutionen laufenden – *Bewußtsein der Freiheitserringung* verzahnt. Aber lassen sich überhaupt eher schwache Freiheitstraditionen im Massen- und Durchschnittsbewußtsein so verankern, daß aus diesem Vorgang das Gesamtkonglomerat von Motiven, Emotionen und rationalen Perspektiven qualitativ verändert hervorgeht?

Vielleicht wäre es mit diesem deutschen Selbstbewußtsein und seiner zivilreligiösen Selbstversicherung, Selbstbindung, Selbstgestaltung ganz anders bestellt, wenn der 20. Juli 1944 erfolgreicher verlaufen wäre. Die mutige Tat weniger hätte für die Massen der Mitläufer durch zivilreligiöse ‚Übersetzungsarbeit' zum Kristallisationskern einer emphatisch bejahten, durch Freiheitspathos ausgezeichneten Neugründung werden können. Bezogen auf das durch und durch ziviltheologisch geprägte Gesellschafts- und Politikverständnis der Amerikaner haben wir, die wir die demokratische Staatsform wieder second hand empfingen, in der Normalität gewisse Vorteile: Keine historisch-messianischen Schubkräfte nötigen uns Deutschen eine bestimmte Richtung des Handlungssinnes im internationalen Kontext auf, und auch inner-republikanisch wird der Diskurs über den tunlichst besten Weg zur Problemlösung relativ pragmatisch geführt. Sozialistische Programme zur Arbeitsplatzbeschaffung werden jedenfalls nicht verworfen, weil sie ein Weg in den totalitären Staat wären, sondern weil sie angeblich oder tatsächlich ökonomisch unwirksam oder gar ökonomisch kontraproduktiv sind. Und nachdem die Konservativen unter Beweis stellen, daß sie das Geschäft der Verhandlungen mit den Staaten des Ostens, insbesondere mit der DDR, nicht vorbehaltvoller betreiben als ihre politischen Gegner, wird der demagogische an den politischen Gegner gerichtete Vorwurf „Kommunismushörigkeit" sich auch weiter verflüchtigen. Business as usual. Die Stabilität der Demokratie bemißt sich an ihrem optimalen Funktionieren, und das heißt auch: ihrer noch immer gelingenden Absicherung der Prosperität der meisten. Sind wir also mit dieser Normalität ‚besser dran', so stellt sich sehr wohl die Frage anders mit Blick auf den Ernstfall, auf die Infragestellung der Legitimität des Status quo im Falle innerer Krisen und äußerer Bedrohung. Wie hoch unter solcher Belastung das Identifikationspotential mit dieser Lebensform (bei gleichzeitiger Wahrung des Respekts vor der Freiheit des Andersdenkenden) ist, dafür eine Probe zu liefern, hat die Geschichte uns bislang erspart. Und nur Leute, die es nicht lassen können zu zündeln, Fetischisten des Ausnahmezustandes, wünschen sich eine solche Probe herbei. Gerade weil die Gründung dieses politischen Nomos in der geschichtlichen Stunde einer Niederlage erfolgte und sich mit der neuen Politik, von außen importiert, ein Moment des stolzen Pathos, der Autonomie, nur schwer verbinden konnte, speist sich – wenn es das überhaupt gibt – ein neues „Wirbewußtsein" (Hermann Heller) nur aus den materiellen Erfolgen des imponierenden Wiederaufbaus, der allerdings inzwischen seinen Abschluß gefunden hat. Aber vielleicht ist die Hoffnung doch nicht unbegründet, daß nicht nur Individuen, sondern auch Nationen *durch Schaden klug* werden können.

Anmerkungen

1 Einen umfassenden Überblick über die geschichtlichen Ursprünge der amerikanischen religiös-politischen Konstellation und eine Bestandsaufnahme ihres aktuellen Zustandes gibt A. James Reichley, *Religion in American Public Life*, Washington 1985

2 Dies der Weg, auf den J. Habermas exklusiv das ganze Gewicht legt: Vgl. *Theorie des kommunikativen Handelns*, Band 1 u. 2, Frankfurt 1981. Vgl. auch: Ders. in: *Die neue Unübersichtlichkeit*, Frankfurt 1985, S. 30–56

3 Vgl. W. Pannenberg, Civil Religion? Religionsfreiheit und pluralistischer Staat: Das theologische Fundament der Gesellschaft, in: *Die religiöse Dimension der Gesellschaft*, hg. v. P. Koslowski, Tübingen 1985, S. 63–75

4 Vgl. z. B. H. Lübbe, Historismus oder die Erfahrung der Kontingenz religiöser Kultur, in: *Wahrheitsansprüche der Religionen heute*, hg. v. W. Oelmüller, Paderborn/München/Wien/Zürich 1986, S. 75

5 Vgl. U. Eco, Die Selbstmörder vom Tempel des Volkes, in: Eco, *Über Gott und die Welt. Essays und Glossen*, München/Wien 1985, S. 108–115. Relevant für unseren Zusammenhang auch: Orwellsche Ökologie und fleischgewordene Coca Cola, S. 89–99, sowie: Das Heilige ist keine Mode, S. 102–107

6 Zum Thema ‚Politik und Religion' bei Th. Hobbes vgl. K.-M. Kodalle, *Thomas Hobbes – Logik der Herrschaft und Vernunft des Friedens*, München 1972

7 Th. Hobbes, *Leviathan oder Stoff, Form und Gewalt eines bürgerlichen und kirchlichen Staates*, hg. u. eingel. v. I. Fetscher, Berlin/Neuwied 1966; 47. Kap., S. 530 f.

8 Th. Hobbes, *Vom Menschen. Vom Bürger,* hg. u. eingel. v. G. Gawlick, Hamburg 1959; Vom Menschen, 14, Kap. (8.), S. 47

9 C. Schmitt, *Der Begriff des Politischen.* Text von 1932 mit einem Vorwort und drei Corollarien, Berlin 1963; darin: Das Zeitalter der Neutralisierungen und Entpolitisierungen, S. 79–95

10 W. Ch. Zimmerli, ‚Wahr' und ‚richtig'. Zu Differenz und Identität von deskriptiven und normativen Geltungsansprüchen religiösen Wissens, in: *Wahrheitsansprüche ...*, hg. v. W. Oelmüller, a. a. O., S. 168

11 Ebd., S. 176

12 Seitenzahlen in Klammern beziehen sich auf den folgenden Text: R. N. Bellah, Civil Religion in America, in: *Daedalus.* Journal of the American Academy of Arts and Sciences, vol. 96, 1/1967, S. 1–21. – Das ganze Heft ist dem Thema „Religion in America" gewidmet. Bellahs Konzept der Civil Religion, dessen Verortung im Geflecht der sozialwissenschaftlichen Theorien (Talcott Parsons!) sowie die systematischen Konsequenzen dieser Debatte für die Frage nach den religiösen Wurzeln der politischen Kultur und Moral untersucht eindringlich in gründlichen Analysen Rolf Schieder, *Civil Religion. Die religiöse Dimension der politischen Kultur,* Gütersloh 1987. Ausdrücklich sei der Leser auf die umfangreiche Bibliographie in diesem Buch verwiesen. Ebenso einschlägig ist das Buch von Heinz Kleger und Alois Müller (Hrsg.), *Religion des Bürgers. Zivilreligion in Amerika und Europa,* München 1986. Hier sind wichtige Arbeiten von Bellah, Luhmann und Lübbe wiederabgedruckt, finden sich Analysen zur Zivilreligion in den Niederlanden, Großbritannien, Frankreich, Italien und der Schweiz, liefern die Herausgeber eine eindringliche Analyse „Zur politischen Religionsphilosophie innerhalb liberal-konservativer Staatstheorie". Hilfreich und verdienstvoll ist zweifellos auch die „Kleine kommentierte Forschungsbibliographie".

13 J.-J. Rousseau, *Der Gesellschaftsvertrag oder die Grundsätze des Staatsrechtes,* hg. v. H. Weinstock, Stuttgart 1963, S. 193 f.

14 Selbstkritisch, ja bitter sarkastisch kommentiert Norman Birnbaum (Feuer frei auf Gaddafi, DER SPIEGEL Nr. 17, 1986, 134 f.) die Fähigkeit des amerikanischen Präsidenten

Reagan als schrecklichen Vereinfachers, „Amerikas fast unerschöpfliche Ressourcen an Herrschaftswillen, Selbstgerechtigkeit, Unbarmherzigkeit, Sentimentalität, zwanghaftem Tatendrang und Stammtisch-Heldentum zu mobilisieren". Auch Birnbaum trägt in seinem Sarkasmus der amerikanischen Ziviltheologie Rechnung: „Da die USA Inbegriff des Guten sind, muß alles, was uns entgegentritt, böse sein. Komplizierte Gedankengänge beweisen in dieser Sicht nur die Unfähigkeit des mit zuviel Bildung Gesegneten, sich einfache Wahrheiten anzueignen". „Wer von uns angegriffen wird, tut gut, das als himmlische Strafe hinzunehmen. Dies können keine gewöhnlichen Kriegshandlungen sein, da wir ja keinen Krieg führen, nur Kreuzzüge. Terroristisch ist also ex definitione jeder, der (wie die Sandinisten) zurückschießt". Die Reduktion der Geschichte auf einen Zweikampf Reagan gegen Gaddafi beerbt den alten Sheriff-Mythos – doch schon der diente eher der Geschichtsfälschung, denn: „Der Sheriff war nicht Einzelkämpfer für die Gerechtigkeit, sondern oft genug vertrauter Polizist des Besitzenden, brutaler Vertreter von Rassismus, Verfechter der engstirnigen Vorurteile des Wilden Westens". Vgl. des weiteren: G. H. Blanke, Die amerikanische Rhetorik des Kalten Krieges, in: *Dollars und Träume*, 11. Juni 1985, S. 7–24. Ders., Amerika als Erlösernation. Die rhetorischen Ausformungen des amerikanischen Sendungsglaubens, in: *Sociologia Internationalis*, 17. Bd./1979, S. 235–254. D. Sölle, Die elektronische Kirche, in: *Junge Kirche*, März 1981, S. 249–251. D. Stoodt, Fundamentalismus versus Modernismus im Jahre 1982. Beobachtungen zum Verhältnis von Religion und Öffentlichkeit in den USA, in: *Jahrbuch für Religionspädagogik*, Bd. 1/1984, S. 199–204

15 J. Gebhardt, *Die Krise des Amerikanismus. Revolutionäre Ordnung und gesellschaftliches Selbstverständnis in der amerikanischen Republik*, Stuttgart 1976
Gebhardt konstatiert, auf dem endlosen Kontinent mit seinen enormen materiellen Ressourcen habe sich zunächst jedenfalls ein Mechanismus „Sezession als Substitut für Revolution" etablieren können: Man löste Konflikte durch Vermeidung ihres Austrags, durch Separatismus und Sezession also (vgl. 234). Hatte sich schließlich diese ganze Nation dem Auszug aus den Bedrängnissen Europas verdankt, so wurde der Separatismus zur fundamentalen ge-

sellschaftlichen Erfahrung, die das soziale Verhalten im Konfliktfall prägte (235).

16 L. Hartz, *The Liberal Tradition in America,* New York 1955, S. 32

17 D. Bell, *Die Zukunft der westlichen Welt. Kultur und Technologie im Widerstreit,* Frankfurt 1976. Sämtliche Zitate dieses Abschnitts S. 202–205

18 Vgl. R. N. Bellah, *Beyond Belief,* New York 1970, S. 9 f.

19 Vgl. R. N. Bellah, Religiöse Evolution, in: *Seminar Religion und Gesellschaftliche Entwicklung. Studien zur Protestantismus-Kapitalismus-These Max Webers,* hg. v. C. Seyfarth und W. M. Sprondel, Frankfurt 1973, S. 267–302; sämtliche Zitate: S. 298–300

20 Michael Novak, *The Spirit of Democratic Capitalism,* American Enterprise Institute, New York 1982. Vgl. auch: Demokratischer Kapitalismus? Gespräch mit dem Sozialphilosophen Michael Novak, in: *Ev. Kommentare* 10/1983, S. 557–560

21 Eine scharfe, undifferenziert polemische Antwort an Novak gibt F. J. Hinkelammert, Die Politik des ‚totalen Marktes'. Ihre Theologisierung und unsere Antwort, in: *Neue Stimme* Nr. 7/1984, S. 9–15, insbes. S. 13 ff.

22 M. Novak/J. W. Cooper, *The Corporation: A Theological Inquiry,* Washington D. C., American Enterprise Institute, 1981, S. 203; zitiert nach Hinkelammert, s. Anmerkung 21, S. 13. – Man darf davon ausgehen, daß diese glaubensmäßige Identifizierung des formellen Rechtsstaates als „des" substantiellen Gemeinwesens der Grund für die Absorption aller sozialistischen Impulse in der Geschichte der Vereinigten Staaten gewesen ist. Der demokratische Sozialismus, auch in seiner modernen sozialdemokratischen Gestalt, behauptet die Legitimität und Rationalität des eigenen Innovationsstrebens mittels des Aufweises der Grenzen eines „bloß" formal-rechtsstaatlichen Not- und Verstandesstaates. Die emphatische Aufladung des formalen Rechtsstaates als „die" Organisationsform einer Lebensweise, welche der individuellen Initiative alles zutraut, kann jedenfalls dem Europäer das erstaunliche Faktum plausibel machen, daß in einer Situation, da die Gesellschaft insgesamt nachweisbar prosperiert, gleichzeitig aber zunehmend größere Teile der Bevölkerung verarmen, eben diese Unterprivilegierten der Gesellschaft

nicht im Traum daran denken, aus ihrer Situation in eine Anklage „des" Systems zu wechseln oder doch wenigstens auf den Ausbau eines stärker interventionistischen Sozialstaates zu dringen. Nein, auch diese Gruppen der Bevölkerung identifizieren sich mit jener emphatischen zivilreligiösen Aufladung der spezifischen amerikanischen Form von Demokratie und way of life. Ihre Kämpfe – und das können durchaus solche sein, in denen Gewalt explodiert – tragen sie auf dem Boden der fraglos fortgesetzten Affirmation dieses staatlichen Rahmens aus.

23 Vgl. Martin E. Marty, *The New Shape of American Religion,* New York 1959. Aus diesem Buch, dessen auf die 50er Jahre bezogene Analyse sich auf die 80er Jahre anscheinend ohne große Einschränkungen übertragen lassen, stelle ich im folgenden (bis Abschnitt 6 inklusive) eine Reihe von einschlägigen Beobachtungen und Zitaten zum Thema „Zivilreligion" bzw. „Religion-im-allgemeinen" (Marty) zusammen. Die Seitenzahlen in Klammern beziehen sich auf dieses Buch. – Vgl. Martin E. Marty, *Pilgrims in Their Own Land. 500 Years of Religion in America,* New York 1986. In diesem neuesten Werk gibt Marty eine umfassende geschichtliche Darstellung sämtlicher christlicher und nicht-christlicher Bewegungen und ihrer Führer, die zu der spezifisch amerikanischen Synthese von Religion–Politik–Kultur einen relevanten Beitrag geleistet haben. Für eine nähere Durchdringung unseres Themas ist dieses Buch eine unerläßliche Lektüre.

24 Auch in diesem Abschnitt folge ich den Beschreibungen Martys, *The New Shape ...*

25 Ronald F. Thiemann, Evangelium und Zivilreligion in Amerika, *LWB-Dokumentation* Nr. 12, Dezember 1982, S. 27 ff., registriert, der bürgerliche und religiöse Konsens in der amerikanischen Kultur sei an Vietnam und Watergate zerbrochen: „Ob die Amerikanische ‚Zivilreligion' sich in der Form eines echten nationalen Konsenses, der Vielfalt und Pluralität respektiert, wieder durchsetzen wird, ist ungewiß" (33). Thiemann macht wie Marty das kritische Potential des christlichen Glaubens auch gegenüber der Zivilreligion geltend. „Die Kirche muß entscheiden lernen, wann sie die zivile Frömmigkeit des eigenen Volkes unterstützen kann und wann sie ihr mit prophetischem Urteil gegenüberzutreten hat". (33) Thiemann, der sich einer reformatorisch-christologischen Argumentation anschließt,

drückt sich nicht um die Frage nach den Kriterien herum: „,Zivilreligion' kann verzerrte und dämonische Formen annehmen, muß es aber nicht. Wenn sie Leben und Gedeihen des Menschen, die Schaffung eines schlüssigen Wertsystems, die Beseitigung gesellschaftlicher Mängel und die Herbeiführung größerer sozialer Gerechtigkeit fördert, dann sollte die Kirche die zivile Religion – wenn auch kritisch – in der eigenen Nation bejahen und unterstützen" (36 f). Insofern aber die Kirche als soziale Institution immer in Gefahr steht, sich differenz-vergessen ganz der Zivilreligion anzuschmiegen, „können Christen zum Zeugnis für das Evangelium und gegen die Kirche gefordert sein" (38). – Im Jahr 1981 hat das Department of Studies des Lutherischen Weltbundes ein Forschungsprogramm „The Church and Civil Religion" gestartet. Die Leitung des Projekts, das bereits zu einer Reihe von Konferenzen und Publikationen geführt hat, liegt bei Béla Harmati (vgl. B. Harmati, „Civil Religion" weltweit. Ein Studienprojekt des Lutherischen Weltbundes, in: *Lutherische Monatshefte* 21, 1982, S. 303). Zuletzt: *Kirche und ,Zivilreligion' weltweit – die Bedeutung der Religion und der Grundwerte für Nation und Staat.* Internationale Abschlußkonsultation des Studienprogramms des Luth. Weltbundes über „Kirche und Zivilreligion" (1), epd-Dokumentation Nr. 47/87 (mit Beiträgen von B. Harmati, R. Schieder, R. Schloz, W. Sparn und K.-F. Daiber). Weitere Arbeiten zum Thema „Civil Religion" finden sich in den Veröffentlichungen der CISR (Paris) = Conférence Internationale de Sociologie des Religions.

26 Vgl. K.-M. Kodalle, Grundwertediskussion in der Sackgasse, in: *Radius,* 23. Jg./1978, H. 3, S. 31–33

27 Vgl. als Beispiel: St. Smid, Pluralismus und Zivilreligion. Überlegungen zur Diskussion um die Methoden der Integration des Staates, in: *Der Staat,* 24. Bd./1985, H.1, S. 3–30.

28 Vgl. H. Lübbe, Politische Theologie als Theologie repolitisierter Religion, in: *Der Fürst dieser Welt. Carl Schmitt und die Folgen,* hg. v. J. Taubes, Paderborn 1983, S. 45–56

29 P. Tillich, *Die sozialistische Entscheidung,* in: Ges. Werke, Bd. 2: Christentum und soziale Gestaltung, Stuttgart 1962

30 H. Lübbe, Historismus . . ., a. a. O.=s. Anm. 4, S. 77

31 Ebd.

32 Vgl. H. Lübbe, a. a. O.=Anm. 4

33 Vgl. H. Lübbe, Die Religion der Bürger, *Ev. Kommentare* 15, 1982, vgl. 127 f. Zur Auseinandersetzung mit Lübbe vgl. J. Moltmann, Das Gespenst einer Zivilreligion, *Ev. Kommentare* 16, 1983. Zu der Kontroverse vgl. H. Kleger und A. Müller, Umstrittene Zivilreligion, *Ev. Kommentare* 16, 1983. Moltmanns scharfe Kritik des Zivilreligion-Theorems konzentriert sich auf die Unterstellung, Zivilreligion diene vorrangig und exklusiv der Systemstabilisierung und der Selbstrechtfertigung und Glorifizierung nationaler Eigenart. Daß Zivilreligion auch kritische Impulse entbinden und Zivilcourage fördern könnte, leuchtet Moltmann nicht ein. – Vgl. auch Rolf Schieder, Discussion on civil religion in the Federal Republic of Germany, *LWF-Studies* 1984, S. 167–180. Jens Glebe-Moeller konstatiert kurz und bündig, Zivilreligion habe dazu gedient, den amerikanischen Imperialismus „all over the world" zu legitimieren. Mögen die Ursprünge des Konzepts mit dem Puritanismus verbunden gewesen sein – heute werde diese Ideen- und Symbolwelt jedenfalls von Schwarzen, Puertorikanern oder Feministen nicht geteilt; grundsätzlicher geurteilt, ist dieser Begriff und das, was er meint, in eine mehr oder weniger offene Bedrohung christlicher Authentizität und des Bemühens um Ökumene umgeschlagen (vgl. The Church and Civil Religion in the nordic countries of Europe, *Lutheran World Federation,* Genf 1984, S. 56).

34 N. Luhmann, *Soziologische Aufklärung 3,* Opladen 1981; darin: Grundwerte als Zivilreligion. Zur wissenschaftlichen Karriere eines Themas, S. 293–308. S. 304

35 Ebd., S. 305 f.

36 St. Smid, a. a. O., s. Anm. 29, S. 30

37 Ebd., S. 21

38 Ebd., S. 30

39 Ebd., S. 28

40 Ebd., S. 22

41 Ebd.

42 G. Küenzlen, Civil Religion und Christentum. Ein Beitrag zum gegenwärtigen Verhältnis von Religion und Gesellschaft, *Impulse* Nr. 21, II/1985 (Texte der Ev. Zentralstelle für Weltanschauungsfragen). – Zitate: S. 15 f.

43 K. Hoffmann, Zivilreligion in der Bundesrepublik Deutschland am Beispiel des Weihnachtsfestes, *LWB-Dokumentation* Nr. 12, Dezember 1982 (Genf, Stuttgart), S. 1 ff. – Die Zitate des letzten Absatzes: S. 22–25

44 W. Pannenberg, Civil Religion?, a. a. O., s. Anm. 3, S. 67

45 Ebd., S. 75

46 Ebd., S. 69

47 Ebd., S. 71 f.

48 Ebd., S. 64

49 Ebd., S. 68

50 Ebd., S. 65

51 W. Pannenbergs Stellungnahmen zur Zivilreligion sind differenzierter, als es hier dargetan werden kann (vgl. R. Schieder, *LWF-Studies*, S. 172 f.). Soviel jedenfalls ist klar: Zivilreligion und kirchliche Theologie stehen für Pannenberg nicht in Konkurrenz zueinander.

52 Vgl. R. N. Bellah, *Beyond Belief*, New York 1970, S. 169, 183 ff.; zitiert nach Smid, a. a. O., S. 22, Anm. 76

53 G. Rohrmoser, Wann kommt die geistige Wende? in: *Ev. Kommentare*, September 1985=18. Jg., Nr. 9, S. 495 ff.

PAUL DUKE

Eine Lagebeurteilung aus journalistischer Sicht

Immer wieder heranbrandende religiöse Wellen haben einen tiefen Einfluß auf die amerikanische Politik gehabt – das war so seit der Gründung des Landes. Zur Zeit türmt sich wieder eine solche Welle auf, mit der Zukunftsaussicht, daß bei den Wahlen 1988 zwei religiös orientierte Personen an prominenter Stelle stehen könnten. (Das wäre für einen Kenner der amerikanischen Geschichte wenig verwunderlich – für Europäer dagegen bliebe es wohl befremdlich und überraschend.)

Gott spielt eine herausragende Rolle in unserem institutionellen Herrschaftsgefüge – und kein Politiker tut gut daran, diese Tatsache zu ignorieren. Atheisten werden in Amerika nicht in öffentliche Ämter gewählt.

Unsere Verfassung dient ebenso als Eckstein für den Schutz dieses religiösen Erbes, wie sie zugleich doch auf die klare Trennung von Kirche und Staat dringt.

Ich bin überzeugt, daß jenes Erbe stärker als jeder andere einzelne Faktor oder Faktorenzusammenhang einflußreich das Profil unserer Gesellschaft herausgebildet hat. Auf vielfältige Weise hat dieser Einfluß dazu beigetragen, die Energie und den moralischen Impuls zur Verbesserung unserer Gesellschaft freizusetzen: mehr Freiheit, mehr Aufklärung und mehr Gerechtigkeit hervorzubringen. Wir blicken auf eine lange Geschichte von kirchlich-fundierten politischen Bewegungen zurück, die sich energisch der Veränderung unserer sozialen Ordnung gewidmet haben. Es waren beispielsweise religiöse Führer, die zum Kreuzzug für Menschenrechte aufriefen und für die Abschaffung der Sklaverei eintraten. Religiöse Führer trugen das Banner in vielen anderen Bewegungen voran: mehr Hilfe für die Armen, Kampf für das Stimmrecht der Frau, Beendigung des Vietnam-Krieges.

Der gegenwärtige eher fundamentalistische Zug des religiösen Einflusses hat freilich einige Rückschläge mit sich gebracht; einige der charakteristischen Neigungen zu religiöser Intoleranz, die auch zu unserer Geschichte gehören, wurden wieder aktualisiert. Allerdings muß man sehen, daß fundamentalistische Gruppen immer wieder von Zeit zu Zeit auf neue soziale Wege gedrängt haben. Erinnert sei nur an das berühmte Beispiel jenes methodistischen Bischofs, der in den frühen 20er Jahren dieses Jahrhunderts eine Bewegung anführte, die schließlich darin Erfolg hatte, die Verfassung zu ändern und den Verkauf von Alkohol zu verbieten . . . Die Verfassungsänderung wurde schließlich nur deshalb verworfen, weil sie nicht funktionierte. Danach schienen die religiösen Fundamentalisten ihren Elan eingebüßt zu haben – das Land trat in eine neue liberale Ära ein, symbolisiert durch F. D. Roosevelt und seine Politik des New Deal.

Aber nun, im Zuge einer allgemeinen Hinwendung zum Konservativismus, sind auch die Fundamentalisten wieder da, mit neuem Elan sich einsetzend für neue Angelegenheiten. Bezeichnend die Kampagne zugunsten des Gebets in öffentlichen Schulen oder die Bewegung gegen die Legalisierung der Abtreibung. Der entscheidende Unterschied zu früher besteht allerdings darin, daß die religiös-fundamentalistische Rechte heute den Präsidenten auf ihrer Seite hat. Angesichts ihrer wiedergewonnenen Stärke in unserem politischen Prozeß ist damit zu rechnen, daß die fundamentalistische religiöse Rechte auch 1988 bei der Wahl eines neuen Präsidenten ein gewichtiges Wort mitsprechen wird.

The Bill of Rights ist nicht darauf angelegt, Kirchen und ihre Repräsentanten daran zu hindern, in der Politik eine aktive Rolle zu spielen. Einige Denominationen, wie z. B. die Baptisten und die Lutheraner, haben sich generell stärker zurückgehalten und der säkularen Politik einen weiten Spielraum konzediert. Andere indessen, insbesondere die Methodisten, Presbyterianer, Congregationalisten, Episcopalianer, Quäker und Juden, haben sich kräftig in politische Angelegenheiten eingemischt. Die Katholiken haben bis zum ersten Weltkrieg ihre eigenen Interessen zwar geschickt und nachdrücklich verfochten – man denke etwa an die staatliche finanzielle Unterstützung für kirchliche Schulen –, doch sie vermieden es, öffentliche Stellungnahmen zum breiten Spektrum politischer Angelegenheiten abzugeben. Das änderte sich in den 20er Jahren, als das National Catholic Welfare Council damit begann, sich offiziell zu innerstaatlichen ökonomischen und sozialen Fragen zu äußern.

In den letzten Jahren nun hat sich doch einiges geändert. Die Führung der meisten größeren protestantischen Denominationen hat sich im politischen Spektrum der Vereinigten Staaten stärker in Richtung der Linken bewegt und auf einer breiten Front wachsenden Druck auf die Regierungspolitik ausgeübt – von Vietnam über die Civil-Rights-Bewegung zu Nicaragua. Ähnliches gilt für die katholische Kirche, die sich durch ihre Bischofskonferenz wiederholt in Zeiten eines generellen Wohlstandswachstums für mehr Unterstützung der gesellschaftlich-ökonomisch Unterprivilegierten eingesetzt hat.

In vielen Fällen läßt sich belegen, daß die Kirchenführer der verschiedenen Denominationen sich bei ihren offiziellen Verlautbarungen keineswegs in Übereinstimmung mit der Mitgliedschaft befinden, die jene liberalen Positionen nicht ohne weiteres unterstützt. Inzwischen haben fast alle größeren Denominationen in Washington ihre Büros eingerichtet, um im Blick auf ein weites Spektrum von Angelegenheiten Politik und Öffentlichkeit beeinflussen zu können. Die katholische Kirche, geführt von einer zunehmend aktiver werdenden Bischofskonferenz, hat seit dem 2. Vatikanischen Konzil in den 60er Jahren eine zunehmende Neigung erkennen lassen, sich politisch zu engagieren. Katholische Bischöfe suchen das Bündnis mit politischen Konservativen, um ihre strenge Position in den Abtreibungsfragen durchzusetzen, und sie koalieren ebenso mit liberalen

Kräften, um ihren Ansichten zur Frage der nuklearen Abrüstung und der Ausweitung des Wohlfahrtsstaates zur Durchsetzung zu verhelfen.

Ich führe dies hier alles an, um hervorzuheben, daß Religion in den politischen Prozessen der Vereinigten Staaten eine prominente Rolle auf den verschiedensten Ebenen spielt. Verglichen mit den meisten anderen modernen Industrienationen, sind die USA eine außergewöhnlich religiöse Gesellschaft. Mehr als 90 % aller Amerikaner identifizieren sich selbst in irgendeiner Weise als religiös, und der Anteil regelmäßiger Kirchenbesuche ist höher als in jedem Lande Europas, mit Ausnahme Irlands und Polens.

Es gibt über 200 eigenständige Denominationen in den Vereinigten Staaten. Die Katholiken sind die größte mit 28 % der Gesamtbevölkerung; die ‚Mainline'-Protestanten vereinigen 30 %; die schwarzen protestantischen Kirchen 8 %; zu den evangelikalen Protestanten, unter Einschluß der Baptisten und der diversen fundamentalistischen Gruppen, bekennen sich 20 %; und 3 % sind jüdischen Bekenntnisses.

Selbstverständlich ist das konkrete Abstimmungsverhalten im Einzelfall nicht direkt auf die Religionszugehörigkeit oder das religiöse Engagement zurückzuführen. Relativ grobe Zuordnungen lassen sich jedoch vornehmen: So fühlten sich seit der Mitte des 19. Jahrhunderts bis in die 30er Jahre dieses Jahrhunderts die Mainline-Protestanten im großen und ganzen den Republikanern verbunden, überzeugt, in dieser Partei sei das protestantische Ethos am stärksten verankert: harte Arbeit, Ausgeglichenheit, ländlich orientiert, patriotisch. Außerdem sahen sie in der Republikanischen Partei die beste Trutzburg gegen den Katholizismus. Schwarze stimmten gleichfalls für die Republikaner, weil es diese Partei war, die der Sklaverei ein Ende bereitet hat. Auch Juden votierten mehrheitlich für die Republikaner. Die Wählerschaft der Demokratischen Partei setzte sich während dieser Periode vor allem aus den Armen in den südlichen Staaten des Landes zusammen, aus den in den

Städten lebenden Katholiken und den evangelikalen Protestanten.

In und nach der großen Depression der 30er Jahre begannen sich diese religiösen Zuordnungen dramatisch zu verschieben. Es ist leicht darauf hinzuweisen, daß 25 % der Bevölkerung während dieser Zeit arbeitslos waren. Die alte Ordnung also begann zu wanken. Die Schwarzen wechselten überwiegend zu den Demokraten, weil diese neue soziale Programme auflegten und neue Hilfsmaßnahmen für die Armen durchführten. Die Juden, die wegen der Unterstützung der Prohibitionspolitik durch die Republikaner sich in dieser Partei zunehmend unwohl fühlten, wechselten zu großen Teilen gleichfalls zu den Demokraten – natürlich auch wegen des Drucks der ökonomischen Bedingungen. Und diese Bindungen der Juden an die Demokratische Partei wurden natürlich stark gefestigt, insofern die Partei die Gründung eines neuen jüdischen Staates im Nahen Osten unterstützte. Außerdem wechselte ein Gutteil der der Arbeiterklasse angehörenden Protestanten während dieser Zeit des Umbruchs zu den Demokraten, weil diese erfolgreicher die Arbeitslosigkeit zu bekämpfen schienen. Bei den Republikanern verblieben also die Mittelklasse-Protestanten und die Restgruppen der anderen – kein Wunder also, daß diese Partei in eine lange Phase des Abschwungs, ja, des Niedergangs geriet.

Die neue Koalition in der Demokratischen Partei hielt nahezu 25 Jahre zusammen; dann, in den 60er Jahren, begann sie zu zerbröckeln. Als erstes sprangen die Südstaatler ab, die es der Partei verargten, daß sie so großes Gewicht auf civil rights und auf die Angelegenheit der Schwarzen legte. Zunehmend entfremdeten sich auch viele der Arbeiterklasse angehörende Katholiken der Partei, weil sie meinten, die Konzentration auf die Probleme der Schwarzen führe zur Vernachlässigung der großen Probleme der Arbeiterklasse im allgemeinen.

Die Wahl 1972 erwies sich als die große Wasserscheide für die katholischen Wähler – zum ersten Mal stimmte eine Mehrheit gegen den demokratischen Präsidentschaftskandidaten. Einer der ausschlaggebenden Faktoren für diese Entwicklung war sicherlich die wachsende Spannung zwischen Katholiken und Schwarzen in den städtischen Wohngebieten der Unterschichten. Fest blieb die jüdische Unterstützung für die Demokraten.

Eine neue Kräftekonstellation zeichnete sich ab, die die gesamte politische Atmosphäre Amerikas stark verändern sollte – auch die ersten Anzeichen für einen neuen Aufbruch des fundamentalistischen christlichen Konservativismus zeichneten sich ab. Drei Faktoren möchte ich als Hauptursache für den Rückfall der Demokratischen Partei und für das Wiedererstarken der Republikanischen Partei dingfest machen:

1) Die Unruhen in den Städten und in den Hochschulen als Folge des Vietnam-Krieges;
2) den Watergate Skandal und die Immoralität der Nixon-Ära;
3) eine Entscheidung des Supreme Court (in der die Abtreibung verfassungsrechtlich legitimiert wurde).

Diese drei Faktoren bildeten ein Geflecht, das fundamentalistische Protestanten und Katholiken veranlaßte, stärkeren Einfluß auf den politischen Prozeß zu nehmen und in gewisser Weise auch, sich zu verbünden. Allerdings muß man einräumen, daß es sich da um eine sehr eigenartige Liäson handelte. Angesagt war durch diese religiösen Gruppen also eine religiöse Renaissance und die Rückkehr zu fundamentalen moralischen Werten; da konnte es nicht überraschen, daß Jimmy Carter gewählt wurde – obwohl er ein Demokrat war. Für die Demokratische Partei war das nur ein kurzzeitiger Erfolg, denn Carter erwies sich als eine große Enttäuschung gerade für jene Evangelikalen, die ihn unterstützt hatten, denn er trat zwar für größere moralische Integrität in der Regierungsarbeit ein, unterstützte jedoch nicht die vorrangigen Themen der Evangelikalen und Katholiken. Er machte sich nicht zum Vorkämpfer für das Schulgebet und für den Kampf gegen die Abtreibung.

Die Enttäuschung über Jimmy Carter veranlaßte viele Evangelikale, ihre Einflußnahme auf Politik und Öffentlichkeit systematisch zu organisieren. Das zeigte bereits Erfolge bei den Wahlen zum Kongreß 1978, als es gelang, einigen prominenten Demokraten eine Niederlage beizubringen.

Um 1980 befand sich die religiöse Rechte bereits deutlich auf dem Vormarsch. Die Republikaner reagierten auf ihre Forderungen sehr entgegenkommend; in einer Entschließung erklärte die Partei ihre Absicht, die gesetzlichen Grundlagen in der Abtreibungsfrage zu revidieren und das Schulgebet wieder einzuführen. Die Demokraten hingegen traten auf ihrer Plattform für die Legalisierung der Abtreibung ein, so daß sich die katholischen Wähler – traditionell bei den Demokraten beheimatet – im Stich gelassen fühlten. So wechselten bei den Wahlen 1980, zusammen mit Millionen von Protestanten, auch die Katholiken mehrheitlich von der Demokratischen zur Republikanischen Partei.

1980 war also das Jahr der großen Wende. Die religiöse Rechte entwickelte sich wieder zu einem wachsenden machtvollen Faktor in der amerikanischen Politik.

Inzwischen hatten zwei fundamentalistische Geistliche damit begonnen, eine immer größer werdende Gefolgschaft um sich zu scharen und in ihren Predigten ganz offen für den politischen Konservativismus zu werben. Beide, Jerry Falwell und Pat Robertson, kamen beim Fernsehpublikum gut an. Falwell und Robertson gehören bereits zur zweiten Generation einer neuen Art von Fernsehpredigern: ganz anders als ihre Vorgänger, nehmen sie zu politischen Angelegenheiten sehr direkt Stellung. Sie haben ihre Macht erkannt, Leute zu mobilisieren, Geld zusammenzubringen und einen durchaus relevanten Einfluß auszuüben. Pat Robertson brachte es auf die Formel „Wir verfügen über genügend Wähler, um die Dinge in diesem Land zu bestimmen“ – und davon ist er auch wirklich überzeugt.

Natürlich zogen die Fudamentalisten alle aus, um für die Wahl von Ronald Reagan zu werben. Und Reagan verlor keine Zeit, sich diese neue Kraft zunutze zu machen. 1980 versprach er in einer Rede vor einer großen evangelikalen Versammlung, er werde den Kreuzzug für eine moralische Erneuerung Amerikas mit anführen und seine Administration werde sich dafür einsetzen, daß der Forderung nach einer Rückkehr zu den traditionellen moralischen Werten in der Politik auch entsprochen werde. Reagan hatte 1980 einen Riesenerfolg, aber noch immer wird darüber debattiert, wie stark dabei der Einfluß der Evangelikalen wirklich war. Zunächst war man davon überzeugt, sie hätten das Ergebnis ganz entscheidend mitbeeinflußt, aber eine gründlichere wissenschaftliche Analyse brachte an den Tag, daß ihre Rolle doch überschätzt worden war; nicht eine radikale Wende nach rechts, zu der religiösen Rechten, erwies sich als der ausschlaggebende Einzelfaktor für Reagans grandiosen Wahlsieg, sondern die wirklich tiefsitzende Enttäuschung über Jimmy Carter. Z. B. erhielt Reagan die Unterstützung von 61 % der Fundamentalisten, die sich als wiedergeborene Protestanten verstehen. Aber auch 63 % der anderen weißen Protestanten gaben ihm ihre Stimmen. Die religiöse Rechte war mithin nur einer von vielen Wählerblocks, die zu dem erdrutschartigen Wahlsieg beigetragen hatten. Dennoch, es war erwiesen, daß Leute, die sich als strenggläubige Christen verstanden, mobilisiert werden konnten, mit gewichtigen Folgen für das Wahlverhalten, und, was noch wichtiger ist, daß viele ihrer moralischen Ansichten Anklang und Beifall fanden weit über die Anhängerschaft der Fundamentalisten hinaus. Gewiß, eine eigene Mehrheit bringen sie nicht zustande – schätzungsweise höchstens 20 bis 22 %. Doch daß sie in einer eher konservativen Phase amerikanischer Politik und Kultur gewichtigen Einfluß auszuüben verstehen, das wurde erst recht 1984 offenkundig.

Die große Wahlversammlung der Republikaner (Convention) 1984 war gekennzeichnet durch eine verblüffende Mixtur von Politik und Religion. Die Fundamentalisten traten als Aktivisten auf dieser Versammlung in

Erscheinung. Präsident Reagan rühmte sich, daß seine Administration bemüht sei, die fundamentalen evangelikalen Ziele zu verwirklichen, und Pat Robertson verkündete den Anhängern, daß Reagan ein religiöser Präsident sei, wie ihn das Land noch nie besessen habe, und daß er für alle jene Ziele eintrete, für die auch die christliche Rechte kämpfe. In der großen Schlacht zwischen jenen, die daran glauben, Gott habe den Menschen geschaffen, und den anderen, die an einen kollektivistischen Staat glaubten, sei Ronald Reagan einer, auf den man zählen könne.

Reagans Umarmung der Evangelikalen rief beachtliche Kontroversen im Lande hervor. Einige Zeitungskommentatoren warnten, er sei im Begriff, die Linie, welche Staat und Kirche trenne, zu überschreiten. Das National Council of Churches (die Organisation der Mainline-Kirchen) gab ein Manifest heraus, in dem die Administration bezichtigt wurde, mit ihrer Politik einen grundsätzlichen Wandel für Amerika herbeiführen zu wollen. Die Lutheraner beriefen sich in ihrer Stellungnahme auf die Zwei-Reiche-Lehre und hoben hervor, die Kirche sei primär ausgerichtet auf die Verkündigung des Evangeliums und der Staat primär die Agentur für Recht und Gesetz. Die Lutheraner wiesen es damit als arrogant zurück, für eine bestimmte Position in einer bestimmten politischen Angelegenheit das Attribut „christlich“ zu beanspruchen und damit indirekt alle anderen als unmoralisch oder unchristlich oder sündig zu denunzieren. Von einer „christlichen Position“ könne keine Rede sein – es gebe nur Christen, die zu bestimmten Sachverhalten eine bestimmte Position einnähmen.

Liberale kirchliche Gruppen beklagten, es seien fast stets die Fundamentalisten, die mit ihrer speziellen Form religiöser Bigotterie Gott in die säkularen Angelegenheiten hineinzuziehen versuchten. Insbesondere die jüdischen Wähler waren irritiert, daß es plötzlich einen ausdrücklich christlichen Aspekt bei der Wahrnehmung öffentlicher Angelegenheiten geben sollte. In einem Statement erklärte deshalb das American Jewish Committee, der Staat solle sich davor hüten, so aufzutreten, als wäre er eine Kirche oder eine Synagoge.

Als die Aufregungen schließlich Formen annahmen, die auch das Weiße Haus nötigten, die Angelegenheit zur Kenntnis zu nehmen, gab Mr. Reagan während der Wahlkampagne 1984 schließlich ein Statement heraus, in dem er sich zur klaren Trennung von Kirche und Staat bekannte: das Recht jedes Amerikaners, seine eigene Religion zu wählen und zu praktizieren oder sich für überhaupt keine Religion zu entscheiden, dürfe nicht und solle nicht durch den Staat in Frage gestellt oder gar verletzt werden. Reagan hatte realisiert, daß er dem Punkt gefährlich nahe gekommen war, Millionen zu verprellen, die an der Trennung von Staat und Kirche nicht gerüttelt wissen wollten. Freilich, Reagan zog die Linie nicht so klar und deutlich, wie Kennedy das getan hatte, als man ihn 1960 wegen seiner Zugehörigkeit zum Katholizismus angriff. Kennedy hatte damals erklärt, die Trennung von Kirche und Staat müsse absolut gelten; er glaube an ein Amerika, das weder katholisch noch protestantisch noch jüdisch sei, in dem kein politisch Verantwortlicher Instruktionen zur Politik vom Papst, vom National Council of Churches oder von irgend einer anderen kirchlichen Organisation entgegennehme!

Reden und Handeln sind natürlich zwei verschiedene Dinge – besonders wenn man bedenkt, daß Religion eine so bedeutende Rolle in unserem nationalen Erbe spielt. Es gab 1984 z. B. Zeiten, in denen Mondale sehr bedrängt wurde, weil er seine Politik auf einer angeblich zu liberalen, anti-religiösen Plattform zu führen gedachte. Manche Gegner der Fundamentalisten prangern an, daß die Evangelikalen wirklich überzeugt sind, die Regierung sei „böse", und daß sie deshalb eine Art neue Staatsreligion zu bilden versuchten – eben *ihre* Art von Religion.

Allemal sollte nicht übersehen werden, daß es über diese Vorgänge auch Unruhe und Besorgnisse bei solchen Republikanern gibt, die Präsident Reagan unterstützen. Die Führer des eher wachsenden liberalen Flügels der konservativen Bewegung artikulieren ihr Unbehagen angesichts der fortgesetzt-nachdrücklichen Berufung des Präsidenten auf traditionale Moralität und angesichts seiner Absichten, eine Verfassungsänderung herbeizuführen, um die Abtreibung zu untersagen und das Schulgebet wieder einzuführen. Viele traditionale Durchschnittsrepublikaner sind mit der fundamentalistischen Einmischung auch deshalb nicht einverstanden, weil sie befürchten, dieser Einfluß untergrabe alle Anstrengungen, das amerikanische Ideal einer gerechteren und menschlicheren Gesellschaft für alle voranzutreiben – für alle, und nicht nur für die wenigen, die sich streng an eine bestimmte, religiös gegründete Wertordnung halten. Es gibt also auch in der Republikanischen Partei Gruppen, die sich dagegen wehren, daß sich der Präsident auf eine zu enge Koalition mit solchen Kräften einläßt, die die Regierung auf ihre engstirnigen Ansichten festlegen wollen und das Land auf einen Weg der Intoleranz bringen.

Man muß wohl zur Kenntnis nehmen, daß Ronald Reagan und sein Anhang ein viel größeres Ziel im Auge haben: Sie wollen langfristig die Republikanische Partei wieder zur stabilen Mehrheitspartei im Lande machen. Und in diesem Plan muß die religiöse Rechte natürlich ihre Berücksichtigung finden. Die große Hoffnung aber ist, es möchte gelingen, die religiösen Konservativen in *eine* politische Partei zu integrieren, die in etwa so strukturiert sein sollte wie die religiösen Parteien in einigen europäischen Ländern. Bei der Beurteilung dieser Absichten sollte man nicht übersehen, daß von den fünf größeren religiösen Gruppierungen nur noch die schwarzen Protestanten fest in der Demokratischen Partei verankert sind. Alle anderen haben sich mehr oder weniger in Richtung der Republikaner bewegt oder stellen sich als unabhängig dar. Kein Zweifel kann also daran bestehen, daß es große Verschiebungen im Wählerverhalten zugunsten der Republikaner gegeben hat.

In einer vorläufig abschließenden Würdigung bleibt festzustellen, daß, aufs Ganze gesehen, die religiöse

Rechte mit all ihrem Lärm und all ihrer Aktivität doch verhältnismäßig wenig erreicht hat. Es gibt kaum Anlaß zu der Annahme, die moralischen Standards seien inzwischen höher; noch immer gibt es kein Schulgebet in den öffentlichen Schulen; und die Abtreibungspraxis ist auch nicht gestoppt. Erst in diesen Wochen hat der Supreme Court das Recht der Frauen, Abtreibungen vornehmen zu lassen, wieder bestätigt. Und im Kongreß hat der Präsident es nicht vermocht, seine eigenen Parteiführer davon zu überzeugen, solche Verfassungsänderungen voranzutreiben, die der religiösen Rechten so sehr am Herzen liegen. Aber natürlich ist die Schlacht noch nicht vorüber. Tatsächlich sammeln sich die fundamentalistischen Kräfte gerade zu einer noch intensiveren Anstrengung: 1988 wollen sie ihren eigenen Präsidentschaftskandidaten, Pat Robertson, bei den Republikanern durchbringen. Zwei Jahre vor dem Wahltermin ist die Wahlmaschinerie angelaufen. Pat Robertson hat schon einen Überraschungserfolg errungen: in einem der nördlichen Staaten fanden bereits 1986 die Wahlgänge zur Bestimmung der Delegierten für die republikanische Convention statt – und Robertson ging als strahlender Sieger hervor. Er schlug Vizepräsident Bush und den republikanischen Kongreßabgeordneten Jack Kemp, der als Favorit galt, aus dem Feld. Kein Zweifel: Robertsons Zugang zum Fernsehen, seine Möglichkeit, ein Riesenauditorium zu erreichen, war hier ein ausschlaggebender Faktor. Zusätzlich konnte er sich auf ein ganzes Netz weiterer Maßnahmen zur Bearbeitung der Öffentlichkeit stützen (direkte Postwurfsendungen, zahlreiche für ihn arbeitende religiöse Aktivisten usw.). Robertson siegte, obwohl Bush viel mehr Geld ausgab, das Prestige seines Amtes einbringen konnte und fast alle lokalen Politiker auf seiner Seite hatte.

Und dieses Ereignis ist nicht das einzige Zeichen für die fortdauernde Öffentlichkeitswirksamkeit der Evangelikalen. In einem halben Dutzend Staaten vermochten sie im Frühjahr 1986 zu demonstrieren, daß sie in der Lage sind, durch den Einzug politischer Unterstützung

Politiker-Karrieren zu beenden. Ein kleiner unbekannter Fundamentalist vereinigte auf sich ein so großes Stimmenkontingent, daß er den machtvollen republikanischen Vorsitzenden eines der wichtigsten größeren Ausschüsse des Kongresses, der für eine Steuerreform eingetreten war, ausstechen konnte.

Ausblick

Trotz dieser spektakulären Erfolge spricht vieles dafür, daß sich die Welle der evangelikalen Bewegung bald brechen wird. Letztlich werden gerade diese eindrucksvollen Erfolge den Niedergang der Fundamentalisten bewirken.

Zum einen werden ernsthafte Spannungen innerhalb der Republikanischen Partei auftreten; ihre gegenwärtigen Führer sind ganz offensichtlich nicht bereit, die Macht an die Geistlichen oder an die religiöse Rechte abzutreten. Zum anderen sind durch jene neuerlichen Wahlerfolge in den Einzelstaaten solche Bürger alarmiert, die seit langer Zeit die Republikanische Partei unterstützen und die eine kräftige Vermengung von Politik und Religion ablehnen. Man kann es auch so ausdrükken: die Gefahr wächst, daß sich jene Wähler abwenden, die nicht wünschen, daß sich die Republikaner zu einer Partei „of God, guns, and the gold standard" entwickeln. Schließlich ist auch nicht auszuschließen, daß sich jene jungen Wähler umorientieren, die in den jüngsten Wahlen in großer Zahl die Republikaner unterstützt haben, die sich aber Restriktionen in der Abtreibungsfrage ebenso widersetzten wie einer nachdrücklichen Betonung der sog. ‚neuen Moralität'. Ironisch gesprochen: die Epoche von Rambo wird kurz bemessen sein.

Nach meiner Einschätzung bewegt sich die Welle des letzten religiösen Aufschwungs bereits auf ihren Höhepunkt zu, und wir werden schon bald nach dieser Flutwelle mit der Ebbe konfrontiert sein. Das Pendel wird zur politischen Mitte hin zurückschwingen. Pat Robertson wird 1988 nicht unser neuer Präsident.

Hans Schwarz

Die elektronische Kirche als Ausdruck amerikanischer Religiosität

In *Time Magazine* erschien am 17. Februar 1986 ein Leitartikel mit dem Titel: „Power, Glory – and Politics. Right-wing Preachers Dominate the Dial." Dieser Artikel über die elektronische Kirche und ein gleichzeitiges Interview mit dem möglichen Präsidentschaftskandidaten Marion Gordon („Pat") Robertson brachte aufschlußreiche Details über die „elektronische Kirche". Der sogenannte Jesus-Rundfunk „umfaßt 200 lokale Fernsehstationen, die religiöses Gepräge haben (mehr als zweimal so viele wie vor einem Jahr), 1135 Radiostationen (91 mehr als letztes Jahr)", und er erreicht insgesamt über 10 Millionen Haushalte[1].

Die Prediger der elektronischen Kirche investierten bis zu zwei Milliarden Dollar, um 1985 Radio- und Fernsehzeit zu kaufen. Nach einer Untersuchung von 1984 sehen sich etwa 13,3 Millionen Zuschauer des nationalen Fernsehens regelmäßig Sendungen der elektronischen Kirche an. Diese Zahl ist nahezu ebenso hoch wie die der Kirchenmitglieder der Vereinigten Methodisten, Presbyterianer und Episkopal-Kirchen zusammen. Mindestens 61 Millionen Amerikaner haben zumindest einmal im Jahr Kontakt mit der elektronischen Kirche. Mit seinen täglichen Fernsehshows erreicht Pat Robertson 16,3 Millionen Fernsehhaushalte im Monat, während der in der Einschaltquote auf Platz sechs stehende Jerry Falwell immerhin noch in 5,6 Millionen Fernsehhaushalten pro Monat mit seinen wöchentlichen Shows ankommt[2].

1.

Wer sind nun die Vertreter der elektronischen Kirche? Der zugkräftigste ist Pat Robertson, dessen 4000 Beschäftigte bei der Christian Broadcasting Network (CBN) in Virginia Beach, Virginia, unter strengsten Sicherheitsvorkehrungen arbeiten. Sein 24-stündiges CBN-Unternehmen wird von 30 Millionen Subskribenten getragen; damit ist es das größte christliche Kabelunternehmen mit eigenen Abendnachrichten, in denen rechtsgerichtete Belange besonders betont werden. Nach dem Februar-Artikel hatte sich CBN gerade vor American Airlines als Amerikas größten Benutzer von WATS Telefonanschlüssen geschoben (d. h. eine für den Anrufer kostenlose Möglichkeit, wegen Wünschen, Kommentaren, Gebetsanliegen und Spendenabsichten bei CBN anzurufen)[3]. Ein paar Monate später mußte CBN diese für den Anrufer gebührenfreien Anschlüsse aber wieder aufgeben, da sich die Einnahmen nicht in dem projektierten Maße erhöhten. Auch mußten einige Mitarbeiter entlassen werden. Doch Pat Robertson nagt nicht am Hungertuch. Neben seinem CBN-Programm hat er seine eigene Universität mit 715 graduate students, und wenn er zu Hause ist, residiert er auf dem Campus in einem von der Universität unterhaltenen 420 000 Dollar-Haus; oder er fliegt in der unternehmenseigenen Düsenmaschine über Land, um für seine rechtsgerichteten religiös-politischen Anschauungen zu werben.

Jim Bakker, der früher für Robertson arbeitete und dessen Einnahmen pro Jahr 100 Millionen Dollar überstiegen, hatte bis zu seiner Entmachtung seine eigene PTL-Show (*Praise the Lord* oder *People that Love*) und einen *Heritage USA-Park* in der Nähe von Fort Mill, South Carolina, der 1985 von 5 Millionen Menschen besucht wurde. Er verfolgte eine ähnliche Richtung wie Robertson; in Palm Springs bewohnte er ein Haus für 449 000 Dollar.

Von diesen beiden unterscheidet sich Robert

H. Schuller mit seiner wöchentlichen *Hour of Power*. Er wurde in der niederländisch-reformierten Tradition erzogen und hat als einer der wenigen Prediger der elektronischen Kirche ein abgeschlossenes Theologie-Studium. Aus einfachen Anfängen vergrößerte er seinen geistlichen Dienst immer mehr und baute schließlich in Los Angeles seine Crystal Cathedral für 18 Millionen Dollar, die weitgehend durch Spenden der Zuschauer bezahlt wurde. An Sonntagen versammelt er dort in unmittelbarer Nachbarschaft Disneylands eine Gemeinde von 3 000 Besuchern und zusätzlich außerhalb des Gebäudes etwa 300 Autofahrer in einem Areal, das an ein Autokino erinnert. Sein wirklicher Einfluß kommt jedoch durch seine Fernsehübertragungen zustande, die auch nach Australien und Neuseeland sowie für die Streitkräfte ausgestrahlt werden. Im Stil von Norman Vincent Peale verkörpert er ein optimistisches Christentum des Möglichkeitsdenkens mit einprägsamen Wendungen wie „Turn your Scars into Stars“ oder „Turning Stress into Strength“.

Schuller ist wahrscheinlich heute in den USA der charakteristischste Vertreter einer populären Religion der Mittelklasse[4], wogegen Jerry Falwell ein exponierter Vertreter der neuen Rechten ist, die immer noch an Einfluß zuzunehmen scheint. Dieser fundamentalistische Prediger von sanftem Auftreten, aber eisenharten Überzeugungen ist der Pastor der Thomas Road Baptist Church in Lynchburg, Virginia, die 21 000 Gemeindemitglieder hat. Seine *Old Time Gospel Hour* im Stile eines Evangelisten wie Dwight L. Moody wird in den USA, Kanada, West-Afrika und Japan ausgestrahlt. Er hat seinen Fernseheinfluß benutzt, um die Moral Majority, eine einflußreiche, konservative, politische Lobby, zu gründen, mit deren Hilfe er bis zu seinem freiwilligen Rückzug von dieser Aktivität die Werte der guten alten Zeit einer für dekadent erklärten Gesellschaft einzuflößen versuchte. In ziemlich direkter Weise unterstützte er auch die politischen, wirtschaftlichen und moralischen Ideen Präsident Reagans. Natürlich hat er seine eigene Universität, Liberty University, mit 7 000 Studenten.

Man könnte auch den unbekümmerten Prediger und Gospel-Sänger Jimmy Swaggart nennen, der die Kirchenfenster zum Klirren bringt und der sein Gottesdienstzentrum mit 7 000 Plätzen gleich außerhalb Baton Rouge, Lousiana, erbaute und im Jahr 140 Millionen Dollar einnimmt. Er unterhält Stützpunkte für Mission und Wohltätigkeit in 53 Ländern, besitzt seine eigene Druckerei, die im Jahr 24 Millionen Druckerzeugnisse ausstößt und lebt komfortabel mit seiner Frau in einem Haus neben dem seines Sohnes, wobei beide Häuser einen Wert von ca. 1 Million Dollar haben[5]. Kein Wunder, daß er einräumt, der Herr sei gut zu ihm gewesen . . . Viele andere Vertreter der elektronischen Kirche könnten noch erwähnt werden, wie Rex Humbard und seine *Cathedral Of Tomorrow* in Akron, Ohio, die jetzt von dem Glaubensheiler Ernest Angley gekauft wurde, oder der Evangelist Billy Graham, mit seinem Hauptquartier in Minneapolis. Mit der Ausnahme des Letztgenannten, der die elektronischen Medien nur verhältnismäßig selten benutzt, gleichen sich ihre Gesichter.

Der Vollständigkeit halber sei noch Oral Roberts aus Tulsa, Oklahoma, erwähnt, ein Glaubensheiler, dessen Fernsehzuschauer ihm halfen, seine Oral Roberts University mit 4 600 Studenten zu bauen, die auch eine theologische Fakultät hat und ein Hospital mit 294 Betten und einem Forschungszentrum. Zwar scheint er sich mit seiner medizinischen Fakultät übernommen zu haben – einige Fakultäten mußte er schließen –, und im Alter von 69 Jahren setzt er mehr und mehr auf seinen Sohn Richard als Nachfolger. Doch noch ist er damit beschäftigt, sein Reich des Glaubensheilens weiter auszubauen. Seine Lieblingsaussagen sind etwa: „unser Gott ist ein guter Gott“, „erwarte heute ein Wunder“, und „etwas Gutes wird Dir heute begegnen“. Fundamentalistische Erwartung des Glaubensheilens mischt sich hier mit der Überzeugung von der Macht des positiven Denkens[6].

2.

Was hat es mit diesem Phänomen der sogenannten elektronischen Kirche auf sich, und warum sind die Hauptdenominationen in ihr fast nicht vertreten? Die zweite Frage läßt sich ziemlich schnell beantworten. Die Prioritäten bezüglich der Finanzen und des Engagements liegen in den Hauptkirchen ganz anders als bei der elektronischen Kirche. Oral Roberts zum Beispiel investierte über 8 Millionen Dollar im Jahr – wie eine Veröffentlichung von 1979 zeigt –, um Fernsehzeit zu kaufen, Jerry Falwell 14 Millionen Dollar im Jahr für Fernseh- und Radiozeit und Jim Bakker 8 Millionen Dollar[7]. Freilich bekommen sie für jeden Dollar, den sie investieren, vier Dollar in Spenden zurück. Obwohl ihre Arbeit geographisch sehr weit gespannt ist, ist sie auf die eine Person zugeschnitten, den Evangelisten. Der Kontakt mit ihm findet ausschließlich über die Medien statt. Natürlich dürfen sehr großzügige Spender auch einmal die Hand des Evangelisten drücken.

Die wichtigsten Denominationen arbeiten dagegen ganz anders. Ihre Arbeit ist viel mehr auf ihre Mitglieder zugeschnitten, die von ihnen personalintensiv betreut werden. Zum Beispiel hat die American Lutheran Church (ALC) mit 2,3 Millionen getauften Mitgliedern 4 600 ordinierte Pastoren, die in 4 900 Gemeinden in den ganzen USA und in mehreren überseeischen Gemeinden ihren Dienst versehen. Die Kirche hat in ihrer Sonntagsschule 530 000 jugendliche und erwachsene Studenten und wendet im Jahr 65 Millionen Dollar außerhalb ihrer eigenen Gemeinden für Aktionen wie Welthungerhilfe, zwischenkirchliche Zusammenarbeit, theologische Erziehung, Zuschüsse für Colleges und Unterstützung der Kirchen in der Dritten Welt auf und unterhält in diesen Kirchen mehr als 300 Missionare, die von dort zur Mitarbeit angefordert werden[8]. Die wichtigsten Denominationen, wie etwa die ALC, unterhalten auch ein bescheidenes Radioprogramm, das aber separat durch freiwillige Spenden unterstützt wird. Fernsehprogramme sind jedoch meistens zu teuer für diese Kirchen, außerdem würde der Pastor dadurch von seiner eigentlichen Arbeit in der eigenen Gemeinde abgelenkt.

Nach anfänglichen Befürchtungen, die elektronische Kirche könnte ihnen Mittel und Mitglieder entziehen, haben die Hauptdenominationen herausgefunden, daß die elektronische Kirche keine ernsthafte Konkurrenz darstellt. Sie erreicht auch die Kirchenfernen nur in sehr geringem Umfang. Nach einer Gallup-Umfrage von 1979 waren 85 % der regelmäßigen Zuschauer bei solchen Programmen „wiedergeborene Christen“ und, was noch mehr überraschte, zwei Drittel davon sind Christen, die regelmäßig den Gottesdienst in ihrer eigenen Gemeinde besuchen[9]. Dies bedeutet, daß die elektronische Kirche primär als Mittel zur Erbauung der schon Gläubigen dient, ähnlich wie in der Vergangenheit nur ein kleiner Prozentsatz derer, die die großen Erwekkungsveranstaltungen besuchten, der Kirche entfremdet waren.

Jerry Sholes, ein ehemaliger enger Mitarbeiter von Oral Roberts, schreibt: „Mit der Ankunft der elektronischen Religion . . . wurde die Kirche künstlich in unsere Wohnungen hineingebracht. Der Klingelbeutel, der durch die vom Fernsehen vertriebene Religion weitergereicht wird, ist so groß geworden, daß er die Zuwendungen von Millionen Dollar von Millionen Menschen einschließt. Wenn man dem ‚Guten‘ nachgehen will, das diese Spenden bewirken, kommt man in trübes Gewässer. Eine Ortsgemeinde bewirkt *Gutes* in ihrer Kommune. Ein weitverzweigtes Fernsehpastorat tendiert dazu, die Beträge in und um ein Projekt einzusetzen, das der Fernsehpastor befürwortet. Nichts wirklich Gutes findet jemals den Weg zurück in die Gemeinschaft der Millionen Menschen, die dieses weitverzweigte Fernsehpastorat unterstützen. Was *wirklich geschieht*, ist, daß die Fernsehpastoren einen sehr hohen Lebensstandard genießen . . . Häuser in der Millionen-Dollar-Kategorie, teure Autos, große Geschäftsabschlüsse, computerisierte Adressenlisten und Barzahlungsabläufe, die schwindelerregend sind. Der Argwohn regt sich, daß das ganze System der großen elektronischen Pastorale viel enger mit dem Ich des Fernsehpastors verbunden ist als mit irgend etwas sonst."[10]

Es ist durchaus kein Geheimnis, daß die Einkommensverhältnisse dieser Persönlichkeiten durch ihr religiöses Geschäftsgebaren ungemein gefördert werden. Dennoch versiegt der Spendenstrom nicht. Dies mag daran liegen, daß die elektronische Kirche geschickt alle psychologischen und Marketing-Tricks benutzt, die überhaupt zur Verfügung stehen. Im Gegensatz zu manch anderen Produkten, die die elektronischen Medien vertreiben und die eigentlich niemand wirklich haben will, aber die so wirksam verpackt sind, daß sie schließlich doch gekauft werden, bekommt der Zuschauer der elektronischen Kirche genau das, was er will. Oder, um es pointierter zu sagen, die elektronische Kirche füllt bei ihren Zuschauern, dem Durchschnittsamerikaner, eine Lücke aus. Gewöhnlich sieht man sich ein religiöses Fernsehprogramm in der Privatsphäre der eigenen Wohnung an; so ist man frei von den gesellschaftlichen Zwängen des Gottesdienstbesuches, der Kirchenmitgliedschaft und der Verantwortlichkeit, die sich daraus ergibt. „Fernsehpastorate neigen dazu, die ständig zunehmende Privatisierung des christlichen Glaubens zu fördern."[11] Auch wenn ein Evangelist seine Zuschauer einlädt, ihr eigenes Brot und ihren eigenen Wein vor den Fernsehapparat zu bringen, um an seinem Abendmahl teilzunehmen, ermutigt das die einzelnen vermutlich kaum, sich um jene in ihrer Wohngemeinde zu kümmern, die in Not sind.

Das Fernsehen vermittelt das künstliche Bild einer dynamischen Persönlichkeit des Evangelisten; unerwünschte Züge werden sorgfältig entfernt. Computerverarbeitete Korrespondenz suggeriert eine Nähe zwischen dem Super-Evangelisten und dem Betrachter, obwohl kein persönlicher Kontakt hergestellt werden kann. „Die Pseudo-Intimität der Kommunikation und

Interaktion, die sich daraus ergibt, stimmt mit der Anonymität und mit der für unser Zeitalter typischen Privatisierung überein."[12]

Die elektronische Kirche *unterhält* mehr, als daß sie erzieht; selten nur greift sie theologische Fragen auf. Einer neueren Studie zufolge werden „soziale, moralische und politische Fragen am häufigsten angesprochen"[13]. Die Behandlung dieser Fragen geschieht jedoch in einer Weise, die das Gewissen des Betrachters angenehm beruhigt: er gewinnt die Sicherheit, daß sich jemand anderes doch der Mißstände in der Gesellschaft annimmt. Deshalb senden die Zuschauer ihre Beiträge gern ein, damit der „Kreuzzug" weitergehen kann, ohne daß sie sich aus dem Fernsehsessel erheben müßten. Die Evangelisten erwecken den Eindruck, „daß sie das Werk Christi in einer Weise tun, wie die organisierte Kirche dazu entweder unfähig oder nicht willens ist"[14]. Sie tun es stellvertretend für die passiv bleibenden Betrachter.

Gewissenhafte Pastoren kämpfen gegen diese Art Teilnahme-Surrogat an; sie ermutigen ihre Gläubigen, *gemeinsam* mit dem Pastor ihr Pastorat und Apostolat zu erfüllen. Ein Programm der ALC hat den Titel „Equipping the Saints" (Ausrüstung der Gemeinschaft der Heiligen). *Einen* Heiligen auszurüsten, eben den Evangelisten, ist jedoch das Konzept der elektronischen Kirche. Die Überzeugung, daß die Kirche der Leib Christi ist, der sich der menschlichen Gemeinschaft annimmt und ihr das Evangelium bringt, wird verdrängt durch eine große Pseudo-Gemeinschaft, die eine Person und ihr Programm unterstützt.

3.

Wofür treten die elektronischen Evangelisten wirklich ein? Nach ihren Aussagen sind sie gegen Liberalismus, Sozialismus und Kommunismus. „Sie wettern gegen Programme für die Armen, gegen freies Mittagessen für Schulkinder, staatliche medizinische Versorgung, soziale Beihilfe und Entwicklungshilfe. Ihre Grundüberzeugung scheint zu sein, daß solche Initiativen, die von der Regierung ausgehen, mit einer freien Marktwirtschaft und einem freiheitlichen System in Widerspruch geraten, weil dadurch die belohnt werden, die es nicht verdienen und die unproduktiv sind, während die Fleißigen zurückgesetzt und bestraft werden."[15]

Obwohl alle elektronischen Evangelisten den theoretischen Darwinismus als Atheismus ablehnen würden, sind sie die Erben des optimistischen 19. Jahrhunderts, in dem Herbert Spencers Idee des Überlebens der Kräftigsten begrüßt wurde, da sie neue Möglichkeiten und neue Horizonte zu erschließen versprach. An die Stelle der Theologie des Kreuzes rückt bei den TV-Predigern eine Theologie der Herrlichkeit, in der Schwache und Kranke nur am Rande vorkommen. Die Fernsehpersönlichkeiten mit ihrem Hollywood-Make-up, ihrer teuren Kleidung und ihrer sorgfältig eingeübten Mimik übermitteln einen Optimismus, der für eine neue Welt und eine neuere und bessere Gesellschaft zugeschnitten ist, in der *wir* gesegnet werden und die weniger Glücklichen dem Vergessen überlassen sind.

Jerry Falwells moralische Mehrheit, die aus der elektronischen Kirche erwuchs, trägt ähnliche Züge. Homosexualität, Pornographie, Abtreibung, das Gebet in den öffentlichen Schulen und die Notwendigkeit, die Militärausgaben zu erhöhen: das waren seine großen Themen. Falwell regte an, die Bürger sollten sich zu Initiativen zusammentun, um auf der Grundlage seiner Einstellung zu solchen Problemen für oder gegen einen Kandidaten zu stimmen. Zwar wurden hier die Zuschauer zumindest aufgefordert, in bestimmter Weise von ihrem Stimmrecht Gebrauch zu machen, doch wurde diese Haltung in keinem ethischen Diskurs begründet; es zählten allein die einseitigen „Kriterien" des Jerry Falwell. Sein biblischer Fundamentalismus wurde durch die Überzeugung bestimmt: „Die Amerikaner haben es satt, daß die gottlosen Liberalen den Kurs unserer Nation bestimmen."[16] Falwell übernahm hier das

Wertsystem der amerikanischen Mittelklasse, die hart gearbeitet hat, um auf der Leiter des Erfolges emporzusteigen, und die nun mit jenen nicht teilen will, die aufgrund ihrer Rasse, ihres persönlichen Schicksals oder ihrer natürlichen Anlagen nicht zu den Erfolgreichen gehören.

Erfolg, positives Denken und der Platz Amerikas in Gottes Heilsplan: das ist die Trinität, die von vielen US-Bürgern befürwortet wird. Die Domestizierung des Evangeliums wird in christlichen Talk-Shows deutlich, wenn begeisterte Menschen davon sprechen, daß sie „dem Herrn begegnet sind" und „ein persönliches Verhältnis mit Jesus haben". Der Titel „Christus" wird kaum benutzt, da es ja darauf ankommt, „mit dem Menschensohn per Du zu verkehren"[17].

Diese Pseudo-Intimität unterläuft den furchterregenden, ja drohenden Aspekt des unverfügbar göttlichen Herrn. Das Verhältnis zum Heiland wird emotional und egalitär. Man ist fröhlich, da man Jesus kennt. Die Überzeugung des „Ich habe es gefunden" betont *mich* und *meine* ‚Persönlichkeitsentwicklung'. Wenn die Religion ein Hit wird und Gott oder vielmehr Jesus ein Kumpel, dann können wir die Beziehung jederzeit abbrechen, wenn sie langweilig oder angespannt wird, und wir können den anderen übergehen, wenn er etwas von uns fordert. Die elektronische Kirche bewirkt wesentlich, daß wir uns ‚gut fühlen', und wenn das nicht mehr gewährleistet ist, können wir sie abschalten. Eine wirkliche Bekehrung zu einer neuen Verpflichtung ereignet sich so gewiß nicht.

Während die Hauptkirchen die gute Nachricht von einem liebenden und vergebenden Gott predigen, der auch ewiges Leben gewährt, hat die elektronische Kirche bemerkt, daß man in unserer Zeit konkreter sein muß und auch *unmittelbare Befriedigung* versprechen muß. An die Stelle der Gerichtspredigt treten Töne wie diese: „Ich bete, während ich diese Hände ausstrecke, die ich Gott übergeben habe, daß ein Wunder in Deinen Finanzen, Deiner Gesundheit, Deiner Ehe und in Deinem Verhältnis zu anderen Menschen *jetzt* beginnen möge, an diesem Tag und in diesem Moment. Das geschehe wirklich und wahrhaftig."[18]

Gesundheit, Wohlstand und Freude, die Wünsche des modernen Menschen, werden von der Fernsehkirche in die eigene Reichweite gebracht. Solange diese Versprechungen gemacht werden, fließt auch das Geld zum Produzenten. Die Botschaft muß nur „so verkündet werden, daß sie mit der Zustimmung eines Großteils der eigenen Zuschauer rechnen kann"[19]. In einem Land, das immer den Erfolg und den Individualismus betont hat, wird ein Evangelium bereitwillig offene Ohren finden, das „auf die allgemeinen Themen des Erfolges, des positiven Denkens und des Platzes Amerikas im Heilsplan Gottes reduziert ist"[20].

Die elektronische Kirche bewirkt keine Veränderung bei den Zuschauern, sie bestärkt vorherrschende Tendenzen. Sie verkauft in großangelegter Reklamekampagne ein idealisiertes Christentum als Ware. Sobald sich jemand irgendwie schuldbeladen fühlt, kann er seine Spende einsenden; im Gegensatz zu den mittelalterlichen Ablässen wird ihm nicht nur versichert, Gottes Willen getan zu haben, sondern ihm wird auch sofortiger Nutzen versprochen. „Gott wird es Dir in vielfältiger Weise zurückgeben." Was Richard H. Niebuhr vor fast 30 Jahren über das liberale Christentum in Amerika gesagt hat, gilt auch jetzt noch für die elektronische Kirche, die, auch wenn sie im ultra-konservativen Gewand auftritt, die christliche Botschaft beträchtlich verwässert hat. „Ein Gott ohne Zorn brachte Menschen ohne Sünde in sein Reich ohne Gericht durch die Zuwendung eines Christus ohne Kreuz."[21] Obwohl die elektronische Kirche ein verhältnismäßig neues Phänomen ist, kommt in ihr eine bestimmte Art amerikanischer Religiosität trefflich zum Ausdruck.

Anmerkungen

1 Richard N. Ostling, „Power, Glory – and Politics. Right-wing Preachers Dominate the Dial“, *Time* (17. Februar 1986), S. 38 f. Vgl. ebd. zum folgenden (alle englischen Zitate wurden vom Verfasser übersetzt).

2 Ebd., S. 43

3 Ebd., S. 41. Zu dieser Veränderung s. die Daten in „Quick Look“, in: *The Lutheran Standard* (2. Mai 1986), S. 23, wo u. a. berichtet wird, daß drei Fernsehstationen verkauft und 41 Mitarbeiter entlassen werden. Der Markt für die elektronische Kirche scheint begrenzt zu sein, so daß dort ein Verdrängungswettbewerb einsetzt.

4 So richtig Richard Quebedeaux, *By What Authority. The Rise of Personality Cults in American Christianity*, New York 1982, S. 61

5 So Richard N. Ostling, a. a. O., S. 44. – Anmerkung des Herausgebers: Einer dpa-Meldung zufolge hat Jimmy Swaggart im Januar 1988 vor 8 000 Versammlungsteilnehmern in Baton Rouge ‚eine Sünde bekannt‘ und sich vorläufig von seinem Amt zurückgezogen.

6 Vgl. Richard Quebedeaux, a. a. O., S. 98

7 Nach Jerry Sholes, *Give Me That Prime-time Religion. An Insider's Report on the Oral Roberts Evangelistic Association*, New York 1979, S. 135 f.

8 Zahlen nach dem *Yearbook of the Lutheran Church of America* 1986

9 Zahlen nach Richard Quebedeaux, a. a. O., S. 64 f.

10 So Jerry Sholes, a. a. O., S. XI

11 So richtig Mark Mullins, „Prime Time Preachers and Popular Religion in America“, *Crux* (September 1982), Bd. 18, S. 17

12 Harry H. Miller, „Do TV Evangelists Build the Local Church?“, *Christianity Today* (13. Januar 1984), Bd. 28, S. 66

13 Beth Spring, „A Study Finds Little Evidence That Religious TV Hurts Local Churches. But for Many, Prime-time Television Supplants Religion“, *Christianity Today* (18. Mai 1984), Bd. 28, S. 71

14 Mark R. Sills, „The Docetic Church“, *The Christian Century* (21. Januar 1981), Bd. 98, S. 37

15 Leslie K. Tarr, „Are Some Electronic Preachers Social Darwinists? Christians Who Made An Impact on Society

Were of a Radically Different Stripe“, *Christianity Today* (21. Oktober 1983), Bd. 27, S. 50

16 Zitiert bei Robert McAfee Brown, „A Response to ‚Listen America! Listen Jerry Falwell!‘“ *Christianity and Crisis* (22. Dezember 1980), Bd. 40, S. 363

17 Zum folgenden vgl. die Bemerkungen von Michael Barton, „What a Friend They Have in Jesus“, *Christian Century* (19. September 1979), Bd. 96, S. 887 f.

18 So Oral Roberts in dem Schlußgebet seiner Fernsehprogramme nach Jerry Sholes, a. a. O., S. 57

19 Peter G. Horsfield in seiner umfassenden Studie: *Religious Television. The American Experience*, New York 1984, S. 29

20 Mark Mullins, a. a. O., S. 16

21 Richard H. Niebuhr, *The Kingdom of God in America*, New York (1937), Harper Torchbook 1959, S. 193

Dieter Stoodt

Anmerkungen zu den chiliastischen Bewegungen in den USA

1.

Apokalyptische und chiliastische Konfigurationen und Konnotationen im zeitgenössischen religiösen Bewußtsein möchte ich in meinem Beitrag beleuchten; ich stütze mich auf meine einjährige Erfahrung in einem College an der Ostküste und konzentriere mich auf sog. Comic-Heftchen[1], die für die fundamentalistischen Studenten unter den Teilnehmern an meinen Seminaren eine bedeutende biographische Rolle spielten.

In diesen Heftchen, die auf dem Markt von Meinungen und Propaganda eher als populär und vulgär einzustufen sind, fällt eine Reihe von – auch in anderen Beiträgen zur Sprache gebrachten – Charakteristika auf:

- die dualistische Grundstruktur,
- die von ihr her begründete Einheit der Weltgeschichte als Kampf zwischen Licht und Finsternis,
- der Entscheidungs- und Missions-Aktivismus,
- die Charakterisierung des Lebens als Kampf, der trotz des Raffinements der teuflischen Anschläge siegreich enden wird, aber Opfer und Gehorsam fordert, und in dessen Verlauf Wunder erwartet werden dürfen,
- die Anklänge an Verschwörungsideologien mit der Folge, daß Katholiken und Protestanten, Popmusik und Ökumenische Bewegung, Ostblock und Großkapital als satanische Majorität gegenüber der kleinen Herde der Gott treu Ergebenen erscheinen.

Als Religionspädagoge kann ich es mir nicht erlauben, eine rein ideologische Auseinandersetzung mit der chiliastischen Symbolik zu führen, erst recht nicht, wenn sie von Seminarteilnehmern vertreten wird. Soweit ich dabei auf eigene unmittelbare Erfahrungen oder auf entsprechende Lektüre rekurrierte, bestünde nämlich die Gefahr, den Personanteil des Fundamentalisten an dem, was er vertritt, zu unterschätzen. Mit dem Personanteil meine ich das, was der Fundamentalist für sich (seine Entwicklung, Selbsteinschätzung, Weltsicht, seine Disziplin) „persönlich" von der chiliastischen Symbolik hat. Ich müßte, nebenbei gesagt, auch all das ausklammern, was der Nichtfundamentalist von seiner Wissenschaft, seiner Hermeneutik, seiner politischen Position usw. „hat". Ein approach, der die rein ideologischen Auseinandersetzungen überschreitet und die Personanteile der Kontroversen berücksichtigt, gilt selbstverständlich gleichermaßen für Auseinandersetzungen mit allen anderen Gruppierungen.

Andererseits schließt ein solcher Versuch keinesfalls die genaue Würdigung der historischen, sachlichen und auch der theologischen Gesichtspunkte aus, sondern setzt deren Kenntnis und Abwägung voraus. Aber man kann dann leichter zwischen mehreren Gruppen in dem Seminar unterscheiden; in diesem Falle zwischen solchen Studenten, die in ihrer Lebenswelt an den chiliastischen Symbolen Anhalt finden, und solchen, die die erstgenannten Menschen ausnutzen und zu instrumentalisieren gedenken – ganz abgesehen davon, daß in der Gruppe auch Studenten waren, die den Chiliasmus ablehnten oder bei denen er Angstgefühle auslöste.

2.

Als ein Phänomen der Lebenswelt ist der Fundamentalismus sowohl an historischen Bewegungen als auch an biographischen Beispielen zu studieren. – Ich will um der Kürze willen den Begriff Lebenswelt nicht diskutieren und verstehe darunter vor allem den Bezugsrahmen unseres Handelns, der uns fraglos vorgegeben ist und den Wissensvorrat garantierter Hintergrundüberzeugungen darstellt. Die Lebenswelt ist das schlicht Gegebene, aber sie kann fraglich werden. Ich verstehe Religion als an die Lebenswelt gekoppelt.

Historisch sind die Vorläufer des heutigen Fundamentalismus, also die Adventisten, Zeugen Jehovas, Mormonen, die Plymouthbrüder und die Darbysten als Reaktion auf die gesellschaftlichen Veränderungen des zweiten Drittels des 19. Jahrhunderts zu begreifen, also die Reaktion darauf, daß der vertraute explizite, vermeintlich „ewige" christliche Kontext dem beginnenden Industrialismus in seinen verschiedenen Erscheinungsformen weichen mußte. Hingegen ist der spätere Fundamentalismus der 2. Hälfte des 19. Jahrhunderts nicht nur eine solche Reaktion, sondern er reagiert auch auf *andere* Reaktionen auf den rapiden sozialen Wandel, insbesondere stellt er eine Kampfansage dar an den theologischen Liberalismus und an die östlichen Weisheiten, die seit dem 3. Drittel des vorigen Jahrhunderts in den USA eine Rolle zu spielen beginnen.

Die heutige Phase ist nach Martin E. Marty[2] dadurch charakterisiert, daß die im vorangegangenen Jahrzehnt so starken „New Religions grew older" und daß in demselben Prozeß „Older Religions turned new. Born-again Christians, Catholic Pentecostals, and Hasidic Jews reached for enthusiastic and exuberant forms that were congenial with some home-grown religious traditions. Young people ... find new authorities in their lives, gain an identity in a group ..." Und so kann Marty die gegenwärtige Lage wie folgt umschreiben:

> „Not all are satisfied with a world in which the signals of the sacred are said to disappear, or in which they are chanelled into routine institutions. Such seekers will continue to reach for outlets – in the New Religions grown older or in the Old-Time Religions striving to be renewed."

Meine These lautet: In den drei herausgegriffenen, historisch unterschiedlichen Phasen des 19. und 20. Jahrhunderts handelt es sich um Reaktionen, die gegen die Aushöhlung traditioneller lebensweltlicher Strukturen durch ökonomische und kulturelle Modernisierungen vor allem die alten, scheinbar ewigen Symboliken, Worte, Konnotationen und damit: Gewißheiten setzen, um so ihre Anhänger zu orientieren. Fundamentalismus ist in dieser Perspektive ein Lebensweltphänomen in der Phase des Fraglichwerdens alter vertrauter Gewißheiten.

3.

Die Symbolik kreist um einen bestimmten Dualismus, für den der Sündenfall nicht erst im Paradies durch die Übertretungen Adams und Evas geschah, sondern vor der Schöpfung, im Himmel, und zwar durch den Fall Luzifers. Die Weltgeschichte demonstriert, daß der Teufel der Herr dieser Welt ist. Die Mehrheit der Menschen folgt ihm, so daß die gläubige chiliastische Gruppe sich selbst als eine absolute Minderheit begreifen kann. Daher ist ihr Leben ein unabhängiger Kampf – Aktivismus ist ein Element des in den USA herrschend gewesenen protestantischen Code. Der Endkampf hat begonnen, das kosmische Drama, das mit dem vorweltlichen Sturz Satans auf die Erde begann, nähert sich dem Abschluß. Der wiederkommende Christus wird den Satan besiegen. Die absolut und literalistisch genommene Bibel sagt dies alles voraus und gibt eine unfehlbare Orientierung in dem Entscheidungskampf. Dorthin führt die persönliche Bekehrung, und der Kampf hält das im Glaubensgehorsam geführte Leben fest – without alcoholics, smoking, sex, drugs, coffee etc.; with prayer, Bible study etc.

4.

Eines der genannten Heftchen[3] zeigt auf einer Halbseite Luzifer vor dem Fall: eine blonde, weibliche (?) schwebende Gestalt, weiß gewandet und mit weißen Flügeln. Dazu gibt es vier erklärende Kästchen:

- die Überschrift: Gott schuf alle Engel, einschließlich Luzifer,
- Gottes Licht strahlte durch Luzifers Leib und machte aus ihm einen Engel des Lichts,
- Luzifer war an Schönheit und Weisheit vollkommen,
- dazu wird als Bibelstelle angegeben: Hesekiel 28, 11–19.

Die untere Hälfte derselben Seite bringt links in einem Kästchen den Locus classicus der seit der Alten Kirche bekannten Sage vom Fall Luzifers, Jesaja 14, 12–14. Der Text enthält in der Form einer ironisierend gemeinten Leichenklage einen Triumphgesang auf den Fall des babylonischen Königs in der 2. Hälfte des 5. Jahrhunderts vor Christus. Der entscheidende Vers lautet: Ach, wie bist Du vom Himmel gefallen, Du strahlender Stern, des Morgenrots Sohn. – Dabei ist der strahlende Stern ein Vergleich mit der einstigen Pracht des nunmehr gestürzten Herrschers, und „des Morgenrots Sohn" ist Anklang an eine babylonische Gottesvorstellung, die möglicherweise zugleich Königsprädikation war.

Während Luther übersetzt: „Wie bist Du vom Himmel gefallen, du schöner Morgenstern", lautet der Text in der englischen Übersetzung von 1611, der berühmten King-James-Version: „O Lucifer, son of the morning" („Lucifer" schon in der Vulgata). Auf den Begriff Luzifer und die damit verbundene Mythologie vom Engelfall stützt sich eine breite englische Tradition, die besonders durch J. Miltons *Paradise Lost* wirksam wurde[4]. Auch die literalistische Auslegung der heutigen fundamentalistischen Chiliasten hat an ihr den Anhalt.

Auf derselben Halbseite, rechts neben diesem Kästchen, befindet sich dieselbe Engelsgestalt wie oben, aber nun auf der Erde stehend, mit haßverzerrtem Gesicht und erhobener rechter Faust: der aus dem Himmel verwiesene, auf die Erde gestürzte Luzifer. Dazu noch zwei Erklärungen: Die eine besagt, daß Luzifer machtbesessen geworden sei und ein Drittel der himmlischen Engel auf seine Seite gebracht habe. Die andere erläutert seine Absicht: den ursprünglichen Plan, Kontrolle über den Himmel zu gewinnen.

Das obere Drittel einer weiteren Seite belegt die Verschwörungsideologie dieser Heftchen. Um einen Haufen von Dollarnotenbündeln sind die folgenden drei Erklärungen gruppiert:

Satans Angriff auf dem Wege von Politik und Hochfinanz bedient sich einer gut organisierten Gruppe von Geheimagenten, der Illuminaten (die Erleuchteten, die dem Luzifer folgen). Und es berichtet Dr. A. R. Rivera, ein Ex-Jesuitenpriester, daß diese internationale Gruppe vom Vatikan kontrolliert werde. Die Illuminatengruppe sei von dem Jesuitengeneral Ignatius von Loyola gegründet worden.

Diese Geheimagenten kontrollieren das internationale Bankensystem; sie finanzieren die Nazi-Partei in Deutschland und die Kommunistische Partei in der UdSSR; und weil der Krieg ein gutes Geschäft ist, sind sie in Planung und Finanzierung von Kriegen verwikkelt.

Auch die politischen Parteien werden von ihnen kontrolliert. Kaum einer gelangt an die Spitze ohne Zustimmung dieser Gruppe. Und zwar auf der linken wie auf der rechten Seite. Auch das Tier aus dem Abgrund in Offenbarung Johannis 13 wird wohl durch sie zur Macht gelangen.

Endlich betrachten wir noch ein Schema, das die Machtstruktur Satans über die Welt durchsichtig machen soll:

Dies ist Satans geistliche Struktur (Eph 6,12):
Satan oder Luzifer
v
Beelzebub
(sein Kommandierender General)
v
Mächte, Fürstentümer oder Gewalten (= Namen der Dämonen vorenthalten)

Okkultes	Sex Lust	Süchte	Mord	Tod und Krankheit	Geistige Krankheit	Unaussprechliche Dämonen
Freimaurer	Homosexualität	Drogen	Haß		Depression	Rel. Selbstzufriedenheit
Östl. Religionen	Ehebruch	Rauchen	Abtreibung		Selbstmord	Antimissionarische Haltung
Falsche christl. Religionen, z.B. liberale Kirchen in der Hand von Erleuchteten	Bisexualität	Alkohol	Eifersucht		Nerven	Verweigerung spirituellen Wachstums
Halluzinierende Drogen	vorehel. Verkehr	Kaffee	Neid			Verweigerung finanzieller Unterstützung
Reinkarnation	Onanie	Schlemmerei	Krieg			
	Pornographie		böse Nachrede			

Mächte, die Nationen und Regierungen, Städte und Gemeinden kontrollieren.

Zahllose unreine Geister unter strikter Kontrolle ihres Kommandeurs

SATANS SPINNENWEB REICHT ÜBER DIE GANZE WELT
NUR WENIGE ENTKOMMEN IHM

5.

Der Millennialismus gehört in den protestantischen Code[5] und das protestantische Creed hinein. Auch wo Miltons *Paradise Lost* unbekannt ist, darf man den Fall Luzifers voraussetzen. Daher ist der Chiliasmus nicht auf die fundamentalistischen Gruppierungen beschränkt. In der buddhistischen Version kann z. B.

1982 der wiederkommende Lord Maitreya als der Retter der Welt angekündigt werden: „Die Welt hat genug von Hunger, Ungerechtigkeit und Krieg. Als Antwort auf unseren Hilferuf ist der weltweite Lehrer für die ganze Menschheit, der Christus, jetzt hier."[6] Die esoterische Tradition identifiziert Christus und Maitreya. Dieser wiederkommende Weltenretter lebt als großer kosmischer Meister im Verborgenen und wird nun das Zeitalter des Aquarius heraufführen.

Ich konnte 1982/83 beobachten, welche Rolle der Chiliasmus in der Auseinandersetzung mit der New-Age-Bewegung spielte, etwa anhand des Buches von Marilyn Ferguson, *The Aquarian Conspiracy*. Die New-Age-Bewegung gilt den Fundamentalisten als Erscheinung des Antichristen. In dieser Formel mit ihren vielen Konnotationen ist der Vorwurf enthalten, daß der Christus der Bewegung ein falscher Christus sei, so wie Hitler sich als Christus ausgegeben habe. Zweitens ist eben dieser falsche Christus der Antichrist.

Methodisch verläuft die Auseinandersetzung am Leitfaden der zentralen Texte der Bible prophecy, in denen die Zukunft der Welt vorausgesagt sein soll: Das Danielbuch sagt nicht etwas Ermutigendes und Tröstendes in den Makkabäerkriegen; die Offenbarung Johannes bezieht sich nicht auf das Durchhalten der kleinasiatischen Christenheit in den regionalen Verfolgungen unter Domitian. Sondern mit dem 7. König in Offenbarung Johannes 17, 7 f. ist Hitler vorausgesagt, und die zehn Zehen des Standbildes in Daniel 2, 42 sagen die zehn EG-Staaten voraus. Im Mittelpunkt steht die Perikope 2 Thessalonicher 2, 3–12, die Erscheinung des Antichristen, die Verzögerung und der endliche Sieg Christi. Versteht man sie als einen Geschichtsfahrplan, so ist darin die – jene theosophischen Vorstellungen mit einbegreifende – New-Age-Bewegung vorgesehen, der dem Ende der Geschichte vorangehende Abfall von Christus, und Lord Maitreya ist dann der Mensch der Gesetzesfeindschaft. Auch die Verschiebung der Ankunft dieses endzeitlichen Antichristus, die die Theosophen 1982 vornehmen mußten, ist im 2. Thessalonicherbrief vorabgebildet usw.

Derartige Stellen historisch zu verstehen, leuchtete in einem gewissen Umfang wenigstens kurze Zeit den liberalen Studenten unter den Seminarteilnehmern ein, aber auch sie schienen von solchen Interpretationen eher verwirrt als erbaut zu sein. Die fundamentalistisch-chiliastischen Studenten waren auch nach mehreren Anläufen außerstande, diese u. a. Bibelstellen anders denn als literalistische Bible prophecies zu nehmen, geprägt von Hal Lindsey, *The Late Great Planet Earth*, dessen Botschaft von dem tausendjährigen Reich, dem die beginnenden Verwüstungen mit eschatologischer Notwendigkeit vorangehen müssen, in den 70er Jahren eine Auflage von etwa 12 Millionen erreichte.

6.

Kommen wir nach diesen Beispielen wieder auf unseren Gedankengang zurück. Mein früherer Frankfurter Kollege W. Philipp[7] hat diese Frömmigkeit als eine Form der Du-Struktur beschrieben. Danach ist der chiliastische Fundamentalist ein pausenlos handelnder Personalist, der nie zur Ruhe kommende missionarische Typ, der sich zwangsläufig von kirchlichen Institutionalisierungen immer wieder distanziert. Ihm liegt weniger an Verständigung als an Absonderung, und die Kategorie des Aktes ist für ihn lebensweltlich konstitutiv (im Unterschied zur Es-Struktur des eher konservativen Vertrauens auf Tradition und Institution und ebenso zur Ich-Struktur mit ihrer Neigung zur Mystik).

Er hält sich für die einzig berechtigte Alternative der Verwirklichung des Jüngerseins. In Wahrheit ist er einer religiösen Ergriffenheitsstruktur aufgesessen, zu der es durchaus berechtigte Alternativen gibt. Doch gehen wir diesen Perspektiven nicht weiter nach, sondern suchen einige lebensweltliche Aspekte zu verstehen, die für Philipp keine Rolle spielten:

Die chiliastisch-fundamentalistischen Menschen fühlen sich bedroht. Ohne die Umweltgefahren politisch zu reflektieren, spiegeln sie die kognitiven und emotionalen Dissonanzen wider, die angesichts der industriell, merkantil und kulturell gewandelten Welt unvermeidlich sind. Sie wehren sich verzweifelt gegen die Konkurrenz, die ihrer traditionellen Weltinterpretation samt den damit zusammenhängenden Selbstverständlichkeiten viele Alternativen entgegenstellt, die mit den Wandlungen einhergehen.

Der einzelne kann, wenn er sich bekehrt und mit der Minderheit der wahrhaft Gläubigen lebt, die Geschichte gleichsam subjektiv-religiös unterlaufen. Denn Geschichte ist für Chiliasten nicht ein Zusammenhang handelnder Menschen, sondern jener dualistische Kampf zwischen Gut und Böse, den Gott im ganzen wie im einzelnen steuert.

Damit erhält der einzelne eine Chance, sich in der sich steigernden gesellschaftlichen Komplexität und Unübersichtlichkeit zu orientieren. Der politische Gegenstand kann damit völlig aus den Augen geraten, der politisch-ökonomischen Manipulierbarkeit der Frommen ist die Tür geöffnet. Das gilt derzeit von der sog. neuen Rechten in den USA[8].

Die religiös-chiliastische und biblisch-literalistische Interpretation der Welt, der Geschichte und des einzelnen, seines Schicksals wie seiner Zukunft, ist zugleich Ausdruck dafür, daß das Leben biblisch strukturiert und im Sinn der chiliastischen Ideologie definierbar ist. Lebenswelt ist damit auf mehreren Ebenen durch Gewißheit charakterisiert: Das Böse ist unbezweifelbar vorhanden; nur der Gläubige wird nicht das Opfer des Bösen; alles stammt von Gott oder läßt sich vom Teufel her erklären; das Leben des Gläubigen ist von eminenter Wichtigkeit, denn es ist in einen kosmischen Entscheidungskampf eingespannt; Bibel, Bekehrung, Gehorsam, Missionsaktivität charakterisieren es.

Aber zu der Gewährleistung von Gewißheit, um die es diesen Menschen zentral geht, gehört schließlich noch ein bestimmtes Außenverhältnis: Abweichende Meinungen, die die gesuchte Gewißheit stören könnten, werden als nicht-christlich abqualifiziert. Dabei werden auch manche Gemeinsamkeiten mit Gegnern übersehen, z. B. daß die liberale Theologie auch eine der Reaktionen auf den sozialen Wandel war. Solidarität mit möglichen Bundesgenossen, die eine abweichende Symbolik vertreten, wird geflissentlich gemieden, weil die Erkenntnis des gemeinsamen Feindes, die aus der vernünftigen Kontrolle geratene Eigendynamik des ökonomisch-industriellen Komplexes, gar nicht erst versucht wird.

7.

Kürzlich vermutete der Systematiker Boozer, Tillichs 1933 erschienenes und alsbald eingestampftes Buch „Die sozialistische Entscheidung" werde wiederentdeckt, und noch nie sei die amerikanische Nation für die von Tillich favorisierte Entscheidung objektiv so reif gewesen wie derzeit[9]. Wie immer man über diese Einschätzung urteilen mag – in dieser Sicht wären jedenfalls die Chiliasten nicht die einzigen, die hinzuzulernen hätten. Und wenn es jemandem mit dieser Perspektive ernst ist, muß *er* lernen, mit Evangelikalen und Fundamentalisten so umzugehen, daß *sie* hinzulernen können. Aber das didaktische Programm „Über den Umgang mit Fundamentalisten" steht nicht auf unserer Tagesordnung. Derzeit spielt die chiliastische Symbolik in die Hände der gegenwärtigen amerikanischen Außenpolitik. Das muß nicht so sein und muß auch nicht so bleiben, gerade wenn man versteht, mit der Symbolik anders umzugehen, auf die sich die fundamentalistischen und chiliastischen Christen literalistisch berufen.

Anmerkungen

1 Die Serie „The Crusaders“ erschien zwischen 1974 und 1982 bei Chick Publications, Chino (CA); vgl. dazu meinen Beitrag: Gewißheit – mit aller Gewalt. Sozialpsychologische und theologische Bemerkungen zum Fundamentalismus, in: *Reformatio*, 35 (1986), S. 117–125

2 Martin E. Marty ist Professor of history of modern Christianity an der Universität von Chicago und Senior Editor of The Christian Century. Ich zitiere hier aus seinem Beitrag in der Enc. Brit., *Book of the Year 1985*, 1986, S. 371

3 Heft 9 der erwähnten Serie erschien 1978 mit dem Titel: *Angel of Light*. Es ist dem Thema des luziferischen Engelfalls und seiner Folgen gewidmet.

4 Das Epos von John Milton, *Paradise Lost*, erschien in zehn Büchern zuerst 1667, in der endgültigen Fassung 1674; es setzt ein mit der Etablierung des gestürzten Luzifer und seiner Helfer auf der Erde, und Buch 5 und 6 lassen den Erzengel Raphael dem ersten Menschen warnend die Geschichte von Luzifers Rebellion im Himmel usw. erzählen. Nicht nur viele Imitationen dieses gewaltigen Epos beweisen, daß es in der englischen Literatur eine zentrale Position einnimmt, sondern auch viele Bezugnahmen der englischen Dichter der folgenden Jahrhunderte bis in unsere Zeit hinein.

5 Ich fand diesen Zusammenhang gut dargestellt in dem an Colleges eingeführten Lehrbuch von Catharine L. Albanese, *America. Religions and Religion*, Belmont (CA) 1981, S. 251–281

6 Näheres bei D. Stoodt, Fundamentalismus und Modernismus im Jahre 1982. Betrachtungen zum Verhältnis von Religion und Öffentlichkeit in den USA, in: *Jahrbuch der Religionspädagogik (1)*, 1985, S. 191–204

7 W. Philipp, *Die Absolutheit des Christentums und die Summe der Anthropologie*, Heidelberg 1959, S. 142 f.; ders., *Religiöse Strömungen unserer Gegenwart*, Heidelberg 1963, S. 145 f.

8 F. Colombo, *Il Dio d'America. Religione, ribellione e nuova destra*, Milano 1983; dieses Werk eines aus Italien stammenden, in New York lehrenden Journalisten ist sehr materialreich.

9 Mündlich während der Tagung der Tillich-Gesellschaft Mai 1986 in Frankfurt a. M.

Martin Riesebrodt

Fundamentalismus und ‚Modernisierung'

Zur Soziologie protestantisch-fundamentalistischer Bewegungen in den USA im 20. Jahrhundert

Als Ronald Reagan im Jahre 1980 für viele überraschend zum Präsidenten der Vereinigten Staaten gewählt wurde, machten nicht wenige Wahlanalytiker für diesen Sieg die Mobilisierung des rechtskonservativen, protestantischen Lagers durch fundamentalistische Fernsehprediger verantwortlich. Vor allem durch diese politische Entwicklung wurde die Aufmerksamkeit der Öffentlichkeit auf ein Phänomen gelenkt, das es nach früheren Prognosen gar nicht mehr geben durfte: den protestantischen Fundamentalismus.

Dieser hatte sich nach dem Ersten Weltkrieg zu einer sozialen Bewegung entwickelt, die ihren größten Erfolg in der Durchsetzung des Verbots der Verbreitung der Evolutionstheorie an öffentlichen Schulen in mehreren Bundesstaaten der USA verbuchte. Vor allem der Scopes-Prozeß von 1925 trug zum Image des Fundamentalismus als einer anti-modernistischen Bewegung reaktionärer Hinterwäldler bei und verleitete zur Prognose von seinem automatischen Verschwinden durch die Ausbreitung urbaner Kultur und Bildung.

Entgegen dieser Voraussage präsentiert sich der Fundamentalismus im Jahre 1980 als eine gut organisierte Bewegung. Er verfügt über eine Reihe schlagkräftiger Institutionen und vermag seine Anhängerschaft effektiv zu organisieren. Über private Fernsehstationen erreicht er ein Millionenpublikum in den gesamten USA, wobei diese sog. elektronische Kirche gekennzeichnet ist durch moderne Technik, moderne Organisation und Professionalismus. Diese überraschende Entwicklung motiviert zu einer Revision bisheriger Interpretationen dieses Phänomens.

Innerhalb der Geschichte des amerikanischen Fundamentalismus kann man grob sechs Phasen unterscheiden, die ich folgendermaßen kennzeichnen möchte:

1. die Phase des religiösen Disputs (1900–1918), in der sich der Konflikt zwischen Fundamentalisten und „Modernisten" schwerpunktmäßig innerhalb religiöser Institutionen abspielt;
2. die Phase der sozialen Bewegung (1918–1925), in der es vornehmlich um Einflußnahme auf staatliche Institutionen geht;
3. die Phase des Rückzugs und Niedergangs (1925–1930), in der die Fundamentalisten den Liberalen im Kampf um die Beeinflussung staatlicher und religiöser Institutionen unterliegen;
4. die Phase der Reorganisation (1930–1940), gekennzeichnet durch die institutionelle Differenzierung zwischen „Mainline"-Protestantismus und Fundamentalismus;
5. die Phase der institutionellen Differenzierung innerhalb des fundamentalistischen Lagers (1940–1970), bedeutend vor allem durch die Spaltung in (Neo-)Fundamentalisten und (Neo-)Evangelikale, und schließlich
6. die Phase erneuter Mobilisierung (seit 1970), gekennzeichnet durch den Aufbau der „elektronischen Kirche" und durch Tendenzen zur Integration des weitverzweigten fundamentalistischen Netzwerks.

Im folgenden werde ich diejenigen Phasen des Fundamentalismus miteinander vergleichen, in denen er seine größte politische Bedeutung erlangt hat: seine Entstehungsphase von 1900–1925 und seine Renaissance seit den 70er Jahren. Dabei werde ich versuchen, Strukturmerkmale und Entwicklungstendenzen im Denken, in der Trägerschaft und in den Mobilisierungsursachen herauszuarbeiten.

Bei der Interpretation des Fundamentalismus stehen sich zwei Perspektiven relativ unvermittelt gegenüber:

eine religionshistorisch-theologische und eine politisch-soziologische. Die politisch-soziologische geht zurück bis in die 20er Jahre und behandelt den Fundamentalismus als eine von Status-Ängsten getriebene, reaktionäre Protestbewegung ungebildeter, ländlicher Schichten, vor allem des Mittleren Westens und Südens der USA, die durch Modernisierungsprozesse von selbst verschwinden werde. Ihr Fundamentalismus-Bild ist geprägt von der Kontroverse der 20er Jahre um die Verbreitung der Evolutionstheorie an öffentlichen Schulen.

In bewußtem Gegensatz zu dieser Sicht entwickelte sich seit Ende der 60er Jahre eine religionshistorisch-theologische Interpretation des Fundamentalismus. Sie will zeigen, daß dieser eine intellektuell respektable Position darstellt, die nicht von ungebildeten Provinzlern im Süden und Westen der USA, sondern von angesehenen Theologen in den Städten des Nordens formuliert wurde. Außerdem sei der Fundamentalismus eine kontinuierliche religiöse Bewegung, die unabhängig von der Kontroverse der 20er Jahre bestand. Ich werde im folgenden versuchen, die Widersprüche zwischen beiden Positionen zu klären und Konzepte zu entwickeln, die beide Perspektiven berücksichtigen.

Geprägt wurde der Fundamentalismus-Begriff in Anlehnung an die von 1910 bis 1915 in 12 Heften publizierte Serie von Broschüren „The Fundamentals: A Testimony to the Truth." Herausgegeben von führenden konservativen Theologen, wurden diese Schriften in einer Auflage von ca. 3 Millionen Exemplaren verbreitet. 64 Autoren – Theologen, Prediger, Missionare – verfaßten insgesamt 90 Artikel, die überwiegend der Verteidigung des biblischen Literalismus und dogmatischen Fragen gewidmet sind.

Theologisch kann man den Fundamentalismus am besten als eine konservative Sammlungsbewegung charakterisieren, die eher einen Minimalkonsens zwischen verschiedenen Positionen als eine einheitliche theologische Position repräsentiert. Einigkeit besteht in bezug auf die „five fundamentals", die fünf Grundlagen des Glaubens.

Wichtigster Punkt ist die Irrtumsfreiheit der Bibel. Sie wird als verbalinspiriertes Wort Gottes angesehen, das es demzufolge nicht symbolisch, sondern wörtlich zu interpretieren gelte. Bei den anderen vier Glaubensgrundlagen – der Jungfrauengeburt, der leiblichen Wiederauferstehung, dem stellvertretenden Sühneopfer und der physischen Wiederkehr Christi – handelt es sich im Grunde um Präzisierungen des biblischen Literalismus. Dieser Minimalkonsens erklärt sich theologisch aus einer Frontstellung gegen die moderne Bibelkritik der liberalen Theologie und speziell gegen die sozialreformerische Theologie der „Social Gospel“. Darüber hinaus finden sich im Fundamentalismus jedoch prämillennarische und postmillennarische, politisch-quietistische und aktivistische, nationalistische und pazifistische Strömungen. Angesichts dieser gegensätzlichen Positionen stellt eine Deutung des Fundamentalismus lediglich als Verteidigung der „old-time-religion“ eine unzulässige Simplifizierung dar.

Vor allem die im Fundamentalismus vorherrschende Position des Prämillennarismus kann man eher einen Traditionsbruch als eine Verteidigung des alten Glaubens nennen. Denn vorbereitet durch Jonathan Edwards, hatte sich vor allem in der ersten Hälfte des 19. Jahrhunderts in den Erweckungsbewegungen von Charles Finney der Postmillennarismus allgemein durchgesetzt. Beide Formen des Millennarismus teilen den Glauben an die Rückkehr Christi zur Erde und an die Errichtung eines 1000 Jahre währenden Reiches des Friedens und der Gerechtigkeit vor dem Jüngsten Gericht. Während der Prämillennarismus in Erwartung einer bevorstehenden Geschichtskatastrophe und der Wiederkehr Christi zu Beginn des Millenniums lebt, glaubt der Postmillennarismus an die Wiederkehr Christi am Ende des Millenniums und somit an die Perfektionierbarkeit der Gesellschaft.

Prämillennarismus und Postmillennarismus sind somit nicht nur unterschiedliche theologische Positionen, sondern Ausdruck gegensätzlichen Zeit- und Geschichtsbewußtseins sowie gegensätzlicher psychischer Dispositionen. Die prämillennarische Katastrophenerwartung kann wohl nur als Ausdruck eines tiefgreifenden Wandels historischer Erfahrung angemessen verstanden werden. Im religiösen Disput des frühen 20. Jahrhunderts stehen sich als Extreme der Fundamentalismus als konservative und die „Social Gospel" als liberalsoziale Bewegung im Sinne der zeitgenössischen, progressivistischen Reformbewegung gegenüber. Geeint in ihrer Kritik an den sozialen Verhältnissen, wie sie sich seit dem Ende des Bürgerkrieges durch Industrialisierung, Urbanisierung und Masseneinwanderungen vor allem in den Großstädten des Nordens entwickelt haben, entwerfen sie unterschiedliche Deutungen dieser Krise und Rezepte für deren Überwindung.

Der Fundamentalismus interpretiert die Krise als moralischen Verfall. Individuelle Reue und Umkehr allein können helfen. Der Beitrag der Religion kann und soll nur in der Verkündigung des Evangeliums als Anleitung zum moralischen Handeln bestehen. Die Welt als ganze kann nicht gerettet oder gar perfektioniert werden. Sie steuert vielmehr dem Verfall, der apokalyptischen Katastrophe entgegen. Aufgrund seiner prämillennarischen Weltablehnung und seinem individualistisch-privaten Religionsverständnis ist der Fundamentalismus eigentlich unpolitisch. Gesellschaftskrise und historische Ereignisse werden primär religiös gedeutet als mögliche Zeichen des bevorstehenden Endes. Ein Anlaß zu politischem Handeln aus religiöser Verantwortung ergibt sich daraus nicht.

Die Social Gospel dagegen mit ihrem postmillennarischen Geschichtsoptimismus sieht in sozialpolitischen Maßnahmen das Heilmittel gegen die Krise, in einer Gestaltung der gesamten Gesellschaft nach den Prinzipien der Soziallehre Jesu. Aufgabe der Religion ist nicht nur Verkündigung des Evangeliums, sondern Aufbau kirchlicher Sozialeinrichtungen und allmähliche Verwirklichung einer christlichen Gesellschaft.

Im Konflikt zwischen prämillennarischem Fundamentalismus und Social Gospel stehen sich somit zwei völlig gegensätzliche Vorstellungen von den Ursachen und Lösungsmöglichkeiten der gesellschaftlichen Krise der Jahrhundertwende gegenüber: Moralreform steht gegen Sozialreform, Katastrophenerwartung gegen Utopieverwirklichung, Weltablehnung gegen Weltbejahung, politischer Quietismus gegen politischen Aktivismus.

Wie vollzieht sich nun die Politisierung des fundamentalistischen Denkens sowie seine Transformation vom Pazifismus zu einem extremen Nationalismus? Zentrales Moment ist der Eintritt der USA in den Ersten Weltkrieg. Vor allem unter dem Eindruck der heftigen Kritik von Vertretern der liberalen Theologie am Pazifismus großer Teile des fundamentalistischen Lagers, die als innerer Feind, als von den Deutschen bezahlt, als Verräter an der Nation gebrandmarkt werden, schwinden dessen pazifistische Strömungen. Die manichäische Grundlage des prämillennarischen Denkens wird politisiert und in einen aggressiven religiösen Nationalismus transformiert. Der Fundamentalismus dreht die Argumentation des Gegners um und erklärt die liberale Theologie zum Agenten des Feindes. Der deutsche Militarismus und die deutsche Barbarei seien direkte Folge der deutschen Bibelkritik, die zu moralischem Niedergang führen müsse, wo immer sie Fuß fasse. Symbole der Unmoral werden „Evolutionismus“, „Bibelkritik“, „Sozialismus“, „Modernismus“, „säkularer Humanismus“ und seit der Russischen Revolution der Bolschewismus bzw. Kommunismus.

Der Kampf zwischen Fundamentalismus und liberaler Theologie um die Kontrolle religiöser Institutionen wird zunehmend zu einer Auseinandersetzung um die Beeinflussung staatlicher Institutionen. Höhepunkt dieser Entwicklung ist das Verbot der Verbreitung der Evolutionstheorie an öffentlichen Schulen mehrerer Bundesstaaten, die zu dem berühmten Scopes-Prozeß von 1925 führt. Damit stellt sich nun aber die Frage nach der sozialen Trägerschaft des Fundamentalismus und den Ursachen für ihre Mobilisierung.

Versucht man, die Trägerschaft des Fundamentalismus allein auf der theologischen Grundlage der „five fundamentals“ zu identifizieren, zeigt sich schnell die Notwendigkeit, weitere Kriterien heranzuziehen. Denn beispielsweise werden die wesentlich von Unterschichten getragenen charismatischen Sekten und die Kirchen der Schwarzen trotz ihres Biblizismus nicht ins fundamentalistische Lager einbezogen. Die Auseinandersetzung zwischen Fundamentalismus und „Social Gospel“ findet zudem vornehmlich innerhalb spezifisch mittelschicht-geprägter Demominationen, wie den Presbyterianern und Baptisten, statt. Dabei geht es nicht nur um religiöse Deutungsprobleme, sondern in deren Folge um die Kontrolle von Institutionen (von Seminaren, Bible-Schools, Gemeinden), und in die Auseinandersetzungen sind gleichermaßen Theologen, Pfarrer und einfache Gemeindeglieder involviert.

In der gesamten Literatur herrscht Einigkeit darüber, daß der Fundamentalismus ganz wesentlich von der alten Mittelschicht angelsächsischer Herkunft getragen wird. Eine Reduktion auf die Merkmale der ethnisch-kulturellen und schichtmäßigen Zugehörigkeit stellte jedoch eine unzulässige Vereinfachung dar. Deshalb scheint es mir am sinnvollsten, den Fundamentalismus als ein sozialmoralisches Milieu zu begreifen, eine „soziale Einheit, die durch eine Koinzidenz mehrerer Strukturdimensionen wie Religion, regionale Tradition, wirtschaftliche Lage, kulturelle Orientierung, schichtspezifische Zusammensetzung der intermediären Gruppen gebildet“ (R. Lepsius) wird. Den Fundamentalismus kann man somit am zutreffendsten als ein an Wertvorstellungen und Lebensführung der alten protestantischen Mittelschichten angelsächsischer Herkunft orientiertes Milieu kennzeichnen.

Fundamentalismus ist nicht Traditionalismus, sondern „reflexiv gewordener Traditionalismus“ im Sinne Karl Mannheims. Diese Reflexivität beruht auf der Erfahrung, daß der allgemeine Geltungsanspruch der „mittelständischen“ Lebensführung und seine Übereinstimmung mit der biblischen Lehre bestritten werden. Dies erfolgt auf theologischer Ebene durch die Bibelkritik und die Social Gospel, auf der Ebene der Alltagserfahrung durch die faktische Einschränkung des Geltungsbereichs der sozialmoralischen Ordnungsvorstellungen durch den Aufstieg neuer sozialer Schichten, Gruppen und Milieus im Zuge der Industrialisierung, Urbanisierung und Masseneinwanderung, der politischen Zentralisierung, Bürokratisierung und Säkularisierung.

Ökonomisch wird die alte Mittelschicht durch die Industrialisierung und die damit verbundene Nationalisierung des Marktes von Groß-Unternehmen aus ihren lokalen oder regionalen Monopolstellungen verdrängt. Sozial verliert sie in den Großstädten ihre führende gesellschaftliche Stellung an Industrielle, Manager und Bankiers. Durch die Säkularisierung und Professionalisierung des Erziehungswesens kommt es zu einem grundlegenden Wandel in der Kontrolle und Wertorientierung der betreffenden Institutionen.

In den Angestellten entsteht eine neue Mittelschicht mit neuen Wertorientierungen und Konsumgewohnheiten. Daneben gelingt es anderen gesellschaftlichen Gruppen und Schichten, wie der Industriearbeiterschaft, durch gewerkschaftliche Organisation ihrer Interessen Einfluß zu gewinnen. Durch die Masseneinwanderungen von süd- und osteuropäischen Katholiken, von Juden und deutschen Lutheranern wird die ethnisch-religiöse Dominanz der angelsächsischen Protestanten abgebaut. In den Großstädten verändert sich die politische Kultur durch das Überhandnehmen des Klientelismus.

Das Familienideal der alten Mittelschicht wird durch den Wandel der Frauenrolle in Frage gestellt. Die Anzahl berufstätiger Frauen verdreifacht sich zwischen 1870 und 1900. Mädchen erlangen Zugang zum höheren Bildungswesen. Die Koedukation wird eingeführt; Frauen erhalten das Wahlrecht. Und die sozialen Verhältnisse der Großstädte sind vom Wandel der moralischen Standards gekennzeichnet, in den Augen nicht nur der alten Mittelschicht von moralischem Verfall: von Alkoholismus, Prostitution und Kriminalität.

Aus dieser Entwicklung leuchtet es ein, daß sich der Fundamentalismus zunächst in den Städten des Nordens herausbildet. Denn dort sind die Auswirkungen der Urbanisierung, Industrialisierung und Masseneinwanderung vornehmlich zu spüren. Dort entsteht somit zuerst der Konflikt zwischen traditionaler und moderner Kultur. Als Antwort auf die sozialen Probleme entwickelt sich dort die Theologie der „Social Gospel". Und schließlich liegen ebendort die Zentren theologischer Wissenschaft und religiöser Institutionen, innerhalb derer es zum Konflikt zwischen Fundamentalismus und liberaler Theologie kommt. Insofern ist der religionshistorisch-theologischen Interpretation Recht zu geben. Denn erst die Erfahrung des Konflikts zwischen traditionaler und moderner Kultur schafft die Reflexivität, die aus Traditionalismus Fundamentalismus macht. Dennoch ist das fundamentalistische Potential da am stärksten, wo das entsprechende Milieu am homogensten vertreten, aber noch nicht oder nur partiell mobilisiert ist: im Süden, Mittleren Westen und ländlichen Norden. Dies wiederum entspricht der politisch-soziologischen Deutung.

Ich wende mich nunmehr der fundamentalistischen Bewegung der Gegenwart zu. Angesichts der Fehlprognosen vom automatischen Verschwinden des Fundamentalismus liegt die Frage nahe, was sein Überleben ermöglicht hat. Drei Aspekte erscheinen mir dabei bemerkenswert. Zum einen war, wie ich oben gezeigt habe, das fundamentalistische Potential noch keineswegs erschöpft. Zum zweiten wirkt sich die dezentrale, an charismatischen Predigern orientierte Organisation des Fundamentalismus günstig aus. Beim Scheitern seiner gesamtgesellschaftlichen Geltungsansprüche kann er sich entpolitisieren und von einer sozialen in eine religiöse Bewegung zurückverwandeln, und beim Scheitern seiner religiösen Geltungsansprüche kann er sich in eine gemeindezentrierte religiöse Subkultur zurückentwickeln. Zum dritten schließlich hat der Fundamentalismus interne Wandlungsprozesse durchgemacht. Das Bildungsniveau seiner Repräsentanten und Anhänger hat sich gehoben, wodurch er auch für konservative Teile der neuen Mittelschicht, vor allem im Bereich der technischen Intelligenz, akzeptabel geworden ist. Entgegen den Prognosen hat nicht die Modernisierung den Fundamentalismus verschwinden lassen, sondern der Fundamentalismus hat die technisch-organisatorische Seite der Modernisierung genutzt, um seinen Wertkonservativismus effektiver zu vertreten.

Vergleicht man Ideologie, Trägerschaft und Mobilisierungsursachen des gegenwärtigen Fundamentalismus mit der Bewegung von 1900–1925, so zeigt sich eine weitgehende Kontinuität. Das fundamentalistische Denken läßt sich nach wie vor kennzeichnen als Manichäismus und Millennarismus. Selbst die Ambivalenz zwischen prämillennarisch-quietistischen und politisch-aktivistischen Strömungen ist erhalten geblieben. Zentrale Themen des gegenwärtigen Fundamentalismus sind die Wiederherstellung der alten Wirtschaftsmoral, die Ersetzung staatlicher Sozialpolitik durch private Wohltätigkeit, die Abtreibungsfrage, die Ablehnung der rechtlichen Gleichstellung von Frauen und Homosexuellen, der Kampf gegen den Kommunismus, die Wiederherstellung militärischer Überlegenheit der USA, das Schulgebet in öffentlichen Schulen. Der innere Feind ist der „säkulare Humanismus“ geblieben, vertreten in den Massenmedien und in den staatlichen Bürokratien, der äußere der „atheistische Kommunismus“.

Die Trägerschaft des Fundamentalismus weist gleichfalls eine bemerkenswerte Kontinuität auf. Er ist nach wie vor eine Bewegung weißer Mittelschichten von überwiegend angelsächsischer bzw. mittel- und nordeuropäischer Herkunft. Der Konflikt wird nicht mehr in den Städten des Nordens ausgetragen, sondern hat sich nationalisiert, wobei die Regionen, die ich oben als Zentren des fundamentalistischen Potentials bezeichnet habe, eine besonders hohe Konzentration von fundamentalistischen Institutionen und Anhängern aufweisen.

Die Mobilisierung des fundamentalistischen Lagers seit den 70er Jahren kann man auf vergleichbare Ursachen zurückführen wie zu Beginn dieses Jahrhunderts. Denn es sind Jahre, in denen andere soziale Bewegungen den Geltungsanspruch der fundamentalistischen Lebensführung und Wertvorstellungen radikal in Frage stellen und ihren eigenen Anspruch auf politische und kulturelle Repräsentanz zum Teil mit großem Erfolg durchsetzen, wie die Bürgerrechtsbewegung der Schwarzen, die Frauenbewegung, die Homosexuellenbewegung. Das Fernsehen wird zum zentralen Medium einer urban geprägten Massenkultur, in der die Themen, Probleme, Perspektiven und Wertvorstellungen Hollywoods und New Yorks im gesamten Land verbreitet werden. In den Schulbüchern setzen sich zunehmend die Sichtweisen der liberalen neuen Wissenselite durch. Es findet ein kultureller Urbanisierungsprozeß statt, der den Konflikt zwischen verschiedenen Deutungsmustern, Wertvorstellungen und Idealen der Lebensführung in die Schulen und Familien der gesamten USA trägt.

Sowohl die Medien als auch die politischen Institutionen des Bundes und die Entscheidungen des Supreme Court in Fragen der Gleichstellung der Schwarzen, des Schulgebets, der Abtreibung etc. begünstigen die Emanzipationsbewegungen und verschieben dadurch die Gewichte innerhalb des Status-Systems der USA. Der Staat versucht zudem, die Steuerfreiheit religiöser Institutionen gerade zu dem Zeitpunkt einzuschränken, als sich evangelikale und fundamentalistische Institutionen herauszubilden beginnen. Zugleich sind das nationale Selbstverständnis, der Glaube an die missionarische Rolle Amerikas und an die moralische Integrität seiner Führer durch den Vietnam-Krieg und den Watergate-Skandal schwer erschüttert. Und schließlich bringen die Industrialisierung und Urbanisierung des Südens und

Südwestens soziale Umschichtungsprozesse mit sich, die denen des Nordens um die Jahrhundertwende ähnlich sind.

Kann man den Fundamentalismus als Anti-Modernismus oder gar als „Revolte gegen die Moderne“ kennzeichnen? Abgesehen von der Problematik so diffuser Begriffe wie „Moderne“ oder „Postmoderne“, scheint mir dies unangemessen. Die Fundamentalisten wollen weder die Demokratie noch die kapitalistische Industriegesellschaft noch die Trennung von Kirche und Staat abschaffen. Sie selbst nutzen modernste Technik und Managementmethoden, und sie sind – abgesehen von dem symbolisch hochbesetzten Thema der Evolutionstheorie – durchaus wissenschaftsgläubig. Angesichts der relativen Konstanz des Fundamentalismus erscheint es mir abwegig, ihn bezüglich des Zeitraums 1900–1925 als „Revolte gegen die Moderne“ zu charakterisieren. Fundamentalismus war und ist eine Position innerhalb der „Moderne“ und innerhalb der „American Civil Religion“.

Im Unterschied zur bisherigen Entwicklung des Fundamentalismus sehe ich in der Gegenwart zwei Momente, die zu entscheidenden Veränderungen führen dürften: zum einen das Schrumpfen seines traditionellen Potentials und die damit einhergehenden Veränderungen in seiner sozialen Zusammensetzung; zum zweiten die elektronische Kirche, deren Auswirkungen ich mich nun abschließend zuwende.

Ich glaube, vier Tendenzen feststellen zu können: Prozesse der Konzentration, der internen Entdogmatisierung, der Bedeutungszunahme charismatischer Gruppen sowie der Entpolitisierung. Alle vier Prozesse hängen mit dem Medium und der Art seiner Finanzierung zusammen. Die elektronische Kirche finanziert sich fast ausschließlich aus privaten Kleinspenden von seiten der Zuschauer. Aufgrund der enormen Kosten und Risiken, die mit dem Aufbau und Betrieb privater Fernsehstationen verbunden sind, kommt es innerhalb des fundamentalistischen Marktes zu einem Verdrängungswettbewerb. Damit hätte die elektonische Kirche für den Fundamentalismus eine ähnliche Funktion der Kartellbildung, wie dies die Ökumene – nach der Analyse Peter Bergers – für die protestantische Mitte in den 50er Jahren gehabt hat.

Dieser Konzentrationsprozeß bedingt einen internen Entdogmatisierungsprozeß. Die Finanzierung des Mediums setzt eine optimale Ausnutzung des fundamentalistischen Zuschauerpotentials voraus: Diese wiederum ist nur dadurch zu erreichen, daß interne dogmatische Differenzen nivelliert und externe Differenzen auf zentrale Punkte konzentriert werden. So kann man – zumindest bei den führenden Repräsentanten der elektronischen Kirche – einen Prozeß der Mäßigung und des Abbaus sozialer und ethnischer Vorurteile beobachten. Dies hat einerseits zur partiellen Integration und Kooperation von rational und charismatisch orientiertem Fundamentalismus geführt und andererseits zum Abbau rassistischer Vorurteile gegen Juden und Schwarze.

Durch die elektronische Kirche verschiebt sich – wie die Einschaltquoten belegen – das Gewicht innerhalb des fundamentalistischen Lagers zugunsten charismatischer Gruppen. Deren Religiosität ist mit ihrem höheren Grad an Emotionalität, mit ihrer Einbeziehung des Zuschauers, mit ihren Wunderversprechungen und Wunderheilungen mediengerechter als der rationale Fundamentalismus mit seiner Moralpredigt. Da sich die charismatische Religiosität aber weitgehend auf die religiös-individuelle Bewältigung von Problemen, wie Krankheiten, Lebenskrisen und beruflichem Mißerfolg, konzentriert, setzt sich im Fundamentalismus eine Tendenz zur Entpolitisierung durch.

Mit dem Aufbau der elektronischen Kirche hat der Fundamentalismus Defizite in seiner religiös-kulturellen und zum Teil auch politischen Repräsentanz in erheblichem Maße kompensiert. Zugleich steht ihm ein Medium zur Verfügung, das eine politische Mobilisierung ermöglicht. Insofern hat das fundamentalistische Lager auch als Wählergruppe dauerhaft an Bedeutung gewonnen. Diese Entwicklung sollte den Wandel im Selbstverständnis des Fundamentalismus verstärken, den David Danzig schon 1962 als einen Transformationsprozeß von der Rolle einer verunsicherten, ehemaligen Majorität zu der einer selbstbewußten Minorität in einem pluralistischen System gekennzeichnet hat.

Alan Mittleman

Religion, Politik und die Neo-Konservativen

Eine Stellungnahme aus jüdischer Sicht

In Amerika befindet sich Religion in einem Prozeß ständiger Veränderung; heute wird ein neuer Kreis von Fragen hinsichtlich der öffentlichen Erscheinung von Religion debattiert. Alte Vorstellungen über die Säkularität der amerikanischen Gesellschaft, über die Trennung von Kirche und Staat und über die Art und die Rolle eines gemeinsamen Nenners, den man „Zivilreligion" zu nennen pflegte, sind überholt. Die amerikanische jüdische Gemeinde, die jahrzehntelang liberale und säkulare Perspektiven in diesem Kontext als feste Doktrin angenommen hatte, sah sich gezwungen, diese Streitfragen erneut aufzugreifen. Das Anwachsen des protestantischen Fundamentalismus, insbesondere mit seinen Auswirkungen auf die Politik, lastet auf der kollektiven Psyche der jüdischen Gemeinde (übrigens nicht weniger auf dem ‚Gemüt' des liberalen Protestantismus).

Die jüdische Konfrontation mit diesem Phänomen spiegelt die ideologische Neubeurteilung, die unter einigen protestantischen Analytikern zu finden ist. Eine gewisse jüdische intellektuelle Elite – eben die sog. „Neo-Konservativen" – fordert, daß im Lichte der zunehmenden öffentlichen Präsenz des konservativen Protestantismus auch die amerikanischen Juden ihre zeitbedingte politisch-liberale Position einer Überprüfung unterziehen. Wie im Falle ihres christlichen Gegenübers verankern diese jüdischen Denker ihr Projekt in einer Besinnung auf den Zustand von Geschichte und Gesellschaft, die weiter reicht als das Rahmenwerk, welches vom politischen Pragmatismus geliefert wird. Anders jedoch als die Christen beziehen diese jüdischen Denker ihre Überprüfung des Verhältnisses von Religion und Politik auf die verschiedenen Probleme spezifisch jüdischer Erfahrung der Bedrohung und des Überlebens. – Im folgenden werde ich einige dieser Forderungen nach einem neuen Arrangement mit der Rechten diskutieren – vor dem kontrastierenden Hindergrund, der durch die Stellungnahmen der Prostanten zum selben Thema geliefert wird.

Was hat sich verändert mit der Religion in Amerika? Marty registriert sechs wichtige Veränderungen[1]. Die Kräfte unreflektierter Säkularität scheinen in die Defensive geraten zu sein, während die Kräfte positiver Religiosität zunehmend größeren Rückhalt im öffentlichen Bewußtsein gewonnen haben. Der privilegierte „Mainline"-Protestantismus verhält sich „passiv oder zurückweichend", während der konservativ-evangelikale Protestantismus als eine kultur-bestimmende öffentliche Erscheinung an Bedeutung zunimmt. Zusätzlich sind die katholischen Bischöfe aktiver denn je geworden, indem sie erstmals eine Vision der amerikanischen Gesellschaft entwickeln und so einen Teil des Raumes besetzen, der von der protestantischen „mainline" freigegeben worden ist. Auf diese veränderte Lage reagieren die amerikanischen Juden: ihre politische Zuordnung ist nicht mehr so stabil wie früher und entsprechend weniger leicht zu prognostizieren; es zeichnen sich eine Neubeurteilung konservativer Politik und eine neue Öffnung zu einem Bündnis mit evangelikalen Kräften ab[2].

In einer Studie von Benton Johnson wird die erste dieser Veränderungen, die fortschreitende Marginalisierung des „Mainline"-Protestantismus, analysiert[3]. Fußend auf einer These von Dean Kalley, gelangt Johnson zu der Auffassung, christlicher Verfall sei bis zu einem gewissen Grade das Ergebnis einer inneren Aushöhlung. In seinem Buch mit dem Titel „Why Conservative Churches Are Growing" hatte Kalley behauptet, die liberalen Kirchen scheiterten an der Aufgabe, ihren Mitgliedern eine unzweideutige Vision vom Sinn des Lebens zu vermitteln. Außerdem sei noch etwas anderes zu diesem Einbruch an theologischer Glaubwürdigkeit hinzugekommen: Diese Kirchen hätten sich geweigert, sich für eine strenge moralische Gestaltung des Lebens einzusetzen, sie seien außerstande gewesen, einfach und klar zugeschnittene moralische Verhaltensstandards für ihre Mitgliederschaft zu propagieren. Johnson gibt dieser These die folgende Wendung: Nicht etwa sind die Kirchen primär daran gescheitert, das religiöse Leben in ihrer Mitgliederschaft lebendig zu erhalten, sondern sie haben erfolgreich ein bestimmtes kulturelles Klima hervorgebracht, in welchem sich die Abwendung von der Religion als solcher, ja, die Feindschaft ihr gegenüber entwickeln konnte. Die Kirchen selbst sind demnach schuld am Säkularismus der zeitgenössischen kulturell dominanten Elite. Folgt man Johnson, so hat der radikale Umsturz der Werte in den 60er Jahren ganz genau die Generation der College-Jugend erfaßt, die heute eigentlich das Rückgrat der liberalen Kirchen bilden müßte. Aber genau dieses Rückgrat fehlt heute. Die liberalen Denominationen erlitten einen enormen Einbruch in ihren Mitgliederzahlen, denn die Nachkommen der eigenen Mitglieder blieben ja fort. Diese Generation, groß geworden in den 60er Jahren, wanderte nicht zwangsläufig zu den konservativen Kirchen oder zu neuen Religionen ab – viele dieser jungen Erwachsenen entschlossen sich vielmehr, sich überhaupt keiner Religion anzuschließen. Der unter diesen Menschen verbreitete Säkularismus läßt sich zurückverfolgen bis zu der in den 60er Jahren propagierten Zurückweisung traditioneller Einstellungen gegenüber der Sexualität, gegenüber dem Familienleben und der Autorität. Aber gegen die Meinung, die liberalen Kirchen seien einfach von dieser sozialen Umwälzung überrollt worden, macht Johnson die Auffassung geltend, diese Kirchen hätten aktiv zu der Umwälzung beigetragen. Seiner Meinung nach stoßen wir hier auf die Wirkmächtigkeit Reinhold Niebuhrs, der zwar auf die theologische Diskussion enorm belebend eingewirkt habe, dessen Position aber doch eine Einstellung unbarmherziger Kritik an Kirche und Gesellschaft auf seiten der liberalen Führungseliten bestärkt habe. Die Volksfrömmigkeit der 50er Jahre, die Tendenz der amerikanischen Mittelklasse-Religion zu politischem Quietismus und zum Rückzug ins Private geriet in Verruf. Kirchenführer bezogen Standpunkte, die sie in Gegensatz brachten zur Mehrheit der Laien und zu der politischen Kultur im allgemeinen; auf diese Weise trugen sie zu dem allgemeinen Klima einer radikalen Kritik und zu jenen Entfremdungsprozessen bei, die sich in den 60er Jahren entwickelten. Sie werden also tatsächlich dafür verantwortlich gemacht, daß sich die folgende Generation von der wirklich kirchlichen Versammlung um den Altar dispensierte.

Ein jüngst erschienener Artikel von Peter Berger nimmt dieses Argument auf und treibt es weiter[4]. Berger vertritt die Auffassung, daß das soziale und kulturelle protestantische Establishment tot ist und daß es ersetzt worden ist durch eine „säkular humanistische" Elite, eine „Neue Klasse", deren Mitglieder sich vorrangig aus den säkularisierten Kohorten rekrutieren, die Johnson beschrieben hatte. Wie Kalley und Johnson konstatiert auch Berger, die liberalen Kirchen hätten selbst ihren eigenen Untergang heraufgeführt. Aber Berger geht noch weiter. Jene Verdrängung des alten protestantischen Establishment durch die neue säkulare Elite dürfe man nicht einfach *gleichmütig* registrieren, denn dieser Prozeß führe zur kontinuierlichen Ausscheidung der Religion aus dem öffentlichen Leben. Die sich so abzeichnende Scheidung von Religion und Politik gehe weit über das hinaus, was als Trennung von Staat und Kirche in der Verfassung gefordert werde. Berger hat für seine Sicht das Schlagwort vom „entblößten öffentlichen Platz" (the naked public square) gefunden. Eine Floskel, die dann von Richard John Neuhaus popularisiert worden ist[5]. Berger und Neuhaus stimmen in der Diagnose der Gefahren überein. Es lohnt sich, dieses Konzept eingehender zu erforschen, weil es auch die Phantasie jener jüdischen Intellektuellen mit Beschlag belegt hat, die für engere Bindungen an die evangelikale Bewegung eintreten. Die Attraktion jenes Modells schlägt auf Analyse und Erklärungsstrategie dieser jüdischen Denker durch, auch wenn sie es nicht stets ausdrücklich beim Namen nennen.

Folgt man Peter Berger, so hat der Aufstieg der Neuen Klasse im „nachprotestantischen Amerika" dazu geführt, das öffentliche Leben zunehmend von allen religiösen Symbolen zu ‚reinigen', die es bisher legitimiert und nachvollziehbar gemacht hatten[6]. Eine Gesellschaft indessen, die überleben will, ist auf legitimierende Symbole unvermeidlich angewiesen. Die Menschen werden sich nicht mit Entschiedenheit für eine Gesellschaftsordnung einsetzen, die ausschließlich definiert ist als ein kluges Vertragsarrangement auf Gegenseitigkeit; das Überleben einer Gesellschaft aber ist darauf angewiesen, daß ihre Mitglieder bereit sind – wenn es denn sein muß –, im Grenzfall auch ihr Leben für sie zu opfern. Eine gewisse Dimension der Transzendenz, „a sacred canopy", ist unerläßlich, um das gesellschaftliche Leben als sinnhaft, als bedeutsam anzusehen.

Soweit ähnelt die Gedankenführung der Argumentation Durkheims. Ihre Reichweite ist jedoch geprägt durch die Erfahrungen des späten 20. Jahrhunderts, mit denen Durkheim es noch nicht zu tun hatte. Wenn der Raum des Öffentlichen (the „public square") aller überkommenen transzendenten Bedeutungen entleert wird, so wird er doch nicht und kann er nicht auf lange Sicht leer bleiben. Andere Inhalte, neue Mythen und Werte werden in dieses Vakuum einfließen und es füllen. Berger und Neuhaus zufolge wird dieser Raum gegenwärtig durch die Werte des nach-christlichen „säkularen Humanismus" besetzt. (Von politisierenden Evangelikalen wird dieser Ausdruck benutzt, um damit eine Ersatzreligion zu charakterisieren, die angeblich gegenwärtig die Medien, die Universitäten und andere kultur-relevante Institutionen beherrscht. Berger und Neuhaus benutzen diesen Terminus im Grunde in gleichem Sinn, aber sie beanspruchen, das bloße Schlagwort zu transformieren in einen neutralen deskriptiven Terminus einer Theorie politisch-sozialer Entwicklung.) Indessen, „säkularer

Humanismus" wäre ja noch gar nicht so schlimm, wenn damit nicht der Raum des Öffentlichen freigegeben wäre für viel verführerischere Ersatzreligionen. Neuhaus sieht eine Art historischer Unvermeidlichkeit in dieser Entwicklung: der säkulare Humanismus treibt in seiner inneren Logik auf den Totalitarismus zu. Sollte es mißlingen, den Raum des Öffentlichen wieder mit religiösen Legitimationsmustern zu besetzen – wie das die politisch engagierten Evangelikalen versuchen –, so wird das Gemeinwesen unaufhaltsam in den Totalitarismus abgleiten. Der machtvolle Einfluß eines selbstbewußten, konservativen Protestantismus auf das öffentliche Leben wird in dieser Sicht zum deus ex machina, der die Republik vor dem scheinbar unentrinnbaren Verhängnis ihres eigenen Verfalls rettet.

Neuhaus räumt ein, daß die theoretische Verbindung zwischen säkularem Humanismus und Totalitarismus – nicht zu erwähnen die konkrete, historische Transformation des einen in das andere – „zu schroff oder gar zu extrem erscheinen mag"[7]. Obwohl er offensichtlich gewillt ist, sein Argument etwas nuancierter zu fassen, gibt er die bestimmende Logik des Gedankenganges doch nicht auf. Das Ethos des Säkularismus ebenso wie das Credo des säkularen Staates unterliegt einem circulus vitiosus: letztlich gründen beide ihre Autorität nur auf sich selbst. Im Bereich der Erscheinungen wird diese Struktur – freilich in extremer Form – im Ein-Parteien-Totalitarismus deutlich. Wenn Transzendenz als legitimierende Quelle der Wertsetzungen und Werteinstellungen ausfällt, bleibt nur eine radikale Immanenz. In einer Welt ohne transzendente Wahrheit rückt die technologische Rationalität zur einzigen Norm auf. In Weltanschauung und Politik realisiert sich als Totalitarismus, was der säkulare Humanismus schon jetzt repräsentiert: Monismus. Weil er Werte, die uns absolut beanspruchen, insofern sie in absoluter Transzendenz gründen, ablehnt, steht der säkulare Humanismus für eine *relativistische* Ordnung, in der sich alle Werte aus dem rein zwischenmenschlichen Diskurs ergeben. Für den säkularen Humanismus ist dieser konsequente Relativismus das einzig Absolute.

In dieser Sicht ist demnach Demokratie als Antithese zum Monismus definiert. Die Demokratie beruht auf einem Pluralismus der miteinander konkurrierenden Werte und Wertbegründungen; institutionelle Instanzen und Agenten, die im Raum des Öffentlichen konkurrieren, verhindern, daß irgendeines Agenten monistische Prätention auf Endgültigkeit sich ein für allemal durchsetzen kann. Heutzutage nun sei diese gefährliche Prätention dem Staat selbst zu unterstellen. Die „totalitäre Alternative", wie sie gegenwärtig durch den Marxismus-Leninismus repräsentiert werde, müsse als zentrale Versuchung für jenen Staat angesehen werden, der nicht mehr pluralistisch ausbalanciert werde durch viele Zentren transzendent-normativ begründeter Werthaltungen. Der institutionalisierten Religion wird im Raum des Öffentlichen die Aufgabe zugewiesen, sich machtvoll diesem Abrutschen in den Relativismus, der unweigerlich im totalitären Monismus endet, entgegenzustemmen.

Dies ist deshalb für diese Autoren plausibel, weil der „christliche Dualismus" ontologisch den Status der gefallenen Welt als principium individuationis anerkennt und deshalb Pluralismus und Partikularismus als notwendige Ausdrucksformen dieser gefallenen Welt akzeptiert. „Wenn partikularistische religiöse Werte und die Institutionen, die sie verkörpern, als illegitim ausgeschlossen werden, wird die unvermeidliche Notwendigkeit, öffentlich moralisch Stellung zu beziehen, in der Herrschaft einer selbsternannten Elite resultieren, deren Normativität und Moralität mit Sicherheit nicht auf Quellen und Prinzipien zurückgeht, die von der Gesellschaft als demokratisch anerkannt werden können."[8] Es ist somit nicht verwunderlich, daß die Vertreter einer säkular humanistischen und deshalb: prä-totalitären Staatsauffassung mit Nachdruck für die vollständige Privatisierung der Religion eintreten.

Die Neuhaus-Berger-These ist gewiß darin radikal,

daß sie in den vorhandenen kulturellen Konflikten eine Konfrontation apokalyptischen Ausmaßes wahrnimmt. Auf dem Spiele steht nicht weniger als die Zukunft der westlichen Demokratien. Auf ihre Weise nehmen diese post-liberalen christlichen Kritiker die gleiche apokalyptische Haltung ein wie ihre weniger differenzierenden, prä-millennianistischen Brüder.

Unter den jüdischen kritischen Stimmen trifft man nicht auf solche Töne apokalyptischer Vorahnung, obwohl auch das jüdische „Mainline“-Establishment auf eine tiefgreifende Selbstprüfung und eine radikale Neubeurteilung der in Umlauf befindlichen Doktrinen zum Verhältnis von Religion und Politik dringt. Aber anders als bei den Protestanten geht die Selbstprüfung auf seiten der Juden nicht mit einem augenfälligen Wachstum des Konservativismus und einem Verfall des Liberalismus einher. Zwar trifft es zu, daß politisch konservative Elemente in der jüdischen Gemeinde sich zunehmend Gehör verschaffen, aber die Gemeinschaft als ganze ist doch immer noch als liberal einzuschätzen. Das Stimmverhalten jüdischer Bürger bei Wahlen läßt einen Rechtsruck nicht erkennen, und auch im religiösen Leben zeigt sich keine Schwächung der liberalen Denominationen. Trotzdem: die Existenzbedingungen der amerikanischen Juden haben sich in den letzten Jahrzehnten deutlich verändert. Die Analogie zum Protestantismus ist zwar nicht präzise genug, aber sie ist doch nützlich und hilfreich.

Steven Cohen und Leonard Fein haben diese Veränderung beschrieben: als Wechsel vom Streben nach „Integration“ zum Streben nach „Überleben“[9]. Murray Friedman hat zur Kennzeichnung der Polarität die Begriffe „Universalismus“/„Partikularismus“ verwendet[10]. Wieder andere haben von „Selbstbeobachtung“ versus „Beobachtung anderer“, von „Selbstinteresse“ versus „Öffentliches Interesse“ gesprochen[11]. Einige dieser Konzepte werden als neutral und deskriptiv ausgegeben, andere sind ganz klar präskriptiv gemeint. Aber intern weisen sie doch alle auf das gleiche Phänomen hin: eine immer intensiver werdende Wendung zur Innerlichkeit unter amerikanischen Juden.

Das amerikanische Judentum in den 80er Jahren stellt sich als eine in hohem Maße gesellschaftlich integrierte, ökonomisch sehr erfolgreiche Gemeinschaft dar, die geradezu unverhältnismäßig stark in den verschiedenen kulturellen Eliten vertreten ist. Akkulturation – die Aufgabe der zweiten Generation – ist auf eine erstaunlich erfolgreiche Weise erreicht worden. Es kann allerdings nicht überraschen, daß diese Amerikanisierung auch zu einem Substanzverlust jüdischer Identität geführt hat. Deshalb werden in der jüdischen Gemeinschaft die Stimmen jener immer lauter, die mit großem Nachdruck auf die Wiederentdeckung der verlorenen Identität hinarbeiten. Es gibt eine ganze Reihe von Indikatoren für diesen Wechsel von einer Strategie der „Integration" zu einer des „Überlebens". Das läßt sich z. B. daran beobachten, wie jüdische Agenturen und philanthropische Aktivitäten sich personell und organisatorisch rekrutieren[12]. Im kommunalen Sektor erhalten immer mehr jüdische Bewerber eine Anstellung, die neben einer Ausbildung als Sozialarbeiter dadurch ausgewiesen sind, daß sie sich auch mit Judaica befaßt haben. Gemeindeinstitutionen, wie z. B. jüdische Tagesschulen, werden zahlreicher. Kurse in Judaica und in Holocaust-Studien sind signifikante Bestätigungen jüdischer Identität auf dem Universitätscampus. In- und außerhalb der Synagogen verzeichnet die Havurah-Bewegung großen Anklang, und selbst die liberalen Synagogen-Bewegungen werden immer traditionsbewußter in ihrer religiösen Praxis.

In dieser Abwendung von einer Strategie, die auf Assimilation und auf Abschwächung der Unterschiede gegenüber den anderen Gruppen der Gesellschaft gerichtet war, und in der nunmehr verstärkten Konzentration auf die eigene partikulare Identität spiegelt sich mehr als nur eine interne Kurskorrektur der jüdischen Gemeinschaft. Darin zeigt sich vielmehr ein grundlegender Wandel in der amerikanischen sozio-kulturellen Landschaft: der ethnische Pluralismus wird als legitim angesehen. Die Gesellschaft insgesamt ist reifer geworden, die Toleranz gegenüber partikularistischen Kulturen hat sich gefestigt. In diesen Rahmen paßt die Neubesinnung der jüdischen Gemeinde auf ihre eigene partikulare Identität.

Natürlich gibt es auch noch andere Gründe für diesen Wandel. Das historische Bündnis von Juden und Schwarzen, zusammengeschweißt im Kampf um die Bürgerrechte, ist in Auflösung begriffen. Wohl trifft es zu, daß Juden immer noch in größerem Umfang als andere Gruppen der Weißen für schwarze Kandidaten eintreten, und es stimmt auch, daß das Wahlverhalten der Juden dem der Schwarzen mehr ähnelt als dasjenige anderer Gruppen, dennoch sind die Spannungen im Blick auf konkrete politische Probleme gewachsen. Die Kandidatur von Jesse Jackson brachte im Grunde diese Spannungen an den Tag. Während der Antisemitismus unter den weißen Amerikanern weiter zurückging, hatten die Juden zu registrieren, daß er in signifikantem Ausmaß unter schwarzen Amerikanern, speziell unter gebildeten, zunahm! Jedenfalls wird man feststellen müssen, daß Jesse Jacksons Programm für die demokratische Partei selbst bei Juden, die sich immer noch für liberal halten, wohl eher Unbehagen ausgelöst hat. Außenpolitische Doktrinen, die einer „Befreiung" der Dritten Welt das Wort reden, und radikal einseitige Vorschläge zur Rüstungskontrolle werden von der Mehrheit der Juden als direkt gegen ihre Interessen gerichtet angesehen.

Die Juden fühlen sich auch im Stich gelassen von Institutionen, auf deren Entwicklung sie einst entscheidend Einfluß genommen haben; als Beispiel seien die Vereinten Nationen erwähnt. Die Abstimmung von 1975, in der Zionismus mit Rassismus gleichgesetzt wurde, hat den jüdischen Hoffnungen auf diese Weltversammlung den Boden entzogen. Man möchte meinen, liberale protestantische Kirchen und religiöse liberale Juden verbänden viele Gemeinsamkeiten; indessen, gerade die liberalen protestantischen Kirchen haben sich häufig sehr kühl, ja sogar feindlich gegenüber Israel gezeigt. Eine gewisse orthodoxe Befreiungstheologie auf seiten vieler im National Council of Churches hat sich nach Auffassung der Juden in einer einseitigen Parteinahme zugunsten der PLO niedergeschlagen. Außerdem halten die Juden das Engagement des NCC für die Friedensbewegung für bedenklich, insofern die wichtigen Menschenrechtsfragen dabei in den Hintergrund gedrängt werden. Als eine große Delegation des NCC 1984 in die UdSSR reiste und sehr positiv von Religionsfreiheit in diesem Land berichtete, vernahmen die Juden – deren Sicht natürlich geprägt ist durch die Situation des Judentums in der Sowjetunion – eher Orwellsche Töne, wo sie moralische Glaubwürdigkeit erhofft hatten.

Während sich die Kluft zwischen Juden und anderen traditionell eher liberal eingestellten Gruppen vergrößert hat, haben sich die Evangelikalen mit ihrer konservativ ausgerichteten Innen- und Außenpolitik der politischen und gesellschaftlichen Szene bemächtigt.

Irving Kristol, ein führender jüdischer Neo-Konservativer, ist einer jener Repräsentanten, die auf ein Bündniszwischen dem amerikanischen Judentum und den Evangelikalen auf der politischen Rechten mit Nachdruck hinarbeiten[13]. Das Argument von Kristol ist klar: insofern konservative protestantische Führer wie Jerry Falwell, Bailey Smith u. a. eine pro-israelische Politik befürworten, ist es für die Juden ein Diktat der Klugheit, diese Unterstützung zu begrüßen und darum umgekehrt jene Akteure zu unterstützen. Nichts deutet nach Kristol darauf hin, daß diese Christen Antisemiten seien. Und tatsächlich findet sich ja Antisemitismus, in der Form des Anti-Zionismus, eher als ein typisches Charakteristikum auf seiten der Linken. Juden brauchen sich nicht zu sorgen, die Evangelikalen könnten verkappte Antisemiten sein.

Allerdings, man kann darauf hinweisen, daß gelegentlich ein fundamentalistischer Prediger wie Smith die Frage aufwirft, ob Gott die Gebete von Juden überhaupt erhört. Aber „wie belanglos sind solch theologische Abstraktionen gegenüber dem weltlichen Faktum, daß diese selben Prediger so nachdrücklich für Israel eintreten?“[14] Indem er dem Problem diese Wendung gibt, erweckt Kristol den Eindruck, nur an der Außenseite jener Bewegungen interessiert zu sein und überhaupt kein Verständnis für die inneren Antriebskräfte des evangelikalen Aktivismus zu haben. Denn es dürfte doch klar sein, daß es sich bei solchen Problemen keineswegs um „theologische Abstraktionen“ für diese Christen handelt, sondern um ganz zentrale Bestimmungsgründe ihrer Identität und ihres Selbstbewußtseins.

Dennoch versucht Kristol mit aller Gewalt, in die Schuhe der Evangelikalen zu schlüpfen – und er bringt nicht gerade die überzeugendsten Gründe dafür bei. Er suggeriert, Juden sollten die „Moral Majority“ aus Gründen politischer Zweckmäßigkeit unterstützen; solche Begründung ist indessen nicht hinreichend. Schließlich müßten sie diese Gruppierung ebenso aus Gründen der ethischen Glaubwürdigkeit unterstützen können. Kristol hält es schlicht für Heuchelei, die Unterstützung Israels durch Rev. Falwell anzunehmen, ihm aber in seinem Kampf für das Schulgebet, gegen die liberale Abtreibungsgesetzgebung und -praxis und in anderen Fragen, die das Verhältnis Staat/Kirche betreffen, die Unterstützung zu versagen. Indessen, den Eindruck von Heuchelei zu vermeiden, ist wohl nicht alles; es muß gewichtigere Gründe geben. Kristol bezieht, wie Berger und Neuhaus, die Wiedererstarkung einer konservativen religiösen und politischen Bewegung auf den breiten Strom der Geschichte.

Auch Kristol zufolge hängen die neue positive Einstellung der Juden zu ihrer eigenen partikularen Identität und das entsprechend erstarkte Selbstbewußtsein im Gemeinwesen mit einer Abwendung vom „universalistischen säkularen Humanismus“ zusammen. Die Juden werden jüdischer; aber sie scheinen merkwürdigerweise auch zu wünschen, daß die Christen „christlicher“ werden (wie das ja die Evangelikalen für sich gegenüber den Liberalen behaupten). Tatsächlich sei die Wende zu einer höheren Wertschätzung religiöser Identität im Rahmen eines weltweiten Trends zu verstehen, als Reaktion auf „eine tiefgreifende moralische und spirituelle Krise, die die gesamte westliche liberal-säkulare Mentalität erfaßt hat"[15]. Kristol fordert die jüdische Gemeinschaft zu einer schmerzlichen Neueinschätzung und Überprüfung der Frage auf, wie sie am besten überleben könne in der ‚schönen neuen Welt' religiöser Partikularität.

Es ist nicht ganz abwegig, in der Neuen Rechten Grundzüge der Alten Linken wiederzuentdecken; so sieht Kristol z. B. sich selbst als Avantgarde der Aufklärung gegenüber einer in die Irre geführten, sich selbst entfremdeten Gemeinschaft. Die Juden sind offensichtlich außerstande zu erkennen, was in ihrem eigensten Interesse läge. „Die Juden stecken den Kopf in den Sand und hoffen, die Realitäten von gestern würden wiederkommen."[16] Weil sie an anachronistischen und sentimentalen Grundauffassungen festhalten, haben sie den Kontakt zur sozialen Wirklichkeit verloren. Kurz, sie sind Opfer eines falschen Bewußtseins. Und die Aufgabe eines Mannes wie Kristol ist es dann, die Juden aufzuschrecken und aus ihrer Entfremdung herauszuführen. Man sieht: die politische Avantgarde erhebt den Anspruch, als einzige die Realität richtig einzuschätzen.

Auf derselben Linie liegt die Argumentation von Lucy Dawidowicz; allerdings legt Dawidowicz mehr Nachdruck auf die „Jüdischen Werte" gegenüber dem Gesichtspunkt des Überlebens[17]. Diese Position ist der von Neuhaus sehr ähnlich. Die Evangelikalen erscheinen als Akteure auf einer großen Bühne der Geschichte. Primär repräsentiert die „Moral Majority" jene Art der Bewegung, die mit geradezu „vorhersagbarer Regelmäßigkeit in der amerikanischen Geschichte" auftaucht[18], als Reaktion nämlich auf die Erosion traditioneller Werte. Dawidowicz stellt die Evangelikalen sogar in einen noch größeren Kontext als den der amerikanischen Geschichtserfahrung; dieser Sicht zufolge korrigieren sie ein fundamental falsches und gefährliches Verständnis des Verhältnisses von Religion und Politik, wie es seit der Französischen Revolution in Umlauf ist. Anders als in der amerikanischen Revolution hatte man in der französischen die Verdrängung der Religion aus dem öffentlichen Leben, also ihre Privatisierung betrieben. Insofern ist es in gewisser Weise plausibel, daß die „Moral Majority" die Juden angreift, insofern die Juden sich mit den Zielen der Französischen Revolution identifiziert hätten und deshalb vermutlich die Ziele der amerikanischen Revolution mißverstehen und ihnen gegenüber distanziert bleiben. Ihre post-emanzipatorische Hoffnung auf Erlösung hätten die Juden eben mit dem utopischen Ziel einer mythischen universalen Brüderlichkeit, die alle partikularistischen Trennungen transzendiert, verbunden. In dem Maße, in dem sie erkennen, daß dieses universalistische Programm überzogen ist, haben die Juden zu dem bescheideneren Utopismus Zuflucht genommen: Ausscheidung aller religiösen Geltungsansprüche aus dem Bereich der Öffentlichkeit und Privatisierung der Religion, die dadurch für die Gesellschaft irrelevant wird.

Zweifach ist demnach die Entfremdung der Juden. Nicht nur sind sie entfremdet von dem neuen Kurs, den die amerikanische Gesellschaft eingeschlagen hat, sie sind vielmehr auch ihrem eigenen jüdischen Wesen entfremdet. Schaut man genauer hin, so sind die Werte, für welche die Evangelikalen eintreten, im Grunde auch jüdische Werte. Indem sich Juden auf die Seite der Aufklärung und des säkularen Humanismus schlagen, entscheiden sie sich gegen die Werte ihrer eigenen Tradition, die ihr eigenes Überleben und das der Gesellschaft im ganzen befördern könnten.

Es ist deutlich: mit beiden kritischen Argumenten wird Druck auf die Juden ausgeübt, sich endlich auf eine konservative Politik und auf das Bündnis mit der religiösen Wiederbelebung konservativen Denkens und Handelns einzustellen. Dieser geschichtliche Aufbruch wird als heilsam, ja geradezu als bedeutsam für die Erlösung dargestellt. Diese jüdischen Kritiker fügen also dem allgemeinen gesellschaftlichen Diskurs über Sinn und Notwendigkeit des Konservativismus ein jüdisches Element hinzu.

Normalerweise werden solche Gedankengänge nach Klugheitsgesichtspunkten beurteilt oder nach moralischen Bestimmungsgründen bewertet. Man fragt dann also, ob eine solche politische Strategie, eine solche Revision des Verhältnisses von Kirche und Staat, „gut für die Juden" bzw. gut für die Gesellschaft ist. Man stößt allerdings auch auf die moralische Frage, ob ein solches Programm wirklich rechtens ist. Liefe eine Wende zum Konservativismus auf einen Verrat an jüdischen Werten hinaus? Gäbe man Einsichten auf, die aus den bitteren Erfahrungen jüdischer Geschichte resultierten? Ebenso wichtig aber ist eine Frage, die zuvor gestellt werden muß: Sind diese Argumente wirklich beweiskräftig?

Kennzeichnend für all jene Argumentationsgänge ist eine tiefgreifende Unklarheit: eine ungelöste Spannung zwischen einer deterministischen Geschichtssicht und einem voluntaristischen Verständnis menschlichen Verhaltens. Die Kritiker unterstellen, Geschichte folge notwendigerweise einem bestimmten Bewegungsablauf: mit einer gewissen Regelmäßigkeit verlaufe sie zyklisch; eine fundamentale Synthesis der westlichen Rationalität, die lange hielt, breche zusammen; der Raum des Öffentlichen hat sich geleert, aber unweigerlich fülle er sich mit Symbolen. Jeder Aspekt historischen Wandels wird auf diese Weise mit der Idee der Notwendigkeit des Geschichtsablaufs in Verbindung gebracht. Auf der anderen Seite wird der performative Gesichtspunkt durchaus nicht aufgegeben: schließlich werden die Leute ja gedrängt, diese oder jene Handlungsorientierung zu *wählen*. Also: man soll sich demnach bewußt dafür entscheiden, sich einem historisch notwendigen Prozeß anzupassen. Aber wie notwendig ist eigentlich eine Notwendigkeit, *gegen* die man sich auch entscheiden kann? Ich möchte nicht soweit gehen zu behaupten, diese Dichotomie zwischen historischem Determinismus und subjektivem Voluntarismus sei logisch strikt widersprüchlich oder gar absurd, aber ich gebe doch zu bedenken, daß hier begriffliche Unklarheiten offen zu Tage liegen.

Wer sich auf historische Trends als Quelle moralischer Autorität bezieht, macht sich schlicht eines Fehlschlusses schuldig. Man kann nun einmal nicht das „Sollen" vom „Sein" ableiten. Gewiß besitzen Werte keinen Status unabhängig von historischer Erfahrung, aber sie sind auch nicht eindeutig durch diese Erfahrung diktiert. Das starke Urteil, die Geschichte bewege sich doch in diese bestimmte Richtung, schrumpft bei genauerem Hinsehen zu der Beobachtung zusammen, daß bestimmte Gruppen oder Personen in dieser bestimmten Weise mit dieser bestimmten Zielsetzung handeln. Der Aufruf, sich ihnen anzuschließen, mag zwar den Anschein erwecken, man füge sich auf diese Weise einer Bewegung der Geschichte ein, in Wirklichkeit aber ist er nicht mehr als ein Aufruf zur Anpassung, zum Konformismus. Es mag gute Gründe für die Forderung nach einer Anpassungsstrategie geben, doch diese Gründe müssen dann auf ihre eigene Reichweite hin abgeklopft werden; die Frage ist, ob sie wirklich ‚zwingend' sind, sobald man die Pseudo-Autorität der Berufung auf ‚die Geschichte' beiseite setzt.

Für diese kritische Überprüfung der Argumentationen, die von protestantischen und jüdischen Kritikern zugunsten einer engeren Durchdringung von Politik und Religion geltend gemacht werden, lassen sich einige Richtlinien herausstellen. Die Neo-Konservativen bestehen darauf, daß Politik und Recht abgestützt werden müßten durch die Geltung transzendenter Werte. Die Autorität religiöser Symbole sollte das öffentliche Leben stärken und strukurieren. Rein säkulare Legitimationen für Identität und Orientierung des Gemeinwesens sind unzulänglich, wenn es um das Überleben der Demokratie geht. Es ist nun sehr wichtig zu sehen, daß die Neo-Konservativen die rationale und durchaus immanente Sprache der Gesellschaftstheorie und des politischen

Diskurses benutzen, um ihr Plädoyer für Transzendenzbindung vorzubringen. Sie ziehen ihre Überzeugungskraft also nicht aus der unmittelbaren Bezugnahme auf transzendente Quellen der Autorität, und das bestärkt natürlich ihre Position. Sie werden nämlich damit der Einsicht gerecht, daß eine rationale Debatte auf ein allgemein zugängliches Sprachspiel angewiesen ist. Erst zusätzlich appellieren sie dann an die amerikanische Religions- und Rechtsgeschichte, um ihre Kritik des Säkularismus zu verstärken.

In der Tat gibt es gute historische Gründe für die Akzentsetzung der Neo-Konservativen und Evangelikalen. In seiner Abschiedsansprache hatte Washington emphatisch hervorgehoben, wie sehr die Republik auf Religion angewiesen sei: „Welch großen Einfluß man auch immer einer verbesserten Erziehung ... einräumen mag, so sprechen doch Vernunft und Erfahrung gegen die Annahme, die Moralität in der Nation könne unter Ausschluß religiöser Prinzipien gedeihen."[19] Tocqueville war sich dessen sicher, „daß alle Amerikaner tief davon überzeugt sind, daß ein religiöser Glaube unerläßlich ist für die Aufrechterhaltung der republikanischen Institutionen"[20]. Ersichtlich ist also die Position von Neuhaus und Dawidowicz nicht schwächer als die von Washington und Tocqueville. Trotzdem sind hier sorgfältige Unterscheidungen zu treffen, damit dieser Standpunkt nicht in irreführender Weise auf die politische Konstellation der Gegenwart übertragen wird.

Es ist abwegig, den amerikanischen öffentlichen Institutionen, dem „public square", eine legitime Säkularität abzusprechen, wie das die Kritiker und viele Evangelikale tun. Unsere Institutionen beruhen nicht auf der Annahme eines Höchsten Wesens. Die Vereinigten Staaten waren die erste Nation in der Neuzeit, die auf rationale, nicht offenbarte Prinzipien gegründet wurde. An erster Stelle unter diesen Prinzipien steht der natürliche Anspruch des Menschen auf die Menschenrechte[21]. Das Besondere an der amerikanischen Republik aber ist die Tatsache, daß es sich hier nicht einfach um eine res publica handelt, um ein öffentliches Wesen, sondern um eine Menschenangelegenheit im emphatischen Sinne. Seine Gründerphilosophie ist humanistisch auf eine ausgezeichnete radikale Weise. Zugleich aber haben unsere Institutionen, die nichts anderes voraussetzen als die natürlichen Menschenrechte und ihre Transformation in ein vernünftiges soziales Gebilde, stets Unterstützung von seiten der Religion gefunden, selbst wenn sie nicht darum ersucht haben. Das amerikanische Volk ist eben ein religiöses Volk. Der Glaube an eine besondere Mission der Vereinigten Staaten, ihres Volkes und ihrer Institutionen hat bis in die Gegenwart hinein das öffentliche Bewußtsein geprägt. Die relativ späte Verbreitung eines öffentlichen Säkularismus, der sich zu diesen religiösen Deutungen und Bedeutungen im Kontext des Politischen ablehnend bis feindlich verhält, hat etwas Anormales an sich. Ein *überzogener* Säkularismus ist also das Problem, nicht der legitime Säkularismus im Raum des Öffentlichen, mit seinen eigenen rationalen Normen und Gesetzen. Um das Geschäft der öffentlichen Angelegenheiten zu betreiben, bedürfen wir keiner göttlichen Sanktionen: die Gesetze werden nicht im Himmel gemacht! Und dennoch sollten Amerikaner niemals davon absehen, ihr nationales Schicksal dem Urteil Gottes über die Geschichte zu unterstellen.

Man muß den Raum des Öffentlichen nicht den Fürsprechern eines aggressiven Säkularismus überlassen, der untypisch ist für das amerikanische Volk, und man darf ihn genausowenig den ebensosehr unrepräsentativen Vertretern eines exklusiv-einseitigen Glaubensbekenntnisses überlassen; es gibt einen Mittelweg. Dieser Weg führt nicht zur Annahme einer denaturierten sog. *Zivilreligion*, eines sich in der Anpassung an die säkulare Welt ‚bewährenden' *positiven* Christentums. Und auf diesem Mittelweg werden auch keine Wahrheiten proklamiert, die aufgrund ihres Exklusivanspruchs die Rationalität Nicht-Gläubiger verletzen. Für private Wahrheitsansprüche, die doch Einfluß auf die öffentlichen Angelegenheiten nehmen sollen, gilt, daß sie in einer angemessenen allgemein-öffentlichen Sprache vorgebracht werden müssen. Dies ist ein entscheidendes formales Erfordernis für einen verantwortlich geführten öffentlichen Diskurs. Und es ist keine Frage, daß die neokonservativen Kritiker dieser Anforderung besser entsprechen als die Evangelikalen, mit denen sie im Bündnis stehen. Die Vernächlässigung dieses Kriteriums darf nicht toleriert werden. Denn das würde zu einer sektiererischen Zersplitterung führen, die die amerikanischen Gründerväter mit Recht gefürchtet haben.

Die Forderung, daß religiöse Wahrheiten – sofern sie beanspruchen, für das öffentliche Leben relevant zu sein – in einer rationalen, für alle zugänglichen Art und Weise artikuliert werden müssen, hat keineswegs nur strategischen Wert, indem damit eine gewisse Disziplinierung derer verbunden ist, die solche Wahrheitsansprüche zum Ausdruck bringen. Es kommt hier nämlich ebenso auf die *theologischen* Konsequenzen an. Die Neo-Konservativen, wie überhaupt die Konservativen im allgemeinen, neigen dazu, das Problem der politischen Nützlichkeit von Religion ohne Rücksicht auf die Wahrheitsfrage zu behandeln. Das aber heißt: sie widmen sich der Religion nicht nach deren eigenen inneren Ansprüchen, sondern ziehen sie vorrangig unter Gesichtspunkten moralischer und gesellschaftlicher Wirksamkeit in Betracht. Auf diese Weise die Wahrheitsfrage auszuklammern, läuft aber gleichfalls auf die Privatisierung der Religion hinaus – eine Entwicklung, die die Neo-Konservativen doch so lautstark beklagen! Sie reduzieren die Wahrheit der Religion auf das private Gewissen und bestehen doch darauf, die auf diese Weise privatisierten religiösen Werte sollten trotzdem im Raum des Öffentlichen eine Rolle spielen.

Dieses Dilemma ist philosophisch unbefriedigend, aber es ist wohl unvermeidlich, falls die Neo-Konservativen den Rahmen eines demokratischen Pluralismus nicht gänzlich sprengen wollen. Man kann nur hoffen, daß die Evangelikalen dieses Dilemmas wenigstens gewahr sind und daß ihre Befürwortung eines wachsenden

Einflusses der Religion auf das öffentliche Leben nicht in das Verlangen nach einer Art Glaubenskonformismus umschlägt. Es gibt keine Theologie, die von sich aus private Glaubensüberzeugungen rational und öffentlich machen könnte. So etwas ginge nur mit Zwang, und das bedeutete das Ende des amerikanischen Experiments.

Anmerkungen

1 Martin Marty, Transpositions: American Religion in the 1980's, in: *The Annals*, 480 (Juli 1985), S. 11–23
2 Marty, ebd., S. 15
3 Benton Johnson, Liberal Protestantism: End of the Road?, in: *The Annals*, ebd., S. 39–52
4 Peter Berger, Religion in Post-Protestant America, in: *Commentary*, 81/5 (Mai 1986), S. 41–46
5 Richard John Neuhaus, *The Naked Public Square*, Grand Rapids 1984
6 Berger, ebd., S. 44
7 Neuhaus, ebd., S. 82
8 Ebd., S. 86
9 Steven M. Cohen and Leonard J. Fein, From Integration to Survival: American Jewish Anxieties in Transition, in: *The Annals*, ebd., S. 75–88
10 Murray Friedman, *The Utopian Dilemma*, Bryn Mawr (Ethics and Publics Policy Center) 1985, S. 97–98
11 Michael Walzer and Nathan Glazer, The Crisis of Jewish Liberalism: a Moment Symposium, in: *Moment*, 11/3 (März 1986), S. 13–19
12 Cohen and Fein, ebd., S. 80
13 Irving Kristol, The Political Dilemma of American Jews, in: *Commentary*, 78/1 (Juli 1984), S. 23–29
14 Kristol, ebd., S. 25
15 Ebd., S. 26
16 Ebd., S. 28
17 Lucy S. Dawidowicz, Politics, the Jews, and the '84 Election, in: *Commentary*, 79/2 (Februar 1985), S. 25–30
18 Dawidowicz, ebd., S. 28
19 Zitiert in: Walter Berns, *The First Amendment and the Future of American Democracy*, New York 1976, S. 13
20 Berns, ebd., S. 12
21 Ebd., S. 19

Manfred Henningsen

Schwarze Befreiungstheologie versus weiße Ziviltheologie

Zur Phänomenologie der politischen Religion in den USA

Als Gesellschaft der gelebten Religionsfreiheit sind die USA seit ihren kolonialen Anfängen auch immer zugleich ein Land religiöser Apartheid gewesen. Die rassische Trennung von Schwarz und Weiß, die sich in der politischen Ökonomie der Kolonialgesellschaft als Sklaverei durchgesetzt hatte, im revolutionären Verfassungsprozeß des späten 18. Jahrhunderts nicht angetastet worden war und erst durch einen blutigen Bürgerkrieg zumindest formal überwunden worden ist (1861–1865), hat sich in rassisch getrennten Kirchengründungen fortgesetzt und bis heute erhalten. Das freikirchliche und sektiererische Christentum der Weißen begann sich im späten 18. Jahrhundert nur langsam und zögernd für die schwarzen Sklaven und Freien als potentielle Mitglieder der amerikanischen Christenheit zu interessieren. Dies abstrakte Missionsinteresse der Euro-Amerikaner bedeutete keineswegs, daß man den Afro-Amerikanern die Vollmitgliedschaft in den Gemeinden antragen wollte. In den wenigen Kirchen, in denen das Missionsinteresse bewußt und aktiv verfolgt worden war, wurden Kirchenbänke für Schwarze markiert oder getrennte Raumarrangements für den gemeinsamen Gottesdienst geschaffen. Die Gründung unabhängiger schwarzer Kirchen wurde im Norden von 1760 an unterstützt, weil diese institutionelle Trennung selbst den minimalen Kontakt mit Schwarzen in den segregierten Kirchen unnötig machte.

Das separate Christentum der Schwarzen, das dem Pluralismus des weißen Christentums korrespondierte, wurde von diesen bereits im 18. Jahrhundert nicht nur als geistliche Notlösung in einer rassistischen Gesellschaft hingenommen. Der erste schwarze amerikanische Bischof und Gründer der *African Methodist Episcopal Church*, Richard Allen (1760–1831), war schon früh zu der Einsicht gekommen, wie der Historiker George über ihn schreibt, „... daß eine getrennte und unabhängige schwarze Kirche, die von schwarzen Pastoren versorgt werden würde, für Afro-Amerikaner die wirksamste Mission leisten könnte, indem sie sich nicht nur der physischen Hilfsmittel wie Gebäude, Ausschüsse usw. bediente, sondern sich außerdem auf die machtvolle philosophische Quelle beriefe, die einer Theologie der Befreiung innewohnt."[1] Diese christliche Befreiungstheologie wurde selbstverständlich von den weißen Mutterkirchen in den Staaten des Nordens, die zur Zeit der Revolution sklavenfrei geworden waren, nicht gefördert. Die theologische und administrative Oberaufsicht, die sie sich über die schwarzen Dependenzkirchen erhalten wollten, hatte deshalb auch mit dieser spezifisch schwarzen Auslegung der christlichen Botschaft zu tun. Denn die existentiell-politischen Implikationen einer christlichen Theologie der Befreiung stellten den machiavellistischen Kompromiß bloß, der es der neuen Gesellschaft ermöglicht hatte, mit der Versklavung von 18 % der Bevölkerung die Ratifizierung der Verfassung zu erkaufen. Die schwarzen Theologen konnten deshalb seit Anfang der Republik gar nicht anders, als zumindest im Ansatz eine politische Gegentheologie zur Ziviltheologie der neuen Gesellschaft zu predigen und die weißen Theologen als Kollaborateure des Systems einzuschätzen. Die Institution der Sklaverei und damit den Kaufpreis für die amerikanische Republik in Frage zu stellen, wurde den Predigern in den Sklavenvierteln des Südens von den Sklavenhaltern, die die intellektuelle Oberaufsicht in den Wohnvierteln der Sklaven direkt ausübten, völlig untersagt. Für den Süden war Sklaverei ökonomisch existenz-notwendig und wurde deshalb nicht diskutiert. Die Sklavenhalter waren nicht in der geistigen Lage oder bereit, ihre Welt selbst denkerisch anzuzweifeln. Die Sklaven entwickelten aber in ihrer Lebenswelt und für diese einen Code der Verständigung, der von den Sklavenhaltern nie völlig entschlüsselt worden ist – auch wenn sie durchaus ahnten, daß die Sklaven keineswegs so sklavisch waren, wie sie es laut Ideologie hätten sein sollen[2]. Dieser Code, der sich in Predigten, *Spirituals* und Liedern, in Geschichten, Reden und Fabeln usw. artikulierte und der Lebenswelt der Sklaven ihren eigenen Sinn gab, war erfüllt von der christlichen Hoffnung auf Erlösung und der alttestamentarischen Erwartung auf den Exodus aus der Unterwelt der Sklaverei. Der Code antizipierte Motive und Muster, die immer wieder in der schwarzamerikanischen Bewußtseinsgeschichte durchbrechen sollten. Die Reste afrikanischer Symbol-, Ritual- und Ausdrucksformen, die sich erhalten hatten und in die expressive Darstellung der Glaubenserfahrung eingegangen waren, verstärkten den Eindruck der Undurchdringlichkeit, den die Sprache der schwarzen Kultur auf die Weißen machte.

Auch wenn das weiße Unverständnis für die schwarze Kultur nie völlig frei vom Verdacht einer schwarzen Gefährlichkeit gewesen ist, ist das Bewußtsein einer radikalen politischen Gegentheologie zur Ziviltheologie nie verstanden worden. Einer der radikalsten Repräsentanten einer solchen Gegentheologie ist sicherlich David Walker gewesen, der 1829 in Boston seinen *Appeal* veröffentlichte. Walkers Pamphlet löste zwar weiße Haßtiraden in mehreren Staaten aus, versank aber nach dem unerwarteten Tode des Autors (1830) und der dritten Auflage in Vergessenheit. Walkers *Appeal* wird von der Empörung getragen, daß Sklaverei möglich ist. Es ist eine metaphysische Empörung: „Ist nicht Gott ein Gott der Gerechtigkeit für alle seine Geschöpfe? Wenn er dann den Tyrannen Frieden und Seelenruhe gibt und es ihnen erlaubt, unsere Väter, unsere Mütter und selbst unsere Kinder in ewiger Ignoranz und Verdammtheit zu halten, um sie und ihre Familien zu unterstützen, würde es für uns ein Gott der Gerechtigkeit sein?“ Walkers metaphysische Empörung entzündet sich an dem „System der Grausamkeit und Unterdrückung“, das von weißen Christen errichtet worden, gerechtfertigt und unterhalten worden ist, um aus den Schwarzen „für immer Sklaven für das amerikanische Volk und seine Kinder“ zu machen[3]. Die Drohungen, die im *Appeal* immer wieder gegen die weißen Amerikaner ausgestoßen werden, lassen sich mit den gewalttätigen Ankündigungen vergleichen, die im 18. und 19. Jahrhundert von revolutionären Denkern oder Aktivisten überliefert sind. Es ist die geradezu hoffnungslose Vision eines verdammten Amerika, die sich in die apokalyptischen Erwartungen eines schwarzen Messias steigert, der unter blutigen Begleitumständen Rache nehmen wird für die Leiden der Afrikaner. Den weißen Amerikanern, diesen „natürlichen Feinden“[4], wird verkündet: „Vielleicht werden sie darüber lachen oder es auf die leichte Schulter nehmen, aber ich sage Euch Amerikanern, daß Ihr und Euer Land verloren sein werdet, es sei denn Ihr ändert schnellstens Euern Kurs!!! Denn der allmächtige Gott wird das Antlitz der Erde zerfetzen!!!“[5] Solche Anrufung Gottes verbindet sich bei Walker immer mit der politischen Hoffnung auf Umkehr: „Seht Eure Erklärung, Amerikaner! Versteht Ihr Eure eigene Sprache? Hört Eurer Sprache zu – der Welt verkündet am 4. Juli 1776.“[6]

Diese Umkehr fand verhaltensmäßig nicht statt, auch wenn der Bürgerkrieg zur Abschaffung der Sklaverei und zum politischen Versprechen einer Bürgerrechtsgesetzgebung führte. Die Gesetzgebung nämlich, die der 14. und 15. Verfassungszusatz (1868 und 1870) ankündigten, mußte bis zu den 60er Jahren des 20. Jahrhunderts warten. Die ausbleibende gesellschaftliche Integration der Schwarzen nach dem Kriege wurde vorweggenommen in dem allgemeinen Trend zur Selbstbehauptung und neuerlichen Konstituierung unabhängiger schwarzer Kirchen. Der amerikanische Religionshistoriker Sidney Ahlstrom gebraucht in seiner Religionsgeschichte der USA die interessante Formel *„released“*, um die aktive „Entlassung“ der schwarzen *Southern Methodists* 1870 aus der methodistischen Kirche zu beschreiben[7]. Diese „Entlassung“ fand in anderen protestantischen Kirchen statt. Sie reflektierte die zentrale Rolle, die Religion in den Sklavenvierteln und unter freien Schwarzen als Gemeinschaftsferment gespielt hatte. Die unabhängigen schwarzen Kirchen, die dies soziale Erbe übernahmen und bewahrten, haben bis in das späte 20. Jahrhundert entscheidend an der bewußten Profilierung einer schwarzamerikanischen Kultur mitgewirkt. Die Indifferenz vieler weißer Kirchen am Ende des Bürgerkrieges oder deren überheblicher Paternalismus gegenüber den potentiellen schwarzen Gemeindemitgliedern half den Schwarzen, sich für separate Kirchen zu entscheiden. Die Haltungen der Schwarzen und der Weißen trugen indes zur Polarisierung bei, die nach dem Scheitern der *Reconstruction*-Periode in den späten 70er Jahren zur langsamen Verbreitung und Verfestigung rassistischer Ideen und der schließlichen Politik der institutionalisierten Segregation in den 90er Jahren führte. Diese Geschichte der Apartheid dauerte bis in die 50er und 60er Jahre des 20. Jahrhunderts. Sie ist aber zugleich die Geschichte einer für die Weißen unsichtbaren schwarzen Kultur, die sich u. a. in Religion, Literatur und Musik schöpferischen Ausdruck verschaffte. Diese Kultur begann sichtbar zu werden zunächst in der Literatur mit den Werken von Richard Wright, Ralph Ellison, James Baldwin u. a. und manifestierte sich dann politisch in der Bürgerrechtsbewegung der späten 50er und 60er Jahre, die von den schwarzen Kirchen und Pastoren im Süden ausging und den Exodus aus dem Amerika der Apartheid anvisierte. Der Exodus wurde verstanden als Überwindung der Institutionen, in denen sich der Rassismus der Segregation eingeschliffen hatte. Die intellektuelle Bewegung der schwarzen Theologie, die Mitte der 60er Jahre zu entstehen begann, repräsentierte ein Bewußtsein, das diesen Exodus bereits durchlaufen hatte und für zu formal hielt, um die nötige Veränderung gesellschaftlicher Praxis einzuleiten.

Die Geschichte der schwarzen Theologie muß von der Geschichte schwarzer Religion in den USA unterschieden werden, weil sich in dieser radikalen denkerischen Bewegung nicht nur die traditionelle Kritik an der rassistischen Gesellschaft zur Reflexion des Widerstandes erweitert, sondern das herkömmliche theologische Selbstverständnis radikal unterminiert. Die Theologen, die sich in dieser Bewegung zusammengefunden haben, haben ihre Verbindung zu den weißen Theologen als ebenbürtige Interpreten des Evangeliums abgebrochen. Die symbolische Aufkündigung einer theologischen Gemeinschaft des Geistes wurde ausgelöst durch die Schwierigkeiten, denen sich die schwarze Bürgerrechtsbewegung im Süden und Norden ausgesetzt sah. Junge Theologen griffen die Herausforderung politischer Aktivisten auf und begannen, im Medium der Theologie das Programm eines anti-weißen, politisch-kulturellen Widerstandes zu entwickeln. Der Slogan *Black Power* wurde im Juni 1966 von einem der Studentenführer, Stokeley Carmichael, auf einem Protestmarsch geprägt. Das Projekt des Widerstandes, das sich mit diesem Slogan verbindet und die Absage an das Kingsche Ziel einer langsamen und graduellen Verwirklichung integrationistischer Politik bedeutet, hat Schwarzamerika in den späten 60er und frühen 70er Jahren aufgeschreckt. Der bekannteste der schwarzen Theologen, James H. Cone, schreibt in *For My People* (1984): „Die *black-power*-Rhetorik war die einzige Sprache, die wir hatten und die zugleich radikal war und sich aus der schwarzen Geschichte und Kultur herleitete und sich auf sie bezog. Es war das einzige Instrument, das wir besaßen und das den Feind in klarer, starker und unkompromittierter Sprache benannte. Es gefiel uns zusätzlich, daß weiße Kirchenleute unseren Gebrauch von *black power* verabscheuten.“[8] Die Ermordung von King (1968) bestätigte indes für viele schwarze Intellektuelle die *Black-Power*-Perspektive des Widerstandes. Für die jungen Theologen bedeutete *Black Power* von nun an Trennung von der weißen Theologie. Denn das Verhalten der weißen protestantischen und katholischen Kirchen in den 60er Jahren wurde von ihnen als Versagen, schleichende Kollaboration oder direkte Teilhabe an der Unterdrückung Schwarzamerikas verstanden. In der historischen Reflexion wurde dieses späte Versagen in das Gesamtbild eines rassistisch gesehenen weißen und westlichen Christentums eingefügt. Dem blonden, blauäugigen und weißhäutigen Jesus wurde ein schwarzer Messias entgegengesetzt. Aber Albert Cleage, der 1968 das Buch *The Black Messiah* veröffentlichte, meinte das ganz wörtlich: „Ich sage, daß Jesus schwarz war. Es gab niemals einen weißen Jesus. Nun, wenn Sie weiß sind, können Sie ihn akzeptieren, wenn Sie wollen, und Sie können sich in psychologischen Turnübungen ergehen und behaupten, daß er weiß sei, auch wenn er schwarz war.“[9] Die provozierende Rhetorik dieser *Black-Power*-Phase der schwarzen Theologie erreichte ihren Höhepunkt in der Verkündigung des *Black Manifesto* durch James Forman am 4. Mai 1969 vor der Gemeinde der *Riverside Church* in New York City.

Das *Black Manifesto* schockierte das Amerika der Weißen und galvanisierte das Amerika der Schwarzen. Für die Weißen wurden Formans schwarzer Nationalismus, seine Denunziation des westlichen Kapitalismus, sein marxistisches Plädoyer für eine sozialistische Revolution von einer Forderung überschattet, die von den christlichen Kirchen und jüdischen Gemeinden 500 Millionen Dollar Wiedergutmachung verlangte[10]. Forman nannte diese Summe bescheiden, unterschätzte aber die symbolische Wirkung, die seine Lösung für die Finanzierung eines großangelegten ökonomischen Entwicklungsprogramms für ein separates Schwarzamerika hatte. Der Schock wurde von fassungslosem Schweigen abgelöst, als Forman sich selbst als Empfänger der Reparationszahlungen vorstellte. Dies Schweigen der weißen Kirchen wich der Bereitschaft, sich mit Vertretern des *National Committee of Black Churchmen* (NCBC), das das Manifest öffentlich unterstützte[11], an den Tisch zu setzen. Die Diskussionen zwischen schwarzen und weißen Kirchenrepräsentanten führten aber zu nichts, außer daß die Weigerung der Weißen, sich auf ernsthafte Verhandlungen über die Finanzierung des ökonomischen Entwicklungsplans einzulassen, zur weiteren Radikalisierung der schwarzen Pastoren und schließlich ihrer theologischen Unabhängigkeitserklärung vom weißen Christentum beitrug. Einer der radikalen Theologen, James Cone, hat 1984 den schwarzen Bewußtseinszustand rekapituliert. Er schreibt über die schwarzen Erwartungen: „Deren vergangene persönliche Beziehungen mit den weißen Pastoren (white clergy) hatten sie teilweise blind gemacht gegenüber der Tiefe des weißen Rassismus in den Kirchen. Obgleich sie wußten, daß Weiße zuerst weiß und dann Christen waren, glaubten die schwarzen Pastoren, daß die Rangordnung umgekehrt werden könnte, wenn die Weißen mit den radikalen Forderungen des Evangeliums konfrontiert würden. Sie glaubten wirklich, daß die Weißen ihre rassistische Haltung ändern würden, wenn es theologisch bewiesen sei, daß Rassismus und Christentum völlig unvereinbar wären."[12] Auch wenn liberale Theologen durchaus bereit waren, gegen Rassismus zu protestieren und möglicherweise theologische Ideologiekritik zu betreiben, war das für die schwarzen Theologen zu wenig und kam für sie zu spät. Sie hatten ja von ihren Kirchen aus in den 60er Jahren die Ghettos in Flammen aufgehen sehen und die weiße Gewalt der Polizei, der Nationalgarden und der Bundestruppen als primäre Antwort auf das schwarze sozio-ökonomische Elend in den Städten des Nordens und Westens erlebt. Die kollektive Erinnerung an die Geschichte der Sklaverei und die institutionalisierte Apartheid im Süden rundeten die zentrale schwarze Erfahrung einer fundamentalen weißen Apperzeptionsverweigerung ab. Die Haltungen der Resignation, des Fatalismus, der Flucht in kulturelle oder kommerzielle Ersatzprojekte und die Emigration der Intellektuellen und Künstler nach Europa und Afrika, die zur Verhaltensphänomenologie Schwarzamerikas seit Ende des Bürgerkrieges gehört haben, wurden von einigen Einzelgängern gewählt. Das Momentum des geistigen Widerstandes hatte sich aber bei den radikalen Theologen erhalten, die merkten, daß ihr Protest Wirkung auf die schwarzen Kirchen auszuüben begann, während gleichzeitig der politische Aktivismus der *Black-Power*-Bewegung als *Black Panther Party* von Polizeikräften verfolgt wurde[13].

Angesichts der weißen Unfähigkeit zu erkennen, was es für die Schwarzen bedeutete, in einer Welt zu leben, die weder die ihre war noch sich für sie interessierte oder sie respektierte, breitete sich unter den schwarzen Theologen immer mehr das Bewußtsein der Notwendigkeit der eigenen Unabhängigkeit aus. Diese Unabhängigkeit wurde vom *National Committee of Black Churchmen* am 4. Juli 1970 in der traditionellen Form des amerikanischen Dissens verkündet: man wählte die ursprüngliche Unabhängigkeitserklärung von 1776 als symbolische Textvorlage[14]. Mit der *Black Declaration of Independence* von 1970 löst sich die schwarze Theologie Amerikas offiziell aus dem historischen Kontext des amerikanischen Christentums, zu dem sie existenziell nie gehört hat, und beginnt, sich eine eigene ökumenische Bestimmung zuzulegen. Als nordamerikanische Theologie der Befreiung erklärt sie sich zum Verbündeten der afrikanischen, westindischen, lateinamerikanischen und asiatischen Befreiungstheologie. Durch dieses oppositionelle Selbstverständnis distanziert sie sich gleichsam von allen weißen Denominationen des Christentums als aktiven Teilhabern der amerikanischen Ziviltheologie, die sich zudem mittlerweile zu einer Reichsideologie weiterentwickelt hatte. – Da mich die Frage der politischen Theologie im amerikanischen Kontext noch beschäftigen wird, will ich mich hier zunächst mit dem geistig-spirituellen Selbstverständnis der *Black Theology* befassen.

Für das geistige Selbstverständnis der schwarzen Theologen ist die distanzierte Herablassung, die sie bei den weißen amerikanischen Theologen spürten oder ihnen einfach nachsagten, wichtig gewesen. Denn sie wollten ja Theologen des Volkes sein. „Gottes Wort wird immer am Kreuz gefunden", schreibt Cone 1984, „in den Gettos und den von Armut befallenen Dörfern der Welt, mitleidend mit jenen, die keine Macht haben, ihre Menschlichkeit zu verteidigen"[15]. Die Apologie schwarzer theologischer Unbildung klingt jedoch gelegentlich als Rechtfertigung einer Bildung, die die fruchtbare akademische Auseinandersetzung mit weißen europäischen und lateinamerikanischen Theologen verrät. Unter den Europäern sind es vor allem die Deutschen Jürgen Moltmann und Johann Baptist Metz, deren Werke zur politischen und zur Fundamentaltheologie immer wieder positiv zitiert werden, weil sich in ihnen nicht die Nähe einer christlichen Theologie zur politischen Zivil- oder gar Reichstheologie des amerikanischen Imperiums finden läßt. Sie haben von den Europäern gelernt, radikale Textinterpretation zu betreiben, werfen ihnen aber vor, daß auch sie nicht den Rassismus des westlichen Christentums erkannt hätten, sondern nur so täten, als ob sie begriffen hätten, wovon denn die Rede sei. Daß sich die Deutschen nicht gegen die Vermarktung durch weiße amerikanische Theologen wehrten, bestätigte deren Insensibilität. Die lateinamerikanischen Befreiungstheologen stehen ihnen näher, weil sie sich mit ihnen als Angehörige der Dritten Welt verständigen, auch wenn sie bei ihnen zuviel Klassenanalyse und fast keine Kritik des Rassismus finden.

Die schwarzen Theologen Amerikas wurden durch das Studium der deutschsprachigen Theologen, allen voran Karl Barths und Rudolf Bultmanns, dazu gebracht, die Schichten ihres theologischen Bewußtseins freizulegen. Die hermeneutische Archäologie führte sie von der Gefangenheit in der amerikanischen Diaspora über die afrikanischen Ursprünge zu den Texten des Neuen und Alten Testaments. In dieser Bewußtseinsgeschichte erkannten die radikalen Theologen, wie existentiell verwandt die zeitgenössische schwarze Auspowerung sowie die amerikanische Sklaverei mit der Gefangenschaft Israels im pharaonischen Ägypten war und wie sehr die christliche Botschaft als Radikalisierung der Exoduserfahrung verstanden werden muß. In gewisser Weise begannen die Theologen zu begreifen, daß die Religion der schwarzen Sklaven schon immer im Kern von einer Befreiungstheologie erfüllt gewesen war. Das Wissen um die Authentizität der Religion der Sklaven ist lange verschüttet gewesen, auch wenn es sich fortwährend in den Texten und der Musik der *Spirituals* und *Gospel Songs* manifestierte. Diese expressive Kontinuität in der Kultur Schwarzamerikas ist von den Weißen primär als ästhetisches Phänomen rezipiert worden, das jegliche politische Bedeutung im Sinne des kulturellen Widerstandes verloren hatte. Für die schwarzen Radikalen war es bereits im 19. Jahrhundert schwer gewesen, die Sklaven als ebenbürtig zu akzeptieren. Die Denunziation der Sklaven im 19. Jahrhundert als willenlose Kreaturen, die zum Widerstand unfähig und deshalb als Gegenstand der Erinnerung unwürdig waren, setzte sich im 20. Jahrhundert lange fort. Am prägnantesten hat der westindische Soziologe Orlando Patterson (Harvard) die Sklavenanklage formuliert und zugleich als Attacke auf die Sklavenreligion ausgedehnt, als er (1979) schrieb: „... es war die Würde, die von einer sklavischen Version des Christentums geliefert wurde, die all die verborgenen sklavischen Heilsgüter des primitiven Christentums zum Vorschein brachten. Vor allem die sozialen Muster, die von den Schwarzen durch die Anpassung an die amerikanische Sklaverei hervorgebracht worden sind, waren zu integriert in das soziale System, das sie unterdrückte, um jemals die Basis einer wahren radikalen, schwarzen proletarischen Kultur abzugeben."[16] Patterson sieht in der religiösen und kulturellen Ausdruckswelt der Sklaven nichts als die Reproduktion sklavischer Verhältnisse. Daß die Sklaven in Religion und Kultur die Integrität ihrer primären Lebenswelt von der sklavischen Arbeitswelt unterschieden und in den Beziehungen ihrer Lebenswelt die neue und befreite Welt sich vorbereiten sahen, wird von ihm nicht berücksichtigt[17]. Diese neue und befreite Welt ist Hoffnung gewesen und geblieben. Als die schwarzen Theologen sich auf die Suche nach den historischen Quellen ihres religiösen Bewußtseins begaben und dabei der kritischen Literatur zur Sklaverei begegneten, die ungefähr gleichzeitig in den 60er und 70er Jahren als weißschwarzes Wissenschaftsunternehmen zu erscheinen begann, entdeckten sie eine existentielle und spirituelle Kontinuität, um die sie in ihrer Selbstbehauptung gekämpft hatten. Die Sklaven wurden zu Brüdern und Schwestern der Gefangenschaft eines Volkes, das noch immer auf den Exodus wartete. Das Exodus-Motiv gehört natürlich zum Symbolhaushalt des angelsächsischen Protestantismus seit dem 17. Jahrhundert. Jürgen Moltmann schreibt darüber in seinem Buch *Politische Theologie – Politische Ethik* (1984): „Der Exodus aus der Knechtschaft in Ägypten in die Freiheit des verheißenen Landes war die Wurzelerfahrung Israels. Diese Erinnerung an Befreiung beherrschte auch die Hoffnung der Propheten auf den neuen messianischen Exodus. Die puritanischen Pilgerväter haben als erste ihre Auswanderung aus den europäischen Unterdrückungen in die Freiheit der amerikanischen Wildnis als Exodus erfahren und gedeutet. Ungezählte nach ihnen haben die Emigration nach diesem Archetyp vollzogen und erlebt. Das Exodusmotiv wurde durch die Pilgerväter universalisiert."[18] So richtig diese Symbolanalyse ist, so überraschend wirkt allerdings, daß Moltmann kein Wort über die pharaonische Seite im puritanischen und späteren christlichen Emigrationsbewußtsein verliert. Denn zum kolonialen und unabhängigen Amerika gehört es ja, daß man sich nach langem Zögern in einigen Kirchen dazu durchrang, Sklaven zu taufen. Diese Lösung, die das schlechte christliche Gewissen beruhigen sollte, wurde mit einer Konzession bezahlt, an die man erinnern muß, wenn man die Debatte über das *Black Manifesto* von 1969 völlig verstehen will. Die Taufe befreite den Sklaven nicht aus seiner institutionellen Unfreiheit und machte ihn keineswegs zum ebenbürtigen Mitglied der christlichen Gemeinden. Albert Raboteau zitiert in seinem Buch über *Slave Religion* (1978) Verpflichtungsformeln für schwarze Taufkandidaten aus dem frühen 18. Jahrhundert, die den Geist des sklavenhalterischen Christentums widerspiegeln. „Du erklärst in der Gegenwart Gottes“, so wurde den taufwilligen Sklaven z. B. in South Carolina vorgehalten, „und vor seiner Gemeinde, daß Du nicht um die heilige Taufe nachsuchst aus irgendeinem Plan heraus, Dich von der Pflicht und dem Gehorsam zu befreien, die Du Deinem Herren schuldig bist, solange Du lebst, sondern nur zum Heil Deiner Seele und um teilzuhaben an den Gnaden und dem Segen, die den Mitgliedern der Kirche Jesu Christi versprochen sind.“[19] Die Kultur der Sklaven läßt keinen Zweifel darüber aufkommen, daß sie diese Verpflichtungen den Herren gaben, den Geist des Evangeliums aber auf sich übergehen sahen. Im Selbstverständnis der Sklaven repräsentieren sie das Alte Israel, während die sklavenhalterischen und kollaborierenden Weißen das pharaonische Ägypten bildeten.

Das hebräisierte Christentum der Sklaven, das sich in den überlieferten Predigten der Sklavenkirchen, den *Spirituals* und Erzählungen wiederfindet, ist von den Radikalen des 19. und 20. Jahrhunderts nie völlig ernst genommen worden, weil die Botschaft durch das Image eines anderen Sklaven verdrängt worden ist. Dieser Sklave ist eine Kunstfigur. Harriet Beecher-Stowes „Uncle Tom“ in *Uncle Tom's Cabin* (1852) gehört zu einer Reihe von Christus-verwandten Gestalten, die von abolitionistischen Visionären geschaffen worden waren, um bereits im post-apokalyptischen Zustand zu leben[20]. Interessanterweise sind die meisten dieser Gestalten wie Tom schwarz. Beecher-Stowes „Uncle Tom“ lebt die Tugenden der Bergpredigt und kommt wie ihr Schöpfer durch sie um. Sein tugendhaftes Verhaltenserbe wird aber weiterleben, auch wenn es von der Autorin, die an die Kolonisierung als Folge der Emanzipation glaubte, zunächst nach Afrika exportiert wird, um von dort, irgendwann in der Zukunft, die Welt zu beeinflussen[21]. Dieser evangelistische Export der Botschaft von *Onkel*

Toms Hütte nach Afrika hätte den schwarzen Nationalisten im 19. und 20. Jahrhundert eigentlich gefallen können, wenn das Porträt des „Uncle Tom" ihnen nicht grundsätzlich gegen den Strich gegangen wäre. „Uncle Tom" avancierte für die Nationalisten zum negativen Symbol des fügsamen und angepaßten Sklaven, der keinen Widerstand leistete. Das Christus-Image des „Uncle Tom" war für sie nichts als die Verinnerlichung der Sklavenmentalität. David Walkers *Appeal* hat auch unter dem Image des Beecher-Stowe-Romans leiden müssen, weil auch er die Erlöserrolle den schwarzen Christen, die Sklaven waren, aufdrängen wollte. Sein *Appeal* ließ die Afro-Amerikaner aber durch die Passionsgeschichte der Sklaverei zum Selbstbewußtsein kommen und dann die Erlöserrolle für Amerika und die Welt übernehmen. Der Schwarze des *Appeal* ist gleichsam „Uncle Tom" als Rebell, der die Passivität und das Erdulden überwunden hat und jetzt frei ist, die korrupte Welt nach seinen Vorstellungen zu gestalten. Es dauerte bis zu den Revolten der 60er Jahre, daß die Proteste von Walker und anderen Rebellen im Zusammenhang der Kultur einer im ganzen unangepaßten Sklavenwelt gesehen wurden. Die Bewußtseinsarchäologie der schwarzen Theologen half, den Bann aufzuheben, mit dem die Nationalisten des 19. und 20. Jahrhunderts die Lebens- und Ausdruckswelt der Sklaven belegt hatten.

Die historische Suche nach den Quellen ihres theologischen Bewußtseins hat die schwarzen Theologen dazu gebracht, die Geschichte Schwarzamerikas als neuzeitliche Aktualisierung des Heilsschicksals des Alten Israel und der christlich-eschatologischen Erlösungserwartung zu begreifen. In beiden Fällen verbinden sich die symbolischen Paradigmen mit der konkreten Erfahrungsgeschichte der Emanzipation von Sklaverei und der noch immer akuten Erwartung von Gerechtigkeit in einer als rassistisch und deshalb als ungerecht verstandenen Gesellschaft. Insofern die schwarzen Theologen beständig diesen Kontext beschwören und begonnen haben, auf die Selbstauslegung des schwarzen Amerika zu hören, lassen sie sich von einer Einsicht leiten, die Johann Baptist Metz in Überlegungen zu „Kirche und Volk – Vom vergessenen Subjekt des Glaubens“ folgendermaßen formuliert hat: „... für eine Theologie, die nicht ins Bodenlose stürzen will, (sind) die Symbole, Erzählungen und die kollektiven Erinnerungen des Volkes in der Kirche unabdingbar.“ Diese Volkskirche muß immer mehr zum „Subjekt seiner Symbolwelt“ erhoben werden[22]. So historisch dieser Ansatz klingen mag, er ist es keineswegs, wenn man Metz’ kritisches Glaubensinteresse zitiert: „Es darf nicht zugelassen werden, daß die Kirche in der einen Hemisphäre immer mehr zu einer bürgerlichen Religion wird, zu einer Religion der Glücklichen, der Leidfreien oder der Apathischen, und daß sie in anderen Teilen der Welt als eine Religion der Unglücklichen, ja, sagen wir es ganz hart und deutlich, als eine Religion der Sklaven erscheint. Ärgerniserregend ist dabei nicht die Tatsache, daß das Christentum wie eine Religion der Unglücklichen, wie eine Religion der Sklaven wirkt, sondern dies: daß die Kirche in sich Unglückliche und Zuschauer des Unglücks, viele Leidende und viele Abgewandte vereint und daß sie das Ganze die eine Communio der Gläubigen nennt.“[23] Metz spricht hier über Zentral- und Lateinamerika, nicht über die USA, wo diese Trennung in derselben Gesellschaft zu beobachten ist. Das Auftauchen einer kritischen Theologie in den weißen amerikanischen Kirchen deutet aber an, daß dieser radikale Reflexionsprozeß auch außerhalb der schwarzen Theologie stattfindet. Für Metz wäre das ein Anzeichen dafür, daß von der „Leidensgeschichte als Schuldgeschichte nicht ohne Rücksicht auf die Mechanismen der Unterdrückungs- und Machtgeschichte“ geredet werden kann. „Darum läßt sich sinnvoll von Soteriologie als politischer Theologie der Erlösung sprechen. Aber gerade als solche kann und darf sie sich das unbeliebte, für viele längst ausgetrocknete Thema ‚Schuld‘ nicht ausreden lassen und es nicht auf dem Altar eines abstrakten Emanzipationsideals opfern.“[24] Die Emanzipation, von der Metz in seinem Text redet, hat zweifelsohne nichts mit jener Befreiung zu tun, die eine Zäsur im schwarzamerikanischen Bewußtsein bildet. Die Schuld, von der er spricht, erleichtert es uns aber, abschließend zwei Fragen zu erörtern. Die eine Frage betrifft die Zukunft der Beziehungen von Schwarzamerika zu der Gesellschaft, die aus der Perspektive der schwarzen Theologen als der schuldige Gegner anzusehen ist. Die andere Frage hat mit der Rolle zu tun, die die verschiedenen politischen Theologien in bezug auf die Ziviltheologie des amerikanischen Imperiums spielen.

Beginnen wir mit der Zukunft der Beziehungen in Amerika. Ist die schwarze Theologie als Reaktion auf die Kollaboration des weißen Christentums mit dem Rassismus in der kritischen Negation oder allenfalls in der Solidarisierung mit den Befreiungstheologien der Dritten Welt steckengeblieben? James Cone hat diese Frage bereits 1975 in seinem *God of the Oppressed* anders akzentuiert: „Jene, die für die Trennungsmauern der Feindschaft, des Rassismus und des Hasses verantwortlich sind, wollen wissen, ob die Opfer bereit sind zu vergeben und zu vergessen ...“[25] Versöhnung, so antwortete er damals sinngemäß, müßte zunächst einmal die Überwindung und seelische Verarbeitung all der Leiden sein, die zur persönlichen und kollektiven Erinnerungsgeschichte der Opfer gehören. Von den Weißen erwartete er Zeichen der Bekehrung, „the true experience of conversion wherein they die to whiteness and are reborn anew in order to struggle against white oppression and for the liberation of the oppressed ...“ Die Authentizität der weißen Erfahrung würde von den Schwarzen beurteilt, die dann auch diesen bekehrten Weißen einen Platz im schwarzen Befreiungskampf anweisen würden[26]. Neun Jahre später klingt es etwas anders: „Es ist nationalistische Romantik zu denken, daß Schwarze ihre Freiheit durch vollständige und dauernde Trennung erreichen würden. Die Welt ist zu klein und komplex, als daß diese Art von Logik heutzutage noch irgendwelche Glaubwürdigkeit besitzen würde. Nein,

Freiheit kann nur durch die Schaffung einer Gesellschaft erreicht werden, die die Menschlichkeit aller, einschließlich der Weißen, anerkennt. Der christliche Glaube fordert und menschliche Anständigkeit *(human decency)* verlangt das. Wir Schwarzen sollten nicht so naiv sein und glauben, daß wir unsere Freiheit erlangen könnten, indem wir sie den Weißen verweigerten.“[27] Cone bestätigt damit nur, was eine jüngere Gruppe von schwarzen Theologen 1978 als das Programm von *Black Theology II* verkündeten. Sie akzeptierten das radikale Programm von „*Black Theology I*“, wie sie die Theologen der 60er Jahre nannten, weil auch sie fühlten, daß sie sich aus ihrer negativen Abhängigkeit von den Weißen lösen mußten. „(Schwarze) können Universalität und Fairneß nur verfolgen, wenn sie sich voll und authentisch wie jede andere Gruppe auf sich selbst berufen können.“[28] Aber sie wehren sich gegen den Literalismus des „schwarzen Rassismus“[29], wenn sie der schwarzen Theologie den direkten Auftrag erteilen, im Sinne von Jürgen Moltmann und Johann Baptist Metz politische Theologie zu sein[30].

Die Fühler der Annäherung, die von radikalen Theologen in die Richtung der weißen Theologen gingen, waren u. a. motiviert von der ernüchternden Analyse der amerikanischen politischen Kultur am Ende der 70er und zu Beginn der 80er Jahre. Die nahezu völlige Domestizierung der sozialen Bewegungen der 60er Jahre hatte die Politik des Protestes im allgemeinen und die des schwarzen Protestes im besonderen ausgehöhlt. Die erfolgreiche Integration des Führungspersonals der Protestbewegungen in das politische Management der Städte, der Einzelstaaten und des Bundes hatte diesen radikalen Kritikern des Systems ihren charismatischen Nimbus genommen. Das Programm der oppositionellen schwarzen Kultur war durch die politische Integration der radikalen Elite in Mitleidenschaft geraten[31]. Die erfolgreiche gesellschaftliche Vermarktung schwarzer Musik und Literatur entzog diesen beiden Quellen schwarzer Gesellschaftskritik die Legitimation für die spezifische ethnische Perspektive. Hinzu kam das etwas differenziertere Verständnis für die Beziehungen zwischen afro-amerikanischer und afrikanischer Theologie. Waren die radikalen Theologen am Anfang von der *spekulativen* Annahme einer gemeinsamen schwarzen Identität ausgegangen, so stellten sie sehr bald fest, daß die amerikanischen Befreiungsmotive keineswegs als universale Erfahrungen von den afrikanischen Theologen akzeptiert wurden. Für die Afrikaner bedeutete die Überwindung der kolonialen Herrschaft die Rückkehr zu afrikanischen Traditionen, so sehr diese auch durch die kolonialen Kultureinflüsse verändert worden waren. Die weiße Hautfarbe des Gegners reichte nicht aus, um für Afrikaner und Afro-Amerikaner eine gemeinsame nationale Kulturidentität zu schaffen[32].

Es bleibt noch die Frage nach der politischen Theologie. Welche Rolle kann eine politische Theologie im zeitgenössischen Amerika spielen, die wie die schwarze Theologie die europäischen Befürworter oder die nichteuropäischen Repräsentanten der Befreiungstheologie als natürliche Verbündete akzeptiert? Das Christentum ist in Amerika trotz verfassungsmäßiger Trennung von Kirche und Staat immer in Gefahr gewesen, von der christlichen Mehrheit der Gesellschaft als politische Theologie der USA vereinnahmt zu werden. Die Zurschaustellung der amerikanischen Fahne in vielen amerikanischen Kirchen deutet eine geradezu unproblematische Identifikation der Christen mit der Republik an. Diese Identifikation könnte man im Sinne von Metz als Illustration seiner These von der Glaubensgemeinde als Subjekt der Symbolwelt verstehen. Das Subjekt jedoch, das die amerikanische Symbolwelt in den Kirchen oder Gemeinden feiert, wehrt sich sehr oft gegen die Kritik, die diese Symbolwelt als Reproduktion eines repressiven, beschädigten oder obsoleten Bewußtseins sieht. Die Verwerfung der Kritik beginnt allerdings, in Kirchen wie der katholischen, der episkopalischen und der methodistischen durch Offenheit für den kritischen Diskurs ersetzt zu werden. Der Pastoralbrief der katholischen Bischofskonferenz zur Soziallehre und US-Ökonomie aus dem Juni 1986 z. B. ist im Ton zurückhaltend, in der kritischen Substanz aber so unnachgiebig, wie es die schwarzen Theologen auf ihre Weise sind. Der Abstand zwischen der schwarzen und der katholischen politischen Theologie hat sich erstaunlich verringert, auch wenn die katholische Kirche damit nicht den ethnischen Milieurassismus vieler ihrer italienischen, polnischen oder irischen Gemeinden hat bannen können. Wie immer man diese Kritik der politischen Theologie erklären mag – z. B. durch die größere Sichtbarkeit von Sozialproblemen in den zeitgenössischen USA oder durch die globale Präsenz der Vereinigten Staaten als Supermacht –, die kritiklose Selbstverständlichkeit, mit der alle Kirchen den amerikanischen Mythos in der Vergangenheit propagiert haben, ist einer größeren Reflexionsfähigkeit gewichen. Der Amerikanismus der Oberfläche, auf den Europäer sich immer verlassen konnten, wenn sie die USA ideologisch charakterisieren wollten, ist unter den Kirchen nur bei den Fundamentalisten anzutreffen. Die Verunsicherung im Selbstverständnis der weißen Mittelschichten und die Aushöhlung ihrer sozialen Sinnwelt kann man in sozialwissenschaftlichen Studien wie *Habits of the Heart*[33] erkennen. Die weiße Ziviltheologie hat sich in diesen Tiefenanalysen sozialer Bewußtseins- und Verhaltensformen nicht unter dem Ansturm der schwarzen Befreiungstheologie in Luft aufgelöst. Von den schwarzen Theologen ist im Milieu der weißen Mittelklasse nicht die Rede. Die Fragwürdigkeit der Ziviltheologie und die Diskussionsbereitschaft deuten aber an, daß aus der Konversation der verschiedenen kritischen und selbstkritischen Diskurse, einschließlich dem der schwarzen Theologie, ein neues politisches Selbstverständnis entstehen wird. Daß *Theologen* bei dessen Formulierung eine Rolle spielen werden, gehört zur symbolischen Vermittlung des Geistes in Amerika.

Anmerkungen

1 C. V. R. George, *Segregated Sabbaths. Richard Allen and the Rise of Independent Black Churches. 1760–1840*, New York 1973, S. 5
2 Siehe M. Henningsen, „Die Welt der nordamerikanischen Sklaven“, *L'80* (Juni 1984), Heft 30, S. 96
3 *Walker's Appeal in Four Articles. David Walker – An Address to the Slaves of the United States of America*, New York 1969, S. 52
4 Ebd., S. 71
5 Ebd., S. 51
6 Ebd., S. 85
7 S. E. Ahlstrom, *A Religious History of the American People*. Garden City, New York 1975, Bd. 2, S. 161
8 J. H. Cone, *For My People. Black Theology and the Black Church*, New York 1984, S. 39
9 Zit. in Cone, ebd., S. 36
10 „The Black Manifesto“, in: G. S. Wilmore and J. H. Cone (Eds.), *Black Theology. A Documentary History. 1966–1979*, New York 1984, S. 84
11 Ebd., S. 90 ff.
12 Cone, *For My People*, S. 45
13 Wilmore and Cone, *Black Theology*, S. 108–111
14 Vgl. Ph. S. Foner (Hrsg.), *We, the Other People. Alternative Declarations of Independence by Labor Groups, Farmers, Women's Rights Advocates, Socialists, and Blacks. 1829–1975*, Urbana/Chicago/London 1976
15 Cone, *For My People*, S. 34
16 O. Patterson, „The Black Community: Is There a Future?“, in: S. M. Lipset (Ed.), *The Third Century: America as a Post-Industrial Society*, Stanford 1979, S. 258
17 Siehe M. Henningsen, „Die Welt der nordamerikanischen Sklaven“
18 J. Moltmann, *Politische Theologie – Politische Ethik*, München 1984, S. 95
19 A. J. Raboteau, *Slave Religion. The „Invisible Institution“ in the Antebellum South*, New York 1980, S. 123
20 Vgl. G. M. Fredrickson, *The Black Image in the White Mind. The Debate on Afro-American Character and Destiny, 1817–1914*, New York 1972, S. 115 f.
21 W. J. Moses, *Black Messiahs and Uncle Toms. Social and*

Literary Manipulations of a Religious Myth, London 1982, S. 50 ff.

22 J. B. Metz, *Glaube in Geschichte und Gesellschaft. Studien zu einer praktischen Fundamentaltheologie,* Mainz 1980, S. 133

23 Ebd., S. 128

24 Ebd., S. 113

25 J. H. Cone, *God of the Oppressed,* New York 1975, S. 226

26 Ebd., S. 242

27 Cone, *For My People,* S. 203

28 C. E. Bruce and W. R. Jones (Eds.), *Black Theology II. Essays on the Formation and Outreach of Contemporary Black Theology,* Cranbury, N. J./London 1978, S. 69

29 Ebd., S. 36

30 Ebd., S. 259

31 Siehe dazu die Studien in: A. Reed (Ed.), *Race, Politics, and Culture. Critical Essays on the Radicalism of the 1960s,* New York/Westport, Conn./London 1986

32 Siehe J. U. Young, *Black and African Theologies. Siblings or Distant Cousins?,* New York 1986

33 R. Bellah u. a., *Habits of the Heart. Individualism and Commitment in American Life,* Berkely/Los Angeles 1985

Thomas M. Gannon, S. J.

Die katholischen Bischöfe in der amerikanischen Politik der 80er Jahre

Analysiert man kritisch das Mosaik der amerikanischen Religion in der Mitte der 80er Jahre, so war vielleicht kein Ereignis so unvorhergesehen und überraschend wie das Auftauchen der römisch-katholischen Bischöfe Nordamerikas als eine Art kollektives Gewissen der Nation. Indem sie sich ganz ausdrücklich nicht nur an die Katholiken, sondern an alle Amerikaner wandten, haben die katholischen Bischöfe sehr bewußt und sehr überlegt mit ihren Stellungnahmen zur nuklearen Bewaffnung und zur Ökonomie den Sprung in die zentrale politische Arena gewagt (eine Verlautbarung zur Rolle der Frau steht bevor). Wie sind diese Aktivitäten einzuschätzen, für die es in dieser Kirche jedenfalls keine Vorläufer zu geben scheint?

I.

Es muß gesagt werden: amerikanische Katholiken haben sich schon seit langem sehr unwohl gefühlt angesichts der Erklärung von Robert Bellarmine, daß „die Kirche genauso sichtbar ist wie die Republik von Venedig“. Wichtig ist allerdings, daß der amerikanische Katholizismus so sichtbar ist wie die Türme der New Yorker St. Patrick-Kathedrale oder wie die Georgetown University in Washington, wie der goldene Dom von Notre Dame oder wie die Missionen in Kalifornien. In den hundert Jahren nach der großen Hungersnot in Irland waren die meisten Energien amerikanischer Katholiken darauf gerichtet, eine Kirche aufzubauen, die beides sein sollte: ein festes institutionelles Gefüge und ein Hafen für die Erniedrigten und die Heimatlosen. In dieser

Phase der amerikanisch-katholischen Geschichte ließen es sich die um die Amerikanisierung bemühten Mitglieder der katholischen Hierarchie angelegen sein, alle Statements zurückzuweisen, die auf eine Spannung zwischen katholischen Einstellungen und amerikanischen Werten hätten hinweisen können; das entsprach auch ganz dem Wunsch der Mehrheit der Einwanderer, die doch energisch darum kämpften, als legitime Bürger ihrer neuen Heimat anerkannt zu werden. Die Menschen im Hauptstrom des amerikanischen Katholizismus wollten beides, die Fahne der Vereinigten Staaten und die des Vatikans grüßen. Aus dieser Einstellung entwikkelte sich ein patriotischer und autoritärer Katholizismus, der sich aufgeschlossen zeigte für interventionistische Maßnahmen der Regierung, für die Politik des Wohlfahrtsstaates in seiner New-Deal-Version und für eine konservative Haltung in Angelegenheiten der Familie und der bürgerlichen Freiheiten. Diese Synthese von Amerikanismus und Katholizismus paßte hervorragend in die entstehende Konfrontationsatmosphäre des Kalten Krieges und fand ihre höchste politische Bestätigung und Legitimität in der Wahl John F. Kennedys zum Präsidenten 1960.

Indessen, dem Einwandererkatholizismus war nur kurze Zeit beschieden, diesen großen Triumph zu genießen. Das Vatikanum II bedeutete eine große Infragestellung dieser traditionellen Verhaltensmuster und Einstellungen, und neue Generationen flexibler und besser gebildeter Katholiken wuchsen heran, nicht mehr anfällig für klerikale Bevormundung. Und die amerikanische Gesellschaft selbst durchlief das Vietnam-Trauma, wurde mit der Gewalt der Rassenunruhen konfrontiert und geriet in die unbeherrschbaren Turbulenzen der zahlreichen radikalen und permissiven Bewegungen; die vielfachen Erscheinungen einer Mißachtung der Gesetze und der moralischen Normen der Republik und die sich häufenden nationalen Demütigungen führten zunehmend zu Desorientierung und Desillusionierung.

In dieser Situation meldete sich im Hauptstrom des

amerikanischen öffentlichen Lebens eine neue, intellektuellere, moralisch gefestigte Generation von Katholiken zu Wort, die sich quasi natürlich, eigentlich ohne Rebellion und radikale Brüche, aus dem obsessiven zwanghaften Griff der alten, so organisch scheinenden katholischen Kultur befreit hatte. Diese Katholiken verachteten keineswegs ihre Einwanderer-Vorfahren, aber sie vermochten nicht länger ihre Religion in derselben Weise zu praktizieren. Ins Auge springt die eklatante Abschwächung des Schuldbewußtseins im Fall der Nichtübereinstimmung mit offiziellen Kirchenpositionen (man denke nur an die offizielle Lehre der Kirche zu Fragen der Geburtenkontrolle). Die alten Differenzen zwischen Katholiken und anderen Gruppen hinsichtlich des weiten Bereichs der moralischen und politischen Angelegenheiten verloren zunehmend an Bedeutung. Ein großer Teil dieser Katholiken ist tief beunruhigt über die Kluft zwischen Norm und konkreter Praxis – im religiösen wie politischen System. Diese Katholiken verspüren weder die Notwendigkeit noch den Wunsch, an der Überzeugung festzuhalten, es gäbe eine einfache und offenkundige Kompatibilität zwischen Amerikanismus und Katholizismus.

Die katholischen Bischöfe sind ein Teil dieser sich neu formierenden, selbstbewußteren „post-immigrant"-Kirche. Natürlich sind sie tief beeinflußt von den Veränderungen, die durch das 2. Vatikanische Konzil ausgelöst worden sind: Das Verhältnis der Bischöfe zu Rom änderte sich qualitativ; und im großen und ganzen begannen die Bischöfe, sich stärker und direkter in den Angelegenheiten der Welt zu engagieren. Das Konzil hatte die Bischöfe zur Kollegialität ermuntert; nicht länger sollten sie als einsame Monarchen, jeder isoliert in seiner eigenen Diözese, ihres Amtes walten. Folglich begannen die amerikanischen Bischöfe damit, wie auch andere nationale und regionale Vereinigungen von Bischöfen, weniger nach Rom zu schauen, um von dort autoritative Führung zu erfahren, sondern sie widmeten größere Aufmerksamkeit den amerikanischen Problemen, und sie fragten sich, wie sie zusammen aufgrund ihrer eigenen Erfahrung wie auch aufgrund der moralischen und sozialethischen Tradition der Kirche zu den Herausforderungen der Zeit Stellung nehmen könnten. Ein erster Schritt wurde 1968 getan: Die Bischöfe drangen auf eine Änderung der amerikanischen Gesetze, um eine individuelle Gewissensentscheidung zugunsten der Kriegsdienstverweigerung zu legalisieren. 1971 gaben sie eine „Resolution zu Südostasien" heraus, in der sie das Recht zum Krieg in Vietnam in Frage stellten und für eine rasche Beendigung des Konfliktaustrags plädierten. Diese Verlautbarung von 1971 war in der Tat revolutionär: zum ersten Mal in der amerikanischen Geschichte hatten die katholischen Bischöfe als eine geschlossene Körperschaft zu einer fundamentalen Frage amerikanischer Regierungspolitik Stellung bezogen. 1972 riefen sie zur Amnestie für Deserteure auf. Während der 70er Jahre wurde eine ganze Reihe Pastoralbriefe zu verschiedenen sozialen und ökonomischen Themen veröffentlicht: zur Versorgung mit Wohnraum, zum gesellschaftlichen Umgang mit den alten Menschen, zur Reform des Wohlfahrtssystems, zum Thema Essensmarken, zur medizinischen Versorgung. Unter diesen Pastoralbriefen findet sich 1976 auch einer zum Thema „Moralische Werte" und 1980 einer über Marxismus. Im gleichen Jahr 1980 entschied dann die nationale Bischofskonferenz, weitere Briefe zum Thema „Krieg und Frieden" und zu Fragen der Wirtschaftsordnung herauszugeben.

Zugegeben, es mutet schon etwas paradox an zu beobachten, wie eine der wichtigsten konservativen Institutionen Amerikas sich, wenngleich auch vorsichtig, in Richtung einer Übereinstimmung mit der Linken bewegt, während zur gleichen Zeit die amerikanische Gesellschaft insgesamt, einschließlich ihrer katholischen Wähler, nach rechts rückt. Und sicherlich ist es auch kein geringeres Paradox, beobachten zu können, wie die loyalen Untergebenen eines vehement anti-marxistischen Papstes die moralische Legitimität der militärischen Strategie und ökonomischen Ordnung des schlechthin anti-marxistischen Staates auf der Welt in Frage stellen! Und es ist gewiß sehr überraschend, die katholischen Bischöfe heute, etwa in der Frage nuklearer Abrüstung, in der vordersten Linie der politischen Auseinandersetzungen zu finden, während sie kaum zehn Jahre früher die allergrößten Schwierigkeiten hatten, zum Problem des Vietnam-Krieges einen Konsens zu erzielen.

Die ältere Generation der Bischöfe war aufgewachsen in einer Kirche, die stets noch darum kämpfte zu demonstrieren, daß sie wirklich authentisch amerikanisch war.

Noch erinnerte man sich der Zurückweisung von A. L. Smith in der Präsidentschaftskampagne 1928 und des bitter vermerkten Anti-Katholizismus, der damals laut wurde. Doch diese Bischöfe haben sich zurückgezogen. Ihre Nachfolger, denen keinerlei Sympathie für den Kommunismus oder Sozialismus nachgesagt werden kann (jedenfalls nicht in seiner sowjetischen Form), sind offenbar viel unbefangener gewillt und in der Lage, die Weisheit amerikanischer Regierungspolitik, selbst in Angelegenheiten höchst komplexer Strategie, zu hinterfragen. Trotzdem verstehen sich diese Bischöfe viel stärker pastoral als politisch. Sie müssen sich viel eher einen Mangel an politischem Fingerspitzengefühl vorhalten lassen als Vorwürfe, sie mischten sich zu exzessiv in politische Angelegenheiten ein. Indessen, wenn man gründlicher nachforscht, entdeckt man, daß die Überraschung über die jüngste Entwicklung der amerikanischen Bischofshierarchie eigentlich unbegründet ist. Die Bischöfe begannen nämlich schon im Jahre 1919 damit, Pastoralbriefe zu Fragen der gesellschaftlichen Ordnung herauszugeben. Die fundamentale Problematik, der sie sich heute stellen, steht in einem direkten Bezug zu den Lehren des 2. Vatikanischen Konzils, speziell zu der „Konstitution über die Kirche und die moderne Welt“. – Allemal ist festzuhalten: die Ära der katholischen Einwandererkirche ist vorbei, und der Katholizismus in Amerika spricht mit einer neuen öffentlichen Stimme, und diese hat ein ganz anderes Format als das, was man von der evangelikalen fundamentalistischen Rechten zu hören bekommt.

Wenn man also den Überraschungseffekt dieser Entwicklungen nicht zu hoch bewertet, wie läßt sich dann die ungeheuer weite öffentliche Beachtung für die jüngsten zwei Briefe der Bischöfe „Die Herausforderung des Friedens“ und „Katholische Soziallehre und die U. S. Wirtschaft“ erklären? Vor 1983 war dem allgemeinen Publikum ebenso wie den Mitgliedern der Kirche die Soziallehre der katholischen Bischöfe nur aus der Opposition zur Geburtenkontrolle und zur Legalisierung der Abtreibung bekannt; in beiden Fällen übrigens haben ihre Stellungnahmen kaum wesentlich zur Veränderung der öffentlichen Meinung oder der entsprechenden Lebenspraxis beigetragen; auch lösten sie keine relevante öffentliche Debatte aus. Als in den 70er Jahren die Bischöfe politische Verlautbarungen herausgaben, die mit der nationalen Politik nicht im Einklang waren, löste das keine kontroverse Debatte aus, die der um die zwei jüngsten Statements vergleichbar gewesen wäre.

Auf vier Faktoren möchte ich die Aufmerksamkeit lenken, die vermutlich entscheidend sind für das Verständnis der neuen kollektiven Rolle der amerikanischen katholischen Bischöfe:

1) Der vielleicht bedeutsamste ekklesiologische Aspekt der beiden jüngsten Pastoralbriefe ist durch die Art und Weise gekennzeichnet, wie diese Dokumente vorbereitet worden sind. Die Bischöfe formulierten ihr Dokument nicht, ohne die sachverständige Meinung von Akademikern, Aktivisten, Theoretikern der Sozialpolitik, Beamten der Regierung, Managern großer Korporationen, Gewerkschaftsführern, Journalisten einzuholen. Symposien und Konferenzen wurden bei verschiedenen katholischen und nicht-katholischen Institutionen, verstreut über das ganze Land, durchgeführt. Zwei Fassungen beider Briefe zirkulierten öffentlich, und jedwede

Kritik, von welcher Grundauffassung aus sie auch immer formuliert sein mochte, wurde willkommen geheißen. Diese Briefe wurden also in Gestalt eines sehr komplexen Lernprozesses formuliert, der im Laufe der Zeit innerhalb und außerhalb der Kirche zu einer Schärfung des Bewußtseins hinsichtlich der moralischen Dimension der angesprochenen Fragen führte! Durch diese Vorgehensweise wurde ein enormer Beitrag zur Erhöhung von Plausibilität und Glaubwürdigkeit innerhalb und außerhalb der Kirche für solche Bischofsbriefe geleistet, in denen sich die Autoren zu komplexen Sachverhalten äußern, zu denen ihnen als natürlichen Personen offensichtlich die Kompetenz fehlt. Man wird schwerlich übersehen können, daß dieser dialogische und kollegiale Stil des Zustandekommens solcher Pastoralbriefe scharf mit den Prozeduren kontrastiert, die normalerweise in der katholischen Kirche bei der Abfassung solcher Dokumente, speziell solcher, die aus Rom ergehen, gebräuchlich sind. Es wird interessant sein zu beobachten, wie schwer es in Zukunft für kirchliche Autoritäten sein wird, ihren Dokumenten Geltung zu verschaffen, wenn sie nicht in dieser Art von weit gespanntem öffentlichem Dialog vorbereitet worden sind.

2) Die beiden Dokumente sind konzipiert worden mit Blick auf ein gespaltenes Auditorium: sie richteten sich sowohl an die Mitglieder der Kirche wie auch an das Publikum außerhalb. Beide Dokumente sind deshalb zugleich Ausweitung und Anwendung der katholischen Soziallehre *und* ein Beitrag zur öffentlichen Debatte um die moralischen Grundlagen des Gemeinwesens, mit einer Tragweite, die sich auf einen weiten Bereich der amerikanischen sozialen, politischen und ökonomischen Institutionen erstreckt. D. h.: die Dokumente müssen auch einem doppelten Test standhalten – sie haben mit der katholischen Soziallehre übereinzustimmen, wie sie in der jüngeren Geschichte durch die Päpste und das 2. Vatikanische Konzil artikuliert worden ist; und sie haben plausibel und anwendbar zu sein auf den zeitgenössischen amerikanischen Kontext.

3) Der vielleicht bedeutsamste *methodologische* Aspekt dieser moralischen Lehrschreiben ist die ausdrückliche Berücksichtigung unterschiedlicher Ebenen des moralischen Diskurses. Die Bischöfe unterscheiden ganz klar zwischen fundamentalen moralischen Prinzipien, die von der Kirche gelehrt werden und als verbindlich für das Gewissen anzusehen sind, und spezifischen Anwendungen, die nicht ohne den Beitrag der Klugheit und ohne Rücksicht auf ausdifferenzierte Kenntnisse zu realisieren sind. Gewiß ist auch diese Unterscheidung nicht immer leicht zu treffen; auch ist sie gewiß nicht geeignet, alle signifikanten Nicht-Übereinstimmungen zu eliminieren; dennoch ist es äußerst wichtig, die Bejahung universaler moralischer Prinzipien, welche die Kirche zu bezeugen hat, zu unterscheiden von der Befürwortung partikularer Politiken, zu denen die Bischöfe vernünftige Empfehlungen formulieren können, ohne daß deshalb Alternativvorschläge grundsätzlich ausgeschlossen werden müssen. In dem Brief zur Wirtschaftsordnung beispielsweise unterscheiden die Bischöfe ganz deutlich zwischen prinzipiellen ökonomischen Rechten, der Partizipation und der Gleichheit, auf der einen Seite und Empfehlungen zum Problem der Arbeitslosigkeit, der Wohlfahrtspolitik und des internationalen Handels auf der anderen Seite.

4) Beide Briefe demonstrieren die Grundauffassung der Bischöfe, daß die Lehrautorität der Kirche nur in einer Weise ausgeübt werden sollte, die den Nachdruck auf die Erhellung der moralischen Dimension der zentralen Probleme legt, ohne bevormundenden oder autoritären Gestus. Sie legen einen großen Respekt für die Verschiedenheit sozialer Situationen und Perspektiven der jeweiligen Handlungssubjekte an den Tag; und ganz deutlich wird ihre seelsorgerliche Absicht, den Bedürfnissen, Hoffnungen und Ängsten der verschiedenen Gruppen der religiösen Gemeinschaft, die die Kirche bilden, gerecht zu werden. Diese prinzipielle Offenheit hat es möglich gemacht, daß sich katholische Organisationen formieren konnten, die ihren Widerspruch zu

vielen Positionen, die die Bischöfe in den beiden Briefen bezogen haben, öffentlich anmelden. So hat z. B. das von William F. Buckley, Jr. gegründete National Comittee of Catholic Laymen in einer Stellungnahme zum Brief über Krieg und Frieden seine Ansicht kundgetan, daß „die liberale katholische Bürokratie in Washington unsere Bischöfe sehr schlecht beraten hat". Die „Lay Commission on Catholic Social Teaching", angeführt vom früheren U. S. Treasury Secretary William E. Simon, rekrutierte prominente katholische Geschäftsleute und Ökonomen, um den Bischöfen eine für den amerikanischen Status quo günstigere Betrachtungsweise näherzubringen.

Die miteinander kombinierten Wirkungen dieser Faktoren und Entwicklungen haben die Bischöfe mitten in das Dickicht der öffentlichen Kontroversen getrieben. Durch die Art und Weise, wie die Bischöfe Position bezogen und die heiß diskutierten Fragen der säkularisierten Lebenswelt und des Gemeinwesens aufgriffen, konnten sie jedem Vorwurf aus dem Wege gehen, sie behelligten die Öffentlichkeit nur mit frommen Platitüden und irrelevanten Erklärungen. Gewiß manifestiert sich in dieser neuen Art öffentlichen Auftretens die Wirklichkeit des amerikanischen katholischen Pluralismus; zugleich wird das Bemühen der amerikanischen katholischen Kirche deutlich, Schritt zu halten mit den Tendenzen zur Rationalisierung und Demokratisierung einer sich ständig ausdifferenzierenden pluralistischen Gesellschaft. Von erheblicher Tragweite sind indessen auch die Fragen, die sich aus dieser neuen Entwicklung für das Verständnis des Verhältnisses von Religion und Politik im zeitgenössischen Amerika ergeben.

II.

Von Georg Washingtons erster Ansprache als Präsident bis zu Abraham Lincolns zweiter Inaugural-Rede, von der Erklärung der Unabhängigkeit bis zu den wichtigsten Themen des Streits in den 80er Jahren waren Religion, Moralität und Politik in der amerikanischen Grunderfahrung miteinander verwoben. Alexis de Tocqueville hat es vor über 150 Jahren richtig beschrieben: Seit den ersten Schritten einer Besiedlung des amerikanischen Kontinents waren Politik und Religion in eine Verbindung gefügt, die niemals aufgelöst worden ist. Ob wir an die Abschaffung der Sklaverei denken oder an die Bewegung für Bürgerrechte oder auch an den Kampf für die Beendigung des Vietnam-Krieges – in vielen großen sozialen Bewegungen des Landes war es die Religion, die den entscheidenden Funken des Feuers entfachte; indessen, auch einige der schlimmsten Verrücktheiten bezogen ihre Vitalität aus diesem Kraftquell. In unserer ganzen Geschichte bildeten religiöse Werte stets ein essentielles Element der öffentlichen politischen Debatte; insbesondere ist natürlich zu erwähnen, mit welcher Nachdrücklichkeit man sich auf die jüdische und christliche Tradition bezog, um die Würde und die unverletzliche Integrität jedes menschlichen Individuums zu begründen und aufrechtzuerhalten. Zweifellos haben auch andere Einflüsse die amerikanische Vision geformt und der amerikanischen Grunderfahrung Profil gegeben, doch die Religion war wohl im Vergleich zu ihnen besonders bedeutsam. Intellektuell ebenso wie politisch kam es in den einzelnen Phasen des amerikanischen bürgerlichen Experiments nicht so sehr darauf an, ob diese oder jene Frage diskutiert werden sollte, sondern die Aufmerksamkeit galt entscheidend der Frage, wie die Debatte so zu strukturieren sei, daß sie im Ergebnis zum Wohle sowohl der Kirche wie des Staates ausschlüge.

Beabsichtigt man, die Beziehung zwischen Religion und Politik in den Vereinigten Staaten zu erläutern, so erinnert man zumeist sofort an die Wendung „Trennung von Kirche und Staat“. Die Gründerväter in ihrer Weisheit hatten begriffen, daß religiöse Institutionen sich nicht unnötigerweise in den politischen Prozeß einmischen sollten. Dabei ist es sehr wichtig, sich klar zu machen, daß jene Klausel in der amerikanischen Verfassung eine sehr pointierte, aber auch begrenzte Bedeutung hat: es sollte sichergestellt werden, daß religiöse Institutionen in der Wahrnehmung ihrer bürgerlichen und religiösen Verantwortlichkeit weder diskriminiert noch begünstigt werden. Jene Trennungsklausel richtete sich also auf die Institution Kirche gegenüber der Institution Staat. Niemals aber war beabsichtigt, die Kirche vom Leben der Gesellschaft im weiteren Sinne abzutrennen oder die Religion vom kulturellen Leben abzuspalten.

Keineswegs lag jener Trennungsklausel also die Absicht zugrunde, die religiöse Stimme zum Schweigen zu bringen oder der Religion ihre öffentliche Rolle zu bestreiten; vielmehr sollte die Religion gerade von staatlicher Kontrolle befreit werden, auf daß moralisch-religiöse Werte und Prinzipien im gesellschaftlichen Diskurs gelehrt und im gesellschaftlichen Leben kultiviert werden könnten. Auf diese Weise wurde den religiösen Institutionen die Art von Einfluß konzediert, den sie in einer Gesellschaft freier Bürger haben sollten –: der moralische Einfluß. Es ist unangebracht, die Kirchen als eine weitere Interessengruppe anzusehen oder sie als eine Interessengruppe zu definieren. Sie sind frei und befugt, eine moralische Vision zu verkünden und unter den Imperativen dieser Vision die Gesetze und Institutionen der Gesellschaft zu beeinflussen. Das „First Amendment“ zur Verfassung garantierte den religiösen Institutionen das Recht, in der öffentlichen Debatte angehört zu werden. Der daraus erwachsende Einfluß im Raum der Öffentlichkeit sollte allerdings allein von der Qualität der Beiträge zum umfassenden gesellschaftlichen Diskurs abhängen.

In den Vereinigten Staaten ist der Diskurs über die öffentlichen Angelegenheiten geprägt durch religiösen Pluralismus. Pluralismus meint hier die Koexistenz von solchen Gruppen, die wirklich divergierende und miteinander unvereinbare religiöse Überzeugungen repräsentieren. Es ist der Genius des amerikanischen Pluralismus, die religiöse Freiheit jedes Bürgers und jeder Glaubensüberzeugung zu garantieren. Jedoch war es keineswegs im Sinne dieser Toleranz, dafür den Preis eines Ausschlusses religiöser und moralischer Werte vom öffentlichen Leben der Nation zu bezahlen! Im amerikanischen System kommt es also darauf an, Raum für eine religiöse Substanz in der Gesellschaft zu schaffen, nicht aber einen religiösen Staat einzurichten.

Heute ist unsere öffentliche Debatte über Religion und Politik besonders intensiv und zuweilen etwas exzentrisch; angesichts dieser Situation scheinen mir, in bezug auf die neue öffentliche Stimme der amerikanischen katholischen Bischöfe, drei zentrale Gesichtspunkte besonders wichtig zu sein:

Der erste betrifft den Wert des religiösen Pluralismus und den zerbrechlichen Rahmen, der ihn zusammenhält. Viele Menschen im Land haben es einfach begrüßt, daß die Bischöfe nunmehr ihre Stimme kräftiger erheben; die Bischöfe selber aber scheinen begriffen zu haben, daß die *Art und Weise*, wie sie sprechen – und wie die Debatte über Religion und Politik geführt wird – mindestens so wichtig ist wie das, was sie inhaltlich sagen. Sie achten darauf, beidem gerecht zu werden: der legitimen Profanität des politischen Prozesses *und* der legitimen Rolle des religiösen und moralischen Diskurses im Leben der Nation. Ein Dialog, der beiden Dimensionen gerecht werden will, wird sorgfältig darauf achten, daß sich weder die durchaus berechtigt säkuläre Einstellung in einen einseitigen Säkularismus verändert, noch daß sich die religiöse Stimme in eine religiöse Bevormundung des öffentlichen Diskurses verwandelt.

Zweitens ist es als unerläßlich anzusehen, an der moralischen Begründung der Politik, des Rechts und der Institutionen der Demokratie zu arbeiten. Religiöse Toleranz darf nicht zu einem moralischen Vakuum führen. Eine Gesellschaft ist auf einen öffentlichen Konsens angewiesen, der bis an die Wurzeln eines Volkes in der Geschichte zurückreicht und der den Rahmen für das Handeln dieses Volkes im Innern wie nach Außen vorgibt.

Als drittes ist dies zu beachten: obwohl die religiösen Institutionen ein Recht haben, sich in der politischen Arena zu Gehör zu bringen – ein Recht, das mit aller Kraft verteidigt werden muß –, dürfen doch die Grenzen der religiösen Stellungnahme nicht übersehen werden. Dies in Erinnerung zu rufen, bedeutet nicht, einer passiven Kirche oder einer rein privaten Auffassung vom Glauben das Wort zu reden. Diese Grenzen nämlich beziehen sich nicht darauf, ob die Kirchen sich an der öffentlichen Debatte beteiligen sollen oder nicht, sondern darauf, *wie* sie ihre Sache vertreten. Die katholischen Bischöfe jedenfalls haben begriffen, daß diese Grenzen von der Komplexität der öffentlichen Angelegenheiten diktiert und durch die legitime Säkularität der öffentlichen Debatte selbst gezogen werden.

Dem Test, ob wir dieser Komplexität gerecht werden, müssen wir uns alle stellen. An diesem Test ist übrigens die religiöse Linke oft gescheitert und hat gerade dadurch den Weg für die religiöse Rechte geebnet. In Fragen der Verteidigungspolitik ebenso wie der medizinischen Ethik oder in anderen wichtigen Angelegenheiten des sozialen und ökonomischen Sektors sind die moralischen Dimensionen unseres öffentlichen Lebens untrennbar verwoben mit empirischen Urteilen, die auf eine zu respektierende Weise strittig sind. Daraus folgt für die katholischen Bischöfe natürlich nicht, daß man aufgrund der empirischen Komplexität die moralisch-religiöse Stimme in der Analyse und Behandlung dieser Angelegenheiten zum Schweigen bringen dürfte. Aber die Bischöfe haben verstanden, daß sie der öffentlichen Meinung sehr sorgfältig Rechenschaft darüber ablegen müssen, auf welchem Wege sie zu ihren moralischen Folgerungen gekommen sind.

Die Säkularität oder Profanität der öffentlichen Debatte verschärft die Schwierigkeiten jenes Tests. Obwohl die katholischen Bischöfe so eindeutig die öffentliche Rolle der Religion und der Moral im Leben der Nation wieder verstärkt in Erinnerung gerufen haben, sind sie doch auch davon überzeugt, daß die religiös verankerten Positionen in Sprachspiele, Argumente und Kategorien übersetzt werden müssen, auf die sich eine religiös pluralistische Gesellschaft als moralisches Fundament ihrer politischen Ausrichtung in den wichtigsten Fragen verständigen kann.

Im Stil ihrer Analysen und der Methode ihrer Argumentation unterläuft die religiöse Rechte nur allzu häufig die Komplexität unserer politischen Agenda und der legitimen säkularen Qualität unseres öffentlichen Diskurses. Unter solchen Gesichtspunkten wird das spezifische Profil der jüngsten katholischen Stellungnahmen besonders deutlich; es unterscheidet sich klar vom vorherrschenden Tenor mancher gegenwärtig geführter Debatten zum Thema ‚Religion und Politik'. Aufmerksamkeit verdient freilich auch die Tatsache, daß sich Gruppen nicht selten in den Voraussetzungen einer moralischen Vision sehr stark unterscheiden, obwohl sie dann zu ähnlichen Schlußfolgerungen kommen – wie etwa im Falle der Opposition gegen die Legalisierung der Abtreibung.

So wichtig diese Gesichtspunkte indessen auch sein mögen, die Angelegenheiten, mit denen eine religiös pluralistische Gesellschaft heute konfrontiert ist, gehen weit über Verfahrensfragen hinaus. Die *Substanz* einer religiösen bzw. moralischen Vision determiniert letztendlich die Einwirkung auf die öffentliche Debatte. Es sind gewichtige Probleme und Fragestellungen, die heutzutage das Interesse an Religion und Moral in der Politik wiederbeleben. Unsere Gesellschaft sieht sich zunehmend einem Problemdruck ausgesetzt, der unleugbar moralische Dimensionen aufweist. Man kann über diese Probleme nicht debattieren oder entscheiden, ohne ausdrücklich die moralische Dimension anzusprechen. Das Spektrum dieser Probleme reicht von der Empfängnis bis zum Tod, und wichtige Bereiche der Innenpolitik und der Politik in auswärtigen Angelegenheiten sind davon betroffen.

Diese moralische Dringlichkeit wird entscheidend verstärkt durch die globalen Auswirkungen unserer Politik und durch den technologischen Charakter unserer Kultur. Die Bedeutung, die beispielsweise den Menschenrechten in der Außenpolitik der Vereinigten Staaten eingeräumt wird, hat tagtäglich spezifische Konsequenzen für Menschen in Osteuropa, in Südafrika, in Südamerika oder in Asien. Aber die Formulierung einer an den Menschenrechten orientierten Politik ist nicht eine rein politische und technische Angelegenheit. Vielmehr sind moralische Analysen von Fall zu Fall erforderlich. Oder denken wir an das noch augenfälligere Problem des alles durchdringenden technologischen Wandels: Von der Medizin bis zur Militärstrategie werden dadurch Fragen aufgeworfen, die fundamental moralischer Natur sind und die nicht rein technisch oder taktisch angegangen werden dürfen. In den letzten zwei Generationen haben wir den genetischen Code entschlüsselt und das Atom gespalten. Weder diese Ereignisse selbst noch die revolutionäre Veränderung, die durch diese Ereignisse symbolisiert wird, können unabhängig von moralischer Analyse verstanden werden. Alle diese Themen betreffen Fragen öffentlicher Moral.

Auf diesen Terminus „öffentliche Moral" konzentrieren sich die Debatten über Religion und Politik. Aber man wird nicht sagen können, dieses Konzept sei auch verstanden. Im Grunde entsteht die Konfusion dadurch, daß zwei Fragen, die strikt zu unterscheiden sind, zusammengeworfen werden. Die eine Frage lautet: wie legen wir in der objektiven Ordnung von Recht und Politik überhaupt fest, welche Themen einer öffentlich-moralischen Debatte unterliegen sollen und welche am besten der privaten moralischen Entscheidung überlassen werden? Die zweite Frage lautet: gesetzt den Fall, es handelt sich um eine Angelegenheit von öffentlich-moralischer Bedeutsamkeit – auf welche Weise sollte dann ein Politiker seine persönlichen religiösen und moralischen Überzeugungen in ein Verhältnis setzen zur Wahrnehmung seiner öffentlichen Aufgaben und Pflichten? Der Jesuit John Courtney Murray, der im Rahmen von Vaticanum II herausragende Beiträge zur „Deklaration über die Religionsfreiheit" geleistet hat – ein großes intellektuelles Vermächtnis für die amerikanische katholische Kirche –, hat einige wichtige Ideen zur ersten Frage beigesteuert, die besonders auch für die neue politische Rolle der amerikanischen katholischen Bischöfe bedeutsam sind.

Murray stellt klar, ein Thema sei dann als öffentlich-moralisch zu behandeln, wenn es die öffentliche Ordnung der Gesellschaft tangiert. Öffentliche Ordnung wiederum wird näherhin durch drei Güter spezifiziert: öffentlicher Friede, prinzipieller Schutz der Menschenrechte und allgemein akzeptierte Standards moralischen Verhaltens in einer Gemeinschaft. Freilich, ob ein Problem als eines der öffentlichen Moral interpretiert werden sollte, versteht sich nicht immer von selbst. In einem rational überzeugenden Verfahren muß in einem gegebenen Falle herausgearbeitet werden, ob und inwiefern eine Handlung die Rechte anderer verletzt bzw. inwiefern die Konsequenzen von Handlungen aus einem gegebenen Anlaß so wichtig für die Gesellschaft sind, daß die Autorität des Staates und der Gesetze bemüht werden sollte, das Verhalten von Individuen und Gruppen zu regulieren. In einer religiös pluralistischen Gesellschaft wird es offenkundig niemals eine leichte Sache sein, einen Konsens darüber herbeizuführen, was eigentlich ein Problem zu einer Angelegenheit der öffentlichen Moral macht. Tatsächlich aber sind wir in den Vereinigten Staaten dazu bislang immer in der Lage gewesen – in einem Verfahren, das über die Diskussion zu Entscheidungen und schließlich zur Überprüfung dieser Entscheidungen führte.

Zwei kontrastierende Fälle mögen beispielhaft verdeutlichen, wie wir uns mit dem Problem der öffentlichen Moralität in der Vergangenheit auseinandergesetzt haben. Zunächst möchte ich an die Prohibition erinnern als an das Beispiel für einen Versuch, die Legislative zur Disziplinierung des Verhaltens in einer Angelegenheit einzusetzen, die ihrer Natur nach nicht hinreichend qualifiziert ist, die öffentliche Ordnung zu beschäftigen, und die deshalb letztlich der Reichweite bürgerlicher Gesetze nicht unterliegen sollte. Ein anderes Beispiel sind die bürgerlichen Rechte (civil rights), speziell in den Bereichen von Wohnen, Erziehung, Beschäftigung, Wahlrecht und Zugang zu den öffentlichen Dienstleistungen; nach kriegerischen Auseinandersetzungen und nach heftigen Kämpfen im Bereich von Politik und Recht wurde schließlich der Auffassung Geltung verschafft, daß sich der Staat in einer Frage, die so zentral die öffentliche Ordnung tangiert, nicht länger neutral verhalten darf.

Heute besteht bei uns in Recht und Politik ein ganz klarer Konsens in dieser Angelegenheit, ebenso wie es inzwischen ganz klar ist, daß die Entscheidung, alkoholische Getränke zu sich zu nehmen, in die Kompetenz privater Moralität gehört. Keine dieser Entscheidungen wurde ohne Kampf erreicht. Eine Art Automatik in der Entwicklung des öffentlichen Konsenses gab es in keiner Frage. Philosophen, Aktivisten, Politiker, Prediger, Richter und ganz normale Bürger mußten eine Angelegenheit erst mühsam zu einem „Fall" machen, mußten sich um die Bedingungen der Herstellung eines Konsenses kümmern und mußten dann schließlich einen Weg finden, dem Konsens im Leben der Nation auch Anerkennung und Dauerhaftigkeit zu verschaffen. Daß ein Ansinnen zu einem gegebenen Zeitpunkt einer spontanen öffentlichen Zustimmung enträt, muß nicht bedeuten, daß Konsens grundsätzlich ausgeschlossen wäre. Wenn man ihm vorhielt, man könne doch die Moralität nicht mit Gesetzen herbeizwingen, pflegte Martin Luther King jr. zu sagen, das Gesetz sei zwar nicht in der Lage, die Menschen zu animieren, ihre Nachbarn zu lieben, aber es könne sie sehr wohl daran hindern, ihre Nachbarn zu lynchen. Das Gesetz und die Formen der Politik können als Instrumente dienen, den öffentlichen Konsens zu befördern; sie sind nicht einfach nur Produkt des Konsenses.

Die Debatte über öffentliche Moralität ist mithin unerläßlich in einer pluralistischen Gesellschaft; dieser

Diskurs wird niemals enden. Im Oktober 1984 erklärte Bischof James Malone, der Präsident der Nationalen Konferenz katholischer Bischöfe: „Wir nehmen zur Kenntnis, daß Bürger und Politiker womöglich mit unserer moralischen Argumentation übereinstimmen, während sie mit uns und untereinander keineswegs in der Frage einig sind, wie man am wirksamsten rechtlich und politisch ein Problem lösen könnte. Relevante Fragen auf diese Weise anzugehen, schafft viel Raum für den Dialog über die Frage, wie akzeptable Antworten auf eine Herausforderung aussehen könnten. Aber man sollte eben die Debatte nicht darauf hinauslaufen lassen, ob eine Antwort in der politischen Ordnung erforderlich ist." Diese Unterscheidung zwischen moralischen Prinzipien und politisch-rechtlichen Strategien stellt einen elementar wichtigen Beitrag zu der nationalen Debatte über Religion und Politik und zur Diskussion über diese Fragen innerhalb der amerikanischen katholischen Kirche dar. In einer ganzen Reihe von Fragen – von der Atompolitik bis zur Sozialpolitik – haben die amerikanischen Bischöfe zu beidem Stellung genommen: zu moralischen Prinzipien und zu spezifischen Lösungen. Nur wenn man sorgfältig die Gesprächsebenen unterscheidet, kann es gelingen, auch die zweite Frage im Problemfeld ‚öffentliche Moralität' zufriedenstellend zu klären: das Verhältnis von persönlicher Überzeugung und öffentlichen Aufgaben und Pflichten. Noch einmal: die Frage ist nicht, ob die tiefsten persönlichen Überzeugungen eines Politikers auf seine öffentlichen Entscheidungen durchschlagen, sondern wie diese beiden Momente aufeinander bezogen sein sollten.

Die Bischöfe haben ganz klar ihre Auffassung zum Ausdruck gebracht, daß sie Leute in öffentlichen Ämtern sehen wollen, deren tiefste Glaubensüberzeugungen ihren Charakter geformt haben und sie zur Führung in öffentlichen Angelegenheiten befähigen. Diese Grundauffassung wird, davon sind die Bischöfe überzeugt, von den meisten Bürgern geteilt. Wir entscheiden uns, bestimmte Leute mit öffentlichen Ämtern zu betrauen, gerade auch deshalb, weil wir hoffen, sie möchten das öffentliche Leben mit ihren bestimmten Überzeugungen beeinflussen! Allerdings haben die Bischöfe auch Wert darauf gelegt, daß die Komplexität des Verhältnisses zwischen persönlichen Überzeugungen und politischen Entscheidungen selbst gründlich debattiert wird. Eine bestimmte Politik ist das Resultat von bewußten Entscheidungen der Individuen. Aber die Entwicklung des öffentlich-politischen Diskurses, der auf einen breiten Konsens angelegt ist, darf nicht auf die persönlichen Überzeugungen eines einzelnen Individuums, und sei es ein Amtsinhaber, zurückgeführt werden. Ob wir uns nun dem Problem des Wettrüstens zuwenden, ob wir uns der Frage widmen, wie man die ökonomischen Bedürfnisse der Armen und der an den Rand Gedrängten behandeln müsse, oder ob wir uns der Herausforderung stellen, eine neue Politik in der Frage der ‚Abtreibung auf Verlangen‘ zu entwickeln – immer steht am Beginn einer solchen Urteilsbildung eine Reihe sehr bewußter Entscheidungen und Stellungnahmen, die darin übereinstimmen, daß ein neuer Weg eingeschlagen werden müsse. Danach kann dann die Suche nach einer einvernehmlichen und moralisch vertretbaren Politik beginnen.

Indem die amerikanischen katholischen Bischöfe sich dafür entschieden haben, aktiv und öffentlich bei dieser Suche mitzuwirken, haben sie sich in einem hoch-kontroversen Szenario exponiert. Es gibt keinen Anlaß anzunehmen, die Bischöfe wüßten nicht, was sie tun, oder sie würden sich verschreckt aus der öffentlichen Debatte zurückziehen. Offensichtlich haben sie sich aufgemacht, das klassische prophetische Spiel zu spielen. Sie haben eine moralische Vision für die Nation artikuliert, und sie sind sich ihrer Einwirkung auf Kirche und Staat bewußt; das mußte Zustimmung *und* Widerstand hervorrufen. Was dabei herauskommen wird, hängt davon ab, ob die amerikanische Öffentlichkeit, einschließlich der in dieser Kultur heimischen Katholiken, bereit ist, sich dieser Herausforderung zu stellen.

Gustav H. Blanke

Das amerikanische Sendungsbewußtsein: Zur Kontinuität rhetorischer Grundmuster im öffentlichen Leben der USA

Eisenhowers Außenminister John Foster Dulles sagte einmal: Wir wurden in dem Glauben groß, daß die Vereinigten Staaten, und nur die Vereinigten Staaten, der Menschheit „den Weg weisen zu einem besseren und reicheren Leben. Diese Mission stand uns immer vor Augen ... Weltmission war für uns ein Hauptthema."[1] Ähnlich drückte sich der damalige Präsidentschaftskandidat Adlai Stevenson in einer Wahlrede aus und fügte hinzu: „Das Gefühl einer neuen Menschheitsdämmerung echot aus den großen Reden und Dokumenten, die die Grundlagen der Vereinigten Staaten sind."[2] Beide Zitate legen nahe, daß das Sendungsbewußtsein und der Glaube, „der Welt letzte beste Hoffnung" (Lincoln) zu sein und von der übrigen Welt so angesehen zu werden, tief im amerikanischen kollektiven Bewußtsein verankert sind. Beides verbindet sich dort mit anderen „Amerikanismen", die zusammen einen amerikanischen Mythos ergeben. Dazu gehören der „Bund mit Gott" (covenant) und der Glaube, an der Spitze der heilsgeschichtlich und progressivistisch gedeuteten Weltgeschichte zu stehen, und die Überzeugung, daß es die vornehmste Rolle der Vereinigten Staaten ist, die Erreichung dieses Zieles mit Hilfe des „American way" und eines klar umrissenen politisch-wirtschaftlich-gesellschaftlichen Systems von Werten und Einrichtungen voranzutreiben. Gunnar Myrdal hat gesagt, es sei das Geheimnis Amerikas, von allen „großen und kleinen Ländern des Westens das einheitlichste und festeste, im Bewußtsein des Volkes lebendigste System klar ausgesprochener Ideale für das menschliche Gemeinwesen" zu besitzen.[3] Andere Forscher haben dargelegt, daß der extrem stark ausgeprägte amerikanische Ethnozentrismus oder das, was Alexis de Tocqueville „un patriotisme irritable“ genannt hat, nicht so schwer zu begreifen ist.[4] Er entstand ja schließlich an der Schwelle der Periode des Nationalismus. Den Vätern der neuen Nation war klar, daß die Einwanderer, die eine neue Heimat gewinnen wollten, mit Hilfe eines solchen Systems klar definierter Werte und Einrichtungen sich eher mit der neuen Nation identifizieren könnten und daß es ihnen leichterfallen würde, das Gefühl ihrer Entwurzelung zu überwinden. Es wurden deshalb viele feierliche Anlässe geschaffen, bei denen die beliebtesten und rhetorisch gewandten „public spokesmen“ die Aufgabe hatten, das Gemeinwesen als das universale Modell erscheinen zu lassen.[5] Kein anderes Volk entstand aus so vielen heterogenen Elementen. Sollten sie zu einer einigen Nation zusammenwachsen und mit Stolz über das gemeinsame Volk nach Hause berichten, brauchten sie einen neuen Mythos und etwas, das Rousseau in seinem „Contrat social“ als „Zivilreligion“ den neuen Nationen empfahl. Ähnliches hatten die puritanischen Föderaltheologen die neuenglischen Kolonisten gelehrt: Die Religion, zumindest der Teil davon, der die Bürger miteinander und mit Gott verband, sollte auch Politik und Staatskunst sein, und die Staatskunst sollte auch Religion sein – allerdings frei von jedem Druck bestimmter Kirchen und Denominationen[6].

Von der Gründung der neuenglischen Kolonien und der Gründung der amerikanischen Republik bis heute wird das öffentliche Leben in Amerika von patriotischen Reden und Predigten begleitet, die sich an den nationalen Feiertagen, bei Gründungsfeiern, bei der Einführung eines neuen Gouverneurs oder Präsidenten, bei politischen Wahlen, am Unabhängigkeitstag, am Thanksgiving-Tag, am Memorial Day usw. mit feierlichen Riten verbinden, die den Sinn haben, Nationalismus und Patriotismus zu stärken und die Herstellung von politischem Konsensus zu erleichtern.[7] Die Massenmedien, die Kirchen, die Schulen, Colleges und Universitäten, die Inschriften an den nationalen Monumenten, auf dem amerikanischen Dollarschein und nicht zuletzt die Werke nationalistisch eingestellter Historiker und Schriftsteller wirken an der Herstellung und Verbreitung der rhetorischen Grundmuster im kollektiven Bewußtsein der amerikanischen Bürger intensiv und kontinuierlich mit. Die große Kohärenz, Konsistenz und Kontinuität dieser Muster reizt dazu, ihrer Entstehung noch einmal nachzugehen.[8]

Aus der Fülle des zur Verfügung stehenden Materials abstrahiere ich einen Satz mit vier Hauptelementen (Gott, Amerika, Sendung, Ziel), aus dem sich die vielen tatsächlich gesprochenen und geschriebenen Sätze durch Variation oder Paraphrasierung generieren lassen:

God has given America the mission to save mankind.

Wenn Gott an die zweite Stelle rückt, heißt der Satz im Passiv:

America has been commissioned by God to save mankind,

oder in säkularisierter Form:

America is destined to establish peace, liberty, and the most perfect world order.

Zu Beginn, im puritanischen 17. Jahrhundert, lag der Akzent eindeutig auf den religiösen Wörtern; von Amerika war noch kaum die Rede:

God commissioned his invisible saints in New England to complete the work of Reformation.

Neuengland konnte auf mannigfache Weise paraphrasiert werden. Es war „the saving remnant of the once holy nation of England“, „the chosen people“, „the covenant people“, „God's new Israel“, „God's last American Israel“. Die aufklärerisch eingestellten Väter der amerikanischen Republik schwächten das religiöse Vokabular ab, aber es taucht bis heute immer wieder auf, vor allem bei den Fundamentalisten. Das Ziel der Sendung ist besonders vielfältig zu umschreiben. Zwischen der religiösen Sendung, die Reformation zu vollenden, und der Sendung, die Menschheit zu erlösen, gibt es viele Zwischenstufen: der Welt ein Beispiel geben, anderen Völkern das Modell vorstellen, andere Nationen zur Nachahmung des Beispiels anregen, gegen die Kinder der Finsternis kämpfen, Amerika in ein neues Jerusalem verwandeln, das Neue Jerusalem antizipieren, das Beispiel einer freien Gesellschaft mit Hilfe verschiedener Mittel ausbreiten, barbarische Völker zivilisieren, alt und dekadent gewordene Völker verjüngen und neu beleben, den Fortschritt anführen, Amerika zur Basis von Gottes Operationen machen, die Herbeikunft der Ereignisse der Letzten Tage beschleunigen, das Reich Gottes auf Erden errichten, die ideale Weltordnung mit Gottes Hilfe im Rahmen der menschlichen Unzulänglichkeiten verwirklichen, usw.

Die religiösen und moralistischen Zielbestimmungen haben die rhetorischen Grundmuster am meisten geprägt. Die Vereinigten Staaten sind seit 1954 offiziell „a nation under God". Kein patriotischer Redner stößt auf ernsthafte Kritik, wenn er sagt, die Nation sei „wie eine Kirche" auf dem Fels universaler Deklarationen und Affirmationen errichtet, sie habe „die Seele einer Kirche", und die amerikanische Demokratie sei, so auch Eisenhower, „der Ausdruck einer tiefempfundenen Religion". Wichtig sind dabei die sorgfältige Vermeidung dogmatischer Festlegungen auf die Position einer *bestimmten* Kirche und die vage Angleichung von „religion", „the will to believe" und „belief as will".[9]

Ich möchte nun die historische Entwicklung kurz darstellen und belegen. Wegen des geringen zur Verfügung stehenden Raumes erschien es mir geboten, kurze Zitate (z. T. in Übersetzung) aus längeren Texten herauszureißen und nebeneinander zu stellen, um die Muster sichtbar zu machen und die Frage nach Kontinuität und Wandlung beantworten zu können.

Bis auf den heutigen Tag beziehen sich amerikanische Präsidenten bei feierlichen Anlässen gern auf John Winthrop, den ersten Gouverneur von Massachusetts, der vor seiner Landung in Neuengland 1630 an Bord der „Arrbella" den Mitauswanderern eine Predigt hielt, in der er das geplante Gemeinwesen vorstellte. Er verglich es dabei mit der hochgebauten Stadt, „a city upon a hill“, die in die Welt hinausleuchtet, so daß „the eyes of all people“ darauf gerichtet sind. Gott lade sie dazu ein, mit ihm einen neuen Bund einzugehen, und er überlasse es ihnen, die Artikel des Bundesvertrages selbst zu entwerfen. Wenn er sie sicher an ihrem Ziel landen lasse, dürfe man annehmen, er habe den Bund „ratifiziert“. Aber er erwarte von ihnen, „to be knit together in this work as one man“; sie müßten stets damit rechnen, daß Gott sie hart strafen und züchtigen werde, wenn sie den Bund brächen.[10]

Drei der vier Grundelemente unseres Musters kommen bei Winthrop nicht wörtlich vor. Es handelt sich noch nicht um „Amerika“, sondern um einen kleinen Teil von Neuengland. Anstatt von „mission“ ist von „commission“ die Rede oder von einem Auftrag, den die Siedler von Gott entgegennehmen, um ein Werk zu tun, bei dem sie seine Hilfe brauchen. Das Ziel ist „the increase of the body of Christ“ und die Errichtung eines „Modells“, von dem Winthrop hofft, daß andere Völker es erkennen und nachahmen werden.

Winthrops erster Mitarbeiter, Rev. John Cotton, befaßte sich derweil mit „God's Promise to his Plantation“ (London 1630), worin er betonte, daß Gott seinen neuen Bund nicht brechen werde und seine Heiligen in Neuengland sein neues „Israel“ sein würden. In weiteren Publikationen machte Cotton den Engländern gegenüber geltend, daß alle, die „the pure ordinances of Christ“ akzeptierten, in dem theokratischen Gemeinwesen die gleiche Freiheit und „brotherly equality“ genössen. Dieser „New English Way“ wurde die Grundlage für das, was man heute allgemein als „the American way“ benennt. Cotton und die Kongregationalisten bezogen ihren Sendungsauftrag vor allem auf „the completion of Reformation“. „The saving remnant“ hatte der lauen englischen „Laodicea“ (Off. Joh. 3, Vers 16) klarzumachen, was zu tun ist, damit die auf halbem Wege stehengebliebene Reformation neu in Gang käme. Galt es doch, das große Ziel nicht aus den Augen zu verlieren, nämlich „the increase of the body of Christ". Dieser Prozeß ist prinzipiell unbegrenzbar: In den alten Drucken und Bildbeigaben wird phantasievoll vorgeführt, wie sich „the body of Christ" über den ganzen Erdball ausbreitet.[11]

War es nun die prekäre Situation, in der sich die Kolonisten befanden, oder war es die Hoffnung, den „invisible saints" und „God's elects" anzugehören, die die Neuengländer zu so großen Anstrengungen beflügelte, wozu auch die Aufgabe gehörte, auf die alte Heimat einzuwirken? Das Hinüberschicken von Predigttexten und Traktaten war ein Aspekt dieser Sendung, und die Lichtmetaphorik eignete sich besonders gut dazu, die Sendungsrhetorik zu gestalten. „O England, my dear native country", so schrieb Rev. Shepard, „thy light is now coming, and the glory of the Lord is now rising upon thee. Though darkness hath covered a part of thee hitherto, through the wickedness of those that hated light, yet now the Lord Himself (I trust) will rise upon thee . . .".[12] Der mit den „Puritan divines" wetteifernde Hauptmann der Miliz Edward Johnson ging 1654 noch einen Schritt weiter, als er prophezeite, Gottes amerikanisches Israel würde schließlich das Neue Jerusalem errichten, das die Pforten des Himmels berührt. Vorher aber würden große Verwandlungen in der politischen Welt von Amerika ausgehen.[13]

Allmählich aber wurde den Neuengländern klar, daß ihre Sendung nicht in England ankam.[14] Selbst die siegreichen Cromwellianer dachten nicht daran, sich von den Neuengländern belehren zu lassen, und ihre Lichtmetaphorik regte sie zu der Frage an, ob es nicht an der Zeit sei, die alte heliotropische Idee vom Weiterwandern des Lichts als „vulgar error" zu verwerfen.[15] Rev. Thomas Fuller meinte, das Weiterschreiten des Lichts nach Westen sei durchaus kein Abwandern. Möge das Licht Christi das düstere Ufer im Westen erhellen, denn England verfüge über genügend viel, um davon etwas abzugeben.[16] Als die Neuengländer nach der Restauration der Stuarts erkannten, daß ihre Privilegien in Gefahr waren, schraubten sie ihre Sendungsrhetorik zurück und definierten ihren Auftrag als „errand into the wilderness“[17]. Bei dieser Verwandlung der Wildnis in einen Gottesgarten ging es auch um die umstrittene Heidenmission. Die meisten Siedler plädierten für eine Dezimierung der „leibhaftigen Kinder des Satans“. Doch der Indianerapostel John Eliot hatte „the strange conjecture“, die Indianer seien die Nachkommen von Hebräern, die irgendwann einmal in der „Domäne des Teufels“ Siedlungsraum fanden und dabei auf die falsche Bahn gerieten. Ihr erneuter Kontakt mit dem Alten Testament habe aber einige von ihnen wachgerüttelt. Ihre Bekehrung würde „die Ereignisse der Letzten Tage“ in Gang setzen und das Prophetenwort wahr machen, wonach das Gottesreich beginnen werde, sobald auch die Juden sich zu Christus bekennen.[18] In seinen „apokalyptischen Phänomenen“ nahm der Bostoner Richter Samuel Sewall diesen Gedanken wieder auf und verband ihn mit der These der frühen Entdecker, wonach Amerika der Ort des verlorenen und wiederzugewinnenden Paradieses sei. Deshalb würde hier auch der Ort des Neuen Jerusalem sein. „As Jerusalem was westward of Babylon, so New Jerusalem must be westward of Rome“; „. . . somewhere in the roomy spaces of America Mexicana“ würde „the realm of righteousness“ seinen Anfang nehmen.[19] Damit war die Sendungsrhetorik um ein neues Element bereicht worden, das den Mythographen und ethnozentrischen Patrioten sehr gelegen kam, z. B. Joseph Smith und seiner Kirche der „Heiligen der Letzten Tage“[20].

Im Jahre 1702 erlebte die Sendungsrhetorik eine weitere Förderung durch Cotton Mathers „Magnalia Christi Americana“: So wie einst die heilige Mutter mit ihrem Kind in die Wüste ging, so ging die reine Kirche mit ihren Getreuen in die amerikanische Wildnis, um als „wilderness-church“ zu erstarken, und zwar mit dem Auftrag, „the wilderness of the world“ zu bedrängen und zu überwinden. Was aber das Licht Christi anging, so glaubte Mather, es würde in Amerika *am hellsten* erstrahlen, weil es dort *zuletzt* aufgegangen sei. Es würde immer heller erstrahlen, und „an Asiatic removal" sei nicht zu befürchten. Der „Kreis des Lichts" würde in Amerika geschlossen.[21] Cotton Mather bereitete damit eine neue Erweiterung des rhetorischen Musters vor, wie 1726 in dem berühmten Gedicht von Bischof Berkeley über „the course of empire"[22] und einige Jahrzehnte später in dem Werk von Jonathan Edwards erkennbar wurde: In Amerika würde das nach Westen weitergewanderte Licht des Glaubens und des Imperiums im letzten, fünften Akt des Menschheitsdramas im höchsten Glanz erstrahlen; im äußersten Westen angekommen, würde das Licht Christi den Teufel aus seiner Domäne verjagen, es würde zu immer größerer Lichtfülle anwachsen, um nach allen Seiten auszustrahlen und nach Osten in die inzwischen düster gewordene Alte Welt zurückstrahlen („to reblaze") zu können. „The Morning Star" von Increase Mather und Cotton Mather wurde bei Jonathan Edwards zum „Day Star", nachdem „The Great Awakening" „the dawning of the day of the Lord" oder den Beginn des letzten millennialen Tages, der nicht zu Ende gehen würde, in Gang gesetzt hatte. Der Tag des Herrn hatte also im äußersten Westen, nämlich in Amerika, zu dämmern angefangen. Im Mittag angekommen, würde das Licht nach allen Seiten ausstrahlen vor allem aber nach Osten, denn es hatte Gott gefallen, das Licht des Glaubens von Jerusalem ausgehen zu lassen, und nun gefiel es ihm, „die Sonne der christlichen Gerechtsamkeit", das Licht des bestmöglichen Gemeinwesens, vom Jerusalem des Westens ausgehen zu lassen. „Contrary to the course of this world . . . the Sun of Righteousness will rise in the west, until it shines throughout the world", und damit werden sich in westöstlicher Richtung Freiheit, Ordnung, Liebe und Weltfrieden sowie „worldly prosperity, joy, and gladness" über die Welt verbreiten.[23]

Die Väter der amerikanischen Revolution konnten mit dem posthum erschienenen Hauptwerk von Edwards, „The Work of redemption“, das zwei Jahre vor der Unabhängigkeitserklärung im fernen Schottland herauskam, nicht viel anfangen. Aber sie waren wie Edwards und wie der eingangs erwähnte John Foster Dulles mit dem Sendungsglauben groß geworden, dessen Kontinuität unübersehbar war, mochte er auch in sehr unterschiedlichen Fassungen zu Wort kommen. Auch wegen der hohen Publikumswirksamkeit wollte man auf seine religiöse Gestaltung keineswegs verzichten. Die aufklärerische Gestaltung derselben Sache wurde etwa bei John Adams spürbar, der 1765 in seiner juristischen Dissertation schrieb, er habe die Entdeckung und Besiedlung Amerikas stets mit Ehrerbietung und Staunen betrachtet, „as the opening of a grand scheme and design in Providence for the illumination of the ignorant, and the emancipation of the slavish part of man-kind all over the earth“.[24] Hier wurde eine neue Zivilisation errichtet, die die Europäer und andere aufhorchen lassen und sie vielleicht veranlassen würde, über Kriege und soziale Ungerechtigkeiten neu und anders nachzudenken. Die Revolutionäre fühlten sich moralisch gerechtfertigt, ihre Bewegung mittels eines Krieges zum Siege zu führen, der in der Welt als ein Signal verstanden würde. 1781 schrieb John Adams: „Der große Plan der Vorsehung muß erfüllt werden ... Der Fortschritt der Gesellschaft wird durch diese Revolution um Jahrhunderte beschleunigt ... Das Licht des Tages breitet sich von seiner westlichen (sic) Quelle her aus. Möge es weiter ansteigen, bis der volle Tag erreicht ist.“[25] Nach Anhören einer Predigt, die der Presbyterianer Duffield 1783 in Philadelphia anläßlich der Friedensfeiern hielt, zeigt sich Adams sehr froh darüber, daß auch in der Predigt eine so glückliche Vermählung von christlichem und aufklärerischem Gedankengut zu vernehmen war.[26]

Erstaunlicherweise war es den patriotischen Predigern und politischen Rednern auch möglich, die theologische Typologie weiterzuführen: Gottes amerikanisches Israel wurde als die „Vollendung“ oder als der „Antitypos“

des alten Israel und als „Typos“ oder „foreshadowing“ eines weit glorreicheren Gemeinwesens gefeiert. Amerika hatte die apokalyptische Sendung erhalten, jene prophezeite „freudvolle“ Periode einzuführen, in der alle Nationen sich um die Standarte Christi versammeln würden.[27] 1793 und 1794 griffen Rev. Boudinot und Rev. Austin auf Edwards und seine Interpretationen von Dan. 7, 13–14 zurück und verstärkten dabei das mit Edwards beginnende „postmillennialistische“ Muster: Das fünfte Reich, das in Amerika seinen Anfang nahm, werde nie enden: Das Neue Jerusalem werde sich von Amerika aus in dem Maße über die Erde ausbreiten, in dem die Völker das amerikanische Beispiel erkennen und nachahmen. Der fünfte und letzte Akt des Menschheitsdramas werde nicht in einer Katastrophe enden. Das „Wiederlosreißen“ Satans und „Hermagedon“ würden demnach also Teil einer graduellen und progressiven postmillennialistischen Verwandlung der Erde sein.[28]

Nach der Revolutionszeit kam noch ein weiteres Element in das rhetorische Muster hinein, nämlich der häufige Bezug auf das alte Israel. 1777 predigte Nicolas Street über die „American States“, die wie das alte Israel durch die „Wüste“ gewandert und nun im Lande der Verheißung angekommen waren, und 1788 predigte Samuel Langdon über die alttestamentarische Republik als Vorbild der Vereinigten Staaten.[29] 1837 stellte John Quincy Adams in seiner Ansprache zum 4. Juli die rhetorische Frage, ob der Gesellschaftsvertrag von 1776 und die amerikanische Sendung nicht auf der Geburt Christi und der Sendung des Erlösers begründet seien und ob damit nicht die Prophezeiung erfüllt würde, die 600 Jahre vor Christi Geburt gemacht worden war.[30] Es bürgerte sich die Redewendung ein, die Geburt der Vereinigten Staaten sei das zweite große Ereignis der Geschichte und die Vereinigten Staaten seien die „Erlösernation“[31].

Mit dem zunehmenden Interesse der erstarkenden Union an einer kontinentalen Expansion kam dann ein ganz anderer, weltlicher Ton zu der Rhetorik hinzu: Die amerikanische Republik sei dazu „bestimmt", die angrenzenden Territorien, zumindest bis zum Pazifik, in sich aufzunehmen. Die geographische Lage der Nation, die Situation der Indianer, die Loslösung der mittel- und südamerikanischen Kolonien vom spanischen Joch sowie die triste Situation der neuen mexikanischen Republik machten den „Zwang" zur Expansion „manifest". Indianern wie Mexikanern wurde zugemutet, die „Benevolenz" der Expansionspolitik zu begrüßen und es „segensreich" zu nennen, von den Vereinigten Staaten absorbiert, regeneriert, christianisiert und zivilisiert zu werden. Die Wörter „destiny" und „manifest" wurden in den ersten Jahrzehnten des 19. Jahrhunderts so häufig in das Muster der Sendungsrhetorik eingebaut, daß O'Sullivans Prägung des Terminus „manifest destiny" (1845) allgemein akzeptiert und dem rhetorischen Muster einverleibt wurde.[32] Die Expansion zum Pazifik war danach „gottgewollt", „natürlich", „naturgesetzlich" und „unabwendbar". Dies sollten auch die alten imperialen Mächte einsehen; deshalb gaben die Vereinigten Staaten ihnen schon 1823 durch Präsident Monroe zu verstehen, daß alle neuen Versuche einer Verfestigung ihrer überholten Systeme in der Neuen Welt zu unterbleiben hätten. Die europäischen Nationen nahmen dies hin, obwohl einflußreiche Staatsmänner von Metternich bis Bismarck diese „Doktrin" völkerrechtswidrig nannten und die Rhetorik über Amerikas Sendung und Bestimmung belächelten und verspotteten.[33] Da die Europäer aber andere Sorgen hatten, blieben die Amerikaner mit ihren Debatten über die Expansionspolitik und über das Problem der konkurrierenden Ausdehnung sklavenhaltender und sklavenfreier Staaten unter sich. Daß es den Rednern in dieser Situation nicht immer ganz leichtfiel, den moralistischen Akzent der Sendungsrhetorik beizubehalten, ist in den Reden zum 4. Juli und in den zeitgenössischen Veröffentlichungen über Amerikas Mission unschwer zu erkennen.

Allerdings muß man einen Unterschied machen zwischen den Reden oder Redeteilen, die sich mit der Sendung in Richtung auf Europa befassen, und jenen Texten, die die amerikanische Politik hinsichtlich anderer Teile der westlichen Hemisphäre im Auge haben. Was Europa anbetrifft, so war es z. B. John Quincy Adams, der als Berater von Präsident Monroe fungierte, klar, daß sich die Vereinigten Staaten weiterhin separatistisch, isolationistisch oder anti-interventionistisch verhalten müßten. Schon 1821 erklärte er bei einer Feier zum 4. Juli: „Die Vereinigten Staaten kamen nicht in die Welt, irgendein Monster aufzuspüren" oder Kreuzzüge zu führen, so sehr ihnen auch die Verhältnisse und politischen Überzeugungen anderer Mächte mißfielen. Vielleicht könnten die Vereinigten Staaten einmal stark genug werden, „the dictatress of the world" zu werden, aber damit würden sie aufhören, „to be the ruler of her spirits"[34]. Was aber die Neue Welt anbetraf, so war man sich einig über den Sendungsauftrag, das „Areal der Freiheit" zu vergrößern. Uneinig war man sich nur über die Mittel. James Kowles sprach sich am 4. 7. 1823 eindeutig für die Beschränkung auf friedliche Mittel aus. Dagegen brachte Edward Everett am 4. 7. 1824 auch die „Stärke" ins Feld: Die Vereinigten Staaten sollten bei der Lösung kontinentaler Probleme auch der Alten Welt zeigen, daß sie willens seien, mit Hilfe verschiedener Mittel „die großen Probleme der Menschheit zu lösen. Die großen Toten mahnen uns . . ., unsere Kräfte zu gebrauchen"[35]. W. E. Channing ging noch einen Schritt weiter, als er erklärte, die kontinentale Politik befasse sich mit einer Expansion, „to which nothing authorizes us to set bounds"[36]. 1846 verteidigte John Gilping in einer Ansprache über die „Mission" der Vereinigten Staaten den Entschluß, sich in die mexikanischen Angelegenheiten einzumischen, um jene rückständigen Völker zu verjüngen, zu regenerieren, sie zu echten Christen zu machen, zu zivilisieren, sie an dem Fortschritt der Menschheit teilnehmen zu lassen usw.; das bedeute eben auch, daß man sie unterwerfe („to subdue")[37].

Nach dem Sieg über Mexiko und der Annexion großer mexikanische Gebiete gaben manche Amerikaner zu, ihrer „ambition for aggrandizement" zu sehr nachgegeben zu haben, aber diese Ambition sei schließlich zweitrangig gegenüber dem Sendungsauftrag, „the controlling influence of the world" zu werden.[38] Diejenigen, die echt besorgt waren, Amerika könne nun bald Anstalten machen, „the dictatress of the world" zu werden, legten nun doppelten Wert darauf, bei feierlichen Anlässen die *moralische* Sendung und die Erwartung *freiwilliger* Nachahmungen des amerikanischen Beispiels zu betonen. So heißt es in der Schrift von Charles Taggart „The Moral Mission of our Country" (1853): „For four thousand years the world has been waiting, hoping and longing with anxious soul for an example of self-government, universal intelligence, free conscience, and moral power, and we believe that it is ours to offer that example."[39] John Calhoun, der geistige Führer der Südstaaten, sagte damals, Amerika dürfe einen Angriffskrieg, wie man ihn gegen Mexiko geführt hatte, nicht wiederholen. „(We can) do more to extend liberty by our example than could be done by a thousand victories."[40] Daniel Webster brachte dies auf die Formel: „Our business is to make proselytes by our example."[41]

Gleichzeitig ließ man die Europäer wissen, daß „spiritual warfare" gegen die Machtpolitik der Europäer und gegen die Habgier, die tyrannischen Gelüste und das Geltungsbedürfnis der Monarchen ein Teil der amerikanischen Sendung sei. 1853 sagte der Vater des amerikanischen Imperialismus, William Seward: „Wir nähern uns einem universalen Krieg der Meinungen", von dem man nicht wisse, ob er nicht in einem Krieg mit Waffen enden werde[42]. Rev. Wadsworth meinte dazu zwei Jahre später: „Der kommende Krieg der Erlösung Europas wird wahrscheinlich kein militärischer sein, sondern ein intellektueller. Unsere Mission ist keine militärische Intervention . . . Wenn sich aber die europäischen Imperien in ihrer essentiellen Feindseligkeit gegenüber unserer heiligen Sache miteinander verbinden sollten, was nicht unmöglich erscheint, dann werden wir allerdings von Gott berufen sein, für die heilige Sache zu kämpfen ... Amerika, der apokalyptische Menschensohn, muß sich seiner Erlösungsmission beugen und seine Bestimmung erfüllen."[43] Ähnlich heißt es bei George F. Gordon in seiner Rede zum 4. Juli 1858: „There is a great work to be done in the world, and *we* must do it! Our natural tendencies are all that way, and no diplomatic fogysm can stand in the battle-path of the American democratic element, as it rushes onward, destiny-driven and God-directed, baptizing the nations with the waters of political salvation."[44]

Der Bürgerkrieg unterbrach diese Entwicklung der Sendungspolitik und Sendungsrhetorik. In den nächsten Jahren standen an den Nationalfeiertagen „Jeremiaden" und Bußpredigten im Vordergrund. Die beliebtesten Predigttexte waren: „We are a nation laden with trespasses and sins"; „Repent your backslidings"; „Return to the covenant"; „I am merciful and I will not keep my anger for ever." Nach der Abschaffung der Sklaverei hoben die Sprecher der Nordstaaten mit Eifer hervor, daß die Vereinigten Staaten nun das moralische Recht hätten, ihren Freiheitsgeist in die ganze Welt zu entsenden. Richard Horr prophezeite 1865 in seiner Rede: „The spirit of the Nation ... must and will pour aboard, through constant channels, and infinite influence."[45] Henry Adams sprach im gleichen Jahr von Amerikas Mission, „to build a model nation for mankind". Wenn der Rückkehr zum Glauben der Väter nun die richtigen Taten folgten, könne „the accomplishment of our high-written destiny" nicht ausbleiben.[46] Zur Jahrhundertfeier 1876 entstand die Hymne:

> Onward and upward ever, till
> All peoples shall be free.
> And in one glorious union
> The nations shall unite.[47]

In den letzten Jahrzehnten des 19. Jahrhunderts konnte es aber nicht ausbleiben, daß die vielen erfolgreichen kolonialen Unternehmungen europäischer Mächte und die Verbreitung von Spencers Sozialdarwinismus auch in den USA einen starken Eindruck hinterließen. Männer wie Rev. Josiah Strong, Prof. William G. Sumner, Admiral Alfred Mahan, Senator Beveridge und Präsident McKinley sprachen unablässig von der Notwendigkeit, den Anschluß nicht zu verlieren und von der Pflicht, den Sendungsauftrag weltpolitisch zur Geltung zu bringen.[48] Erstaunlich ist in diesem Zusammenhang die Haltung vieler Geistlicher. Obwohl Rev. Josiah Strong als einer der Wortführer der „Social Gospel Movement" jahreleng gegen „Mammonism" und „aggrandizement" gewettert hatte, schrieb er in „Our Country" (1885), Gott habe zwei Hände; mit der einen knete er die USA und versetze sie in die Lage, anderen Nationen ihren Stempel aufzudrücken, mit der anderen bereite er die Nationen darauf vor, die amerikanische Prägung zu empfangen.[49] Wenn sich die Geistlichkeit vermehrt um die Mission bemühe, die Amerikaner zu guten Christen zu machen, so geschähe dies „for the world's sake", denn die angelsächsischen Amerikaner seien – zusammen mit den Engländern – „chosen of God, to prepare the way for the full coming of his kingdom"[50]. Ohne die Tätigkeit solcher Geistlichen wäre es dem Senator Beveridge kaum eingefallen, in seinen imperialistischen Reden so viele religiöse Bezüge zu verwenden. Viele Kongreßabgeordnete und Staatsmänner übernahmen diese Rhetorik; ein längeres Zitat mag dies verdeutlichen: „Fellow Americans, we are God's Chosen People. Yonder at Bunker Hill and Yorktown, his providence was above us. At New Orleans and on ensanguined seas his hand sustained us. Abraham Lincoln was his minister, and his was the altar of freedom set on a hundred battlefields. His power directed Admiral Dewey in the east, and delivered the Spanish fleet into our hands on the eve of Liberty's natal day. His great purposes are revealed in the progress of the flag, which surpasses the intentions of congresses and cabinets, and leads us like a holy pillar of cloud by day and pillar of fire by night into situations unforeseen by finite wisdom, and duties unexpected by the unprophetic hear of selfishness ... We cannot fly from our world duties; it is ours to execute the purposes of a fate that has driven us to be greater than our small intentions. We cannot retreat from any soil for Liberty and Civilization. For liberty and Civilization and the fulfilment of God's promises, the American flag must henceforth be the symbol and the sign to all mankind."[51]

Aber es gab auch Anti-Imperialisten.[52] Im Jahre 1900 charakterisierte der bekannte Harvard-Philosoph und -Psychologe William James diese Sendungsrhetorik als „das unglaublichste und unglaubwürdigste Stück schleichdiebischer Schändlichkeit, das sich eine Nation jemals geleistet hat"[53]. Ein Grund für diese harte Kritik war die häufige Verwendung von Bibelstellen, von denen die patriotischen Redner annehmen durften, daß sie die Herstellung des Konsensus beflügelten. Ein gutes Beispiel dafür ist die Rede von John Gilping über Amerikas Mission, die oft neu gedruckt wurde; er begründete die Unterwerfung des Kontinents mit dem Hinweis auf 1. Mose 1, 28 („Macht Euch die Erde untertan"), um dann dem Verbum „to subdue" 21 Verba wie „to regenerate", „to animate", „to civilize" folgen zu lassen und damit die Annexion mexikanischer Gebiete benevolent zu färben.[54] Solche Kritik mag überzeugend erscheinen, sie verfehlte aber ihre Wirkung, denn die meisten Anti-Imperialisten waren Intellektuelle, die kein großes Echo fanden – standen sie bei der großen Masse der Amerikaner doch im Verdacht, schlechte Patrioten zu sein.[55] Es gehörte sich eben für einen guten Amerikaner, eher solchen feierlichen Erklärungen Glauben zu schenken, wie sie Präsident McKinley 1898 nach dem Sieg über Spanien abgab: Er habe auf seinen Knien mit Gott gerungen, bis dieser ihm den Auftrag erteilte, die Philippinen zu annektieren.[56] Amerika sah einfach keine andere Wahl, als seinen Sendungsauftrag zu akzeptieren, um „das Einströmen böser Mächte" in ein entstandenes Vakuum zu verhindern. Amerika war plötzlich

„wider Willen“ zu einer Weltmacht geworden und mußte, schon aus moralischen Gründen, Weltmacht bleiben.[57]

Vor Amerikas Eintritt in den Ersten Weltkrieg sprach Präsident Wilson des öfteren über die amerikanische Verantwortung zur Wiederherstellung des Friedens und über seine strikte Haltung der Neutralität. Doch langsamen Schrittes näherten sich die USA den Alliierten, die sie eifrig belieferten. Als diese sich dabei verschuldeten und die Gefahr eines großen Verlustes für die USA drohte, sahen diese sich veranlaßt, sich den Alliierten militärisch zu „assoziieren“[58]. Nun konnte auch der Präsident, wie es seiner Art entsprach und wie er es als Professor oft getan hatte, großartig die amerikanische Sendung hervorheben. Es hieß, es sei das amerikanische Kriegsziel, „to make the world safe for democracy“[59]. Der „Weltheiland“ Wilson erklärte voll Stolz: „Amerika hat das unendlich kostbare Privileg, seine eigene Bestimmung zu erfüllen und gleichzeitig die Welt zu erretten“[60]. Es ist umstritten, inwieweit die alliierten Machtpolitiker den Sendungspolitiker Wilson in Versailles dazu verführten, sich seinerseits auf Machtpolitik einzulassen. Auf jeden Fall stand es den Vereinigten Staaten 1919 und danach nicht gut an zu erklären, daß der Sendungsauftrag ihnen gar nicht gestatte, eine kriegerische Machtpolitik zu betreiben und fremde Gebiete zu erwerben oder unter ihre Kontrolle zu bringen. Beispielsweise erklärte Präsident Coolidge 1925, Amerika erstrebe „no earthly empire built on blood and force. No ambition lures her to thought of foreign dominions. The legions which she sends forth are armed not with the sword, but with the cross.“[61]

Im Zweiten Weltkrieg wurde das rhetorische Muster durch die amerikanische Allianz mit einer Macht, die sie 24 Jahre lang für die Verkörperung des Bösen gehalten hatte, etwas entwertet. Aber die guten Patrioten hörten nicht auf, auch in Richtung Moskau von einer amerikanischen Sendung zum Widerstandleisten gegen eine Welt zu sprechen, die versklavt sei.[62] Am liebsten wäre es ihnen 1941 gewesen, wenn die „roten und braunen Horden sich gegenseitig vernichten würden“, wie Truman nach dem Einfall Hitlers in die Sowjetunion sagte.[63] 1944 wagte es dann der bekannte Theologe Reinhold Niebuhr, die Sowjets als den nächsten Feind und als „die Kinder der Finsternis“ anzuvisieren.[64]

Der Kalte Krieg begann am 27. Oktober 1947 mit sendungsrhetorisch untermalten Erklärungen Präsident Trumans über die Nichtanerkennung von Verträgen und Regierungen, die durch Einwirkung „fremder Gewalt“ zustande gekommen waren. Es sei die Sache der USA, den „fundamentalen Prinzpien der Rechtschaffenheit und Gerechtigkeit“ Geltung zu verschaffen.[65] Am 12. März 1947 sprach er von der moralischen Pflicht der USA, „freien Völkern, die sich dem Versuch der Unterdrückung durch bewaffnete Minoritäten oder durch eine fremde Macht widersetzten“, amerikanische Hilfe zukommen zu lassen. Die USA müßte die Führungsrolle übernehmen, „die der allmächtige Gott ihr zugedacht“ habe.[66] Die McCarthyisten begannen damals ihren moralischen Kreuzzug gegen den „Weltkommunismus“; sie bezichtigten die Sowjetunion einer weltweiten Verschwörung gegen die „Kinder des Lichts“[67]. „Unter der Einwirkung dieser Rhetorik mit ihren simplizistischen Gegensatzpaaren von Gut und Böse, Lüge und Wahrheit, Licht und Finsternis, Freiheit und Knechtschaft gewann die amerikanische Weltpolitik damals Züge eines für das ‚Welttheater‘ geschriebenen Moralitätenstückes.“[68] John F. Kennedy übernahm die Präsidentschaft mit der besten Absicht, die intransigente Rhetorik und bipolare Spannung abzubauen, erkannte aber schon bei der Abfassung seiner Inauguralansprache, daß er seine Verbeugung vor der Sendungstradition machen mußte, und sagte am Ende dieser Ansprache, daß es Amerikas Aufgabe sei, „Gottes Werk hier auf Erden zu tun“[69]. Später sprach er von der „Last der Geschichte“, die Amerika „für die ganze Welt“ auf sich nähme. Während der zweiten Kubakrise ließ er „alle Nationen“ wissen, daß die USA bereit seien, für die Verteidigung der

Freiheit „jeden Preis“ zu zahlen. Er übernahm die bekannten apokalyptischen Töne, als er von der „maximalen Gefahr“ sprach, der man sich nun „jeden Tag“ nähere. Norman Mailer sagte später, Kennedy habe nicht der Versuchung widerstehen können, „in das Meer der großen mythischen Worte hinauszuschwimmen“, womit er sich trotz seiner katholischen Erziehung als guter Amerikaner von Jugend her angefreundet hatte.[70]

Auch Kennedys Nachfolger Johnson sprach gern von einer „globalen Verantwortung“ der USA, aber er ging nicht so weit wie Kennedy und wie die Konservativen. Damals sagte z. B. Barry Goldwater, Amerika müsse auf seinem Sendungsauftrag bestehen, „auch wenn dies nicht von allen Mitgliedern der freien Welt anerkannt“ würde.[71] Erst Nixon konnte dann unter dem Einfluß eines Realpolitikers wie Kissinger feststellen, daß die Sendungsrhetorik die außenpolitische Manövrierfähigkeit einschränke, die nüchterne Wahrnehmung der nationalen Interessen erschwere und die Amerikaner daran hindere, die politische Welt und ihre Möglichkeiten realistisch zu sehen. Er erklärte in seiner Inauguralrede, Amerika habe „an einem Fieber von Worten gelitten, an einer aufgeblähten Rhetorik, die mehr verspricht, als sie halten kann, an einer bombastischen Rhetorik, die sich in Positur wirft, anstatt zu überzeugen.“[72] Nach seinem Rücktritt machte aber auch Nixon von dem alten rhetorischen Muster Gebrauch[73], und selbst Kissinger sprach von der „moralischen Verantwortung der USA für Menschen, die sich nach Freiheit sehnen“.[74] Aber er erkannte auch die Schwierigkeit, angesichts der Stärke der rhetorischen Muster und ihrer Wirkung auf die öffentliche Meinung eine neue Konzeption für die amerikanische Rolle in der Welt zu entwickeln.[75] Präsident Ford und Präsident Carter gingen mit der Sendungsrhetorik zwar vorsichtiger um, aber Carter sah sich dennoch dem Vorwurf ausgesetzt, in ein Büßergewand geschlüpft zu sein, weil er in seiner Inauguralrede erklärt hatte, die USA müßten hinfort „the management of the world“ wieder Gott überlassen.[76]

Präsident Reagans Inauguralansprache hörte sich dann auch wie die Beendigung der Bußzeit an, denn er fand starke Worte für die Rückbesinnung auf die alten Werte und die amerikanische Sendung: „We have inherited a noble mission, a mission that casts a beacon of hope for all the earth's people."[77] In seiner Eigenschaft als „the great communicator" traute er sich zu, die rhetorischen Muster so zu akzentuieren, wie es von der breiten Masse gewünscht wurde.[78] Der neokonservative Trend brachte auch die Wiederaufnahme des moralistischen Doktrinarismus Wilsonscher Prägung mit sich, den man vor allem bei den Vertretern der fundamentalistischen Subkultur der Bibelkollegs und Fernsehprediger konstatieren kann. Es war und ist in diesen Kreisen populär, die Sowjetunion zu bezichtigen, sie bereite „die Heerscharen des Satan" für die „letzte Schlacht von Hermagedon" vor und unternehme alles, um die ganze Welt dem Teufel hörig zu machen. Präsident Reagan ließ es sich während seiner ersten Amtsperiode nicht nehmen, während einer Tagung der fundamentalistischen Geistlichen in Orlando, Florida, ihre Sprache aufzugreifen. „There is sin and evil in the world, and we are enjoined by Scripture and the Lord Jesus to oppose it with all our might . . . Let us pray for the salvation of all those who live in that totalitarian darkness – pray they will discover the joy of knowing God. But until they do, let us beware they are the focus of evil in the modern world."[79]

Inzwischen hat die in den USA stets wache Kritik Reagan dazu veranlaßt, sich mehr den pragmatischen Ratgebern zuzuwenden, die seine „hardline, aggressive and manichean pronouncements" bedauern und eine Rhetorik begrüßen, die die Interdependenz der großen Nationen betont, sowie die Tatsache, daß letztlich alle in einem Boot sitzen und niemand den Gang Gottes durch die Geschichte durchschauen oder die Richtung der Weltgeschichte erkennen kann. Auf absehbare Zeit wird wohl kein amerikanischer Präsident mehr erklären, daß seiner Nation der Auftrag erteilt sei, Gottes Werk hier auf Erden zu tun. Dies wird aber die „überzeugten Patrioten“ kaum davon abhalten, einem Redner wie dem Mormonen-Senator Benson zuzujubeln, der erklärte, Amerika sei „the base of God's operations“[80]. Kissinger schätzt, das amerikanische Sendungsbewußtsein werde bleiben, aber es werde sich mit mehr Verantwortungsbewußtsein verbinden: „A sense of mission is clearly a legacy of American history ... But a clearer understanding of America's interests and of its requirements of equilibrium can give perspective to our idealism ... Greater restraints on our behavior are needed.“[81] Der führende Harvard-Politologe Stanley Hoffmann stimmt dem zu. Er stellt außerdem fest, daß die linksorientierten Revisionisten unter den Historikern ihre Kritik am Sendungsbewußtsein übertrieben hätten, aber er räumt doch ein, es sei gut gewesen, die Gefährlichkeit eines Teiles des Musters offenkundig zu machen. Es werde aber wohl noch einige Zeit dauern, bis sich im Bewußtsein breiterer Schichten der US-Bevölkerung „das Ende des ideologischen Zeitalters“ abzeichnen und die Zivilreligion mit ihrer pluralistisch-patriotischen Rhetorik geringeren Anklang finden werde.[82]

Die Bearbeitung des vorliegenden Themas ließ keinen Raum für die gründliche Erörterung eines rhetorischen Musters, das kompensatorisch der Sendungsrhetorik oft die Waage gehalten hat.[83] Angefangen mit Winthrops Predigt von 1630 hat es stets Warn-, Mahn-, Buß- und Strafpredigten gegeben, oder Stücke einer „Jeremiade“, die wie bei Winthrop wenigstens einen Teil der Predigt füllten. Solche Passagen und Predigten dienten wie die Feier des Bundes mit Gott und wie die Erinnerung an den Sendungsauftrag der Stärkung des Glaubens an die Besonderheit und Einmaligkeit des amerikanischen Gemeinwesens. Beide Elemente gehören strukturell zur Kontinuität der rhetorischen Grundmuster im öffentlichen Leben der USA. Während eine Predigt über Amerikas Sendung meist in die Bitte an das Volk einmündet, sich der moralischen Verantwortung bewußt zu sein („Let us ...“), endet die typische Jeremiade mit der

Versicherung, daß Gott sich stets an seinen Teil des Bundesvertrages halte und seine Segnungen erneuern werde, sobald die Abtrünnigen reuig geworden sind und den Bund erneuern oder ihren Teil des Bundesvertrages gewissenhafter als bisher erfüllen. Beide Muster sind Teile der amerikanischen Zivilreligion. Erst wenn der Jeremiaden-Teil für längere Zeit oder auf Dauer stärker zu Wort käme als der Glorifizierungsteil, könnte man von einer „Krise des Amerikanismus" (Gebhardt) sprechen.[84] Die bisher vorliegenden Studien über die amerikanische Zivilreligion einschließlich Bellahs Buch „The Broken Covenant" lassen m. E. nicht auf eine Krise schließen. Das geistige Klima ist allerdings ernster geworden. Die amerikanischen Intellektuellen zeigen inzwischen mehr Mut zur Kritik, zur Formulierung von Dissent, zur Verspottung von „patriotic gore", zum Entwurf von Gegenkulturen und zur kritischen Würdigung von Subkulturen mit missionarischem Elan.[85] Noch aber dürfen die patriotischen Redner weiter davon ausgehen, daß die große Masse der Bürger an der Zivilreligion und an einer festlich-feierlichen Gestaltung des amerikanischen Mythos hängt. Das Ende der Kontinuität der rhetorischen Grundmuster im öffentlichen Leben der USA ist m. E. nicht in Sicht.

Anmerkungen

1 John Foster Dulles, *Krieg oder Frieden* (Ü.), Wien 1950, S. 262

2 Adlai Stevenson, zit. in: J. K. Jessup (ed.), *The National Purpose,* New York 1960, S. 25

3 Alva und Gunnar Myrdal, *Kontakt mit Amerika* (Ü.), Stockholm 1948, S. 11

4 Alexis de Tocqueville, *Democracy in America* (Ü.), ed. P. Bradley, New York 1954, Bd. II, S. 21 ff; B. T. Spencer, *The Quest for Nationality,* Syracuse, NY 1957; R. A. LeVine und D. T. Campbell, *Ethnocentrism,* New York 1972

5 Sacvan Bercovitch, The Rites of Assent. Rhetoric, Ritual,

and the Ideology of American Consensus, in: S. B. Girgus (ed.), *The American Self. Myth, Ideology, and Popular Culture,* Albuquerque 1971, S. 5–42; Merle Curti, *The Roots of American Loyalty,* New York 1946

6 Norman N. Bellah, Civil Religion in America, in: *Daedalus* (Winter 1967), S. 1–21. In der Nachfolge von Rousseau sprach schon Benjamin Franklin von der Notwendigkeit einer „public religion". Vgl. F. L. Mott und C. E. Jergenson (eds.), *Benjamin Franklin, Representative Selections,* New York 1936, S. 199, 206. Aber auch die Kritik an der engen Verbindung von amerikanischer Religiosität und Nationalismus wird hier relativ früh spürbar: George Junkin, *Political Fallacies,* New York 1863, S. 318. Siehe auch E. F. Humphrey, *Nationalism and Religion in America,* Boston 1924; Carlton J. H. Hayes, *Nationalism – a Religion,* New York 1960; Sidney E. Mead, *The Nation with the Soul of a Church,* New York 1975. Siehe auch die Literaturangaben im Beitrag von K.-M. Kodalle.

7 Roderick P. Hart, *The Political Pulpit,* West Lafayette, Ind. 1977; A. W. Plumstead (ed.), *The Wall and the Garden. Selected Massachusetts Election Sermons 1670–1775,* Minneapolis, Minn. 1968; W. DeLoss Love, *The Fast and Thanksgiving Days of New England,* Boston 1895; H. P. Kerr, Politics and Religion in Colonial Sermons, in: *Journal of Speech* 46 (Dec. 1960), S. 372–82; J. W. Thornton (ed.), *The Pulpit of the American Revolution,* Boston 1860; H. Howard Martin, The Fourth of July Oration, in: *Journal of Speech* 44 (Dec. 1958), S. 393–401; *Inaugural Addresses of the Presidents of the United States.* United States Government Printing Office, Washington D. C. 1961 ff.; Lloyd F. Bitzer, The Rhetorical Situation, in: *Philosophy and Rhetoric* I (Jan. 1968), S. 1–14; Conrad Cherry, American Sacred Ceremonies, in: *American Mosaic. Social Patterns of Religion in the US,* ed. P. E. Hammond und B. Johnson, New York 1970

8 G. H. Blanke, Amerika als Erlösernation. Die rhetorischen Ausformungen des amerikanischen Sendungsglaubens, in: *Sociologia Internationalis* 17 (1979), Heft 1/2, S. 235–54

9 Robert L. Branyan and L. H. Larsen, *The Eisenhower Administration, 1953–1960: A Documentary History,* New York 1971, Bd. I, S. 37; William James, *Varieties of Religious Experience,* Boston 1902. (Aus „will to believe" entwickelte sich bei John Dewey „belief as will".)

10 John Winthrop, A Modell of Christian Charity, in: Conrad Cherry (ed.), *God's New Israel,* Englewood Cliffs, N. J. 1971, S. 39–43

11 G. H. Blanke, Die Anfänge des amerikanischen Sendungsbewußtseins. Massachusetts-Bay 1629–1659, in: *Archiv für Reformationsgeschichte* Bd. 58 (1967), Heft 2, S. 177–79

12 Peter Bulkeley, The Lesson of the Covenant for England and New England (1651), in: Perry Miller (ed.), *The American Puritans. Their Prose and Poetry,* Garden City, NY 1956, S. 150. Vgl. Thomas Shephard, *New Englands Lamentations for Old Englands present errours ... Together with some reasonable remedies ...,* London 1645, S. 3; William Hooke, *New-Englands Teares ...,*London 1641; ders., *New-Englands Sence of Old-Englands and Irelands Sorowes,* London 1645, S. 107

13 Edward Johnson, *Wonder-working Providence ...,* London 1654, S. 6, 11–12, 131

14 John Child, *New-Englands Jonas Cast Up in London,* London 1647. (Im Postscriptum wird Neuengland beschuldigt, England des öfteren „Egypt" und „Babylon" zu nennen); Samuel Gorton, *Simplicities Defence against a Seven Headed Policy, Or, The Combate of the United Colonies, not only against some of the Natives ..., But against the Authority of the servant ...,* London 1646. Über neuenglische Versuche, das Geschehen in England zu beeinflussen, siehe William L. Sachse, The Migration of New Englanders to England. 1640–1660, in: *Am. Hist. Rev.* 53 (1948), S. 251–78

15 Thomas Browne, *Works,* ed. D. L. Keynes, London 1922–31, Bd. III, S. 214

16 Thomas Fuller, *The Feare of Losing Old Light* (1646), zit. nach: I. B. Choate, America in Early English Literature, in: *New England Mag.* Bd. 7 (1892), S. 26

17 Samuel Danforth, *A Brief Recognition of New-Englands Errand into the Wilderness,* Cambridge, Mass. 1671; William Stoughton, *New-Englands True Interest,* Cambridge, Mass. 1670; Perry Miller, Errand into the Wilderness, in: *William and Mary Qu. X* (1953), S. 3–32

18 John Eliot, *The Glorious Progress of the Gospel amongst the Indians in New England ...,* London 1649, S. 23; ders., *The Light appearing more and more towards the perfect Day ...,* London 1651, S. 14 f., 23 ff., 28 f.; ders.

A Late and Further Manifestation of the Progress of the Gospel . . ., London 1655

19 Samuel Sewall, *Phaenomena quaedam Apocalyptica, Ad Aspectum NOVI ORBIS configurata, Or Some few Lines towards a description of the New HEAVEN As It makes to those who stand upon the NEW EARTH . . .*, Boston 1697, S. 27, 39, 59

20 G. H. Blanke, Early Theories about the Nature and Origin of the Indians and the Advent of Mormonism, in: *Amerikastudien* Bd. 25, Heft 3 (1980), S. 243–68; Dan Vogel, *Indian Origins and the ‚Book of Mormon'. Religious Solutions from Columbus to Joseph Smith*, San Francisco 1986

21 Cotton Mather, *Magnalia Christi Americana . . .*, London 1702, A 1; ders., *A Discourse . . .*, Boston 1692, S. 43; ders., *Theopolis Americana . . .*, Boston 1710, S. 44; Increase Mather, *The Righteous Man . . .*, Boston 1702, S. 71

22 George Berkeley, On the Prospect of Planting Arts and Learning in America, in: *Works*, ed. A. C. Fraser, Oxford 1901, IV, S. 265–66

23 Jonathan Edwards, *Works*, ed. Samuel Austin, 4 Bde., Boston 1843, III, S. 314–17; ders., *Works*, ed. S. E. Dwight, 10 Bde., New York 1830, IV, S. 128–33, VIII, S. 555. Vgl. G. H. Blanke, The Imagistic Rendering of America's World Mission, in: *Weltsprache Englisch* (Wächtler-Festschrift), ed. P. Kunsmann und O. Kuhn, Berlin 1981, S. 43

24 John Adams, *Works*, ed. C. F. Adams, 10 Bde., Boston 1850–56, III, S. 452

25 Ebd., IX, S. 597–600; J. W. Thornton (ed.), *The Pulpit of the American Revolution*, Boston 1860, S. 464

26 George Duffield, *A Sermon . . . on that Day appointed by the United States in Congress assembled, to be observed as a Day of Thanksgiving for the restoration of Peace (Dec. 11, 1783)*, Philadelphia 1784, S. 16/17. John Adams berichtet darüber in einem Brief an seine Frau: C. F. Adams (ed.), *John and Abigail Adams: Familiar Letters*, New York 1876, S. 306, 403. Vgl. Glen T. Miller, Images of the Future in Eighteenth Century American Theology, in: *Amerikastudien* Bad. 20 (1975), S. 95

27 Sacvan Bercovitch, The Typology of America's Mission, in: *American Quarterly* 30 (1978), S. 135–55. Ein gutes

Beispiel ist George Philipp, *The American Republic and Human Liberty Foreshadowed in Scripture,* Cincinatti, Ohio 1864

28 Elias Boudinot, *Fourth of July Oration,* Elizabethtown, N. J. 1793, S. 22; David Austin (ed.), *The Millennium ... Shortly to Commence ...,* Elizabethtown 1794, S. 393. Vgl. C. C. Goen, Jonathan Edwards: A Departure in Eschatology, in: *Church Hist.* 28 (1959), S. 25 ff.; M. Barkun, *Disaster and Millennium,* New Haven 1974, S. 18, 22, 25 ff., 62 ff.

29 Nicholas Street, The American States Acting Over the Part of the Children of Israel in the Wilderness, in: Conrad Cherry (ed.), *God's New Israel. Religious Interpretations of American Destiny,* Englewood Cliffs, N. J. 1971, S. 67–81; Samuel Langdon, The Republic of the Israelites, an Example to the American States, in: Ebd., S. 93–105; Samuel Sherwood, *The Church's Flight into the Wilderness: An Address on the Times,* New York 1776

30 John Quincy Adams (4. 7. 1837) zit. in: Fred Somkin, *Unquiet Eagle. Memory and Desire in the Idea of American Freedom. 1815–1860,* Ithaca 1967, S. 204

31 Ernest Lee Tuveson, *Redeemer Nation. The Idea of America's Millennial Role,* Chicago und London 1968

32 J. W. Pratt, The Origin of ‚Manifest Destiny', in: *American Hist. Rev.* 32 (1926/27), S. 795–98; John C. Parish, *The Emergence of the Idea of Manifest Destiny,* Los Angeles 1932; John L. O'Sullivan, The Great Nation of Futurity, in: *US Mag. and Democratic Rev.,* Bd. 6 (1839), S. 430

33 Dexter Perkins, *The Monroe Doctrine. 1826–1862,* New York 1933, S. 40; Ernest May, *The Making of the Monroe Doctrine,* Cambridge, Mass. 1973

34 John Quincy Adams, *Fourth of July Oration,* Cambridge, Mass. 1821, S. 8

35 J. D. Kowles, *Fourth of July Oration,* Washington D. C. 1823, S. 13; Edward Everett, Forth of July Oration (4. 7. 1824), in: R. Spiller (Ed.), *The American Literary Revolution. 1783–1837,* New York 1907, S. 314

36 W. E. Channing zit. in: N. A. Graebner (ed.), *Manifest Destiny,* Indianapolis 1968, S. 47

37 William Gilpin, *The Mission of the North American People,* Philadelphia 1874, S. 130 (Rede vom 2. März 1846)

38 William H. Seward, *The Destiny of America,* Albany, N.

Y. 1853, S. 24; ders., Rede, abgedruckt im *Congressional Globe,* 33. Congress, 1. Sitzung, Bd. 29, S. 771

39 Charles M. Taggert, *The Moral Mission of our Country (Charleston 1853),* zit. in: Kurt R. Spillmann, *Amerikas Ideologie des Friedens,* Genf 1984, S. 75

40 John C. Calhoun, *Works,* New York 1854, IV, S. 416, 420

41 J. W. McIntyre (ed.), *The Writings and Speeches of Daniel Webster,* 18 Bde., Boston 1903, Bd. 17, S. 235

42 William H. Seward, a. a. O., S. 24

43 Charles Wadsworth, *America's Mission. A Thanksgiving Sermon,* Philadelphia 1853, S. 34

44 George F. Gordon, *Fourth of July Oration,* Philadelphia 1858, S. 13

45 Richard Horr, zit, in: Paul C. Nagel, *This Sacred Trust. American Nationality. 1790–1890,* New York 1971, S. 245; William A. Clebsch, Christian Interpretations of the Civil War, in: *Church Hist.* 30 (1961), S. 219–22. Vgl. James H. Morehead, *American Apocalypse,* New Haven 1978

46 Henry Adams, Zit. in: P. C. Nagel, a. a. O., S. 199, 205

47 Ebd., S. 239

48 Richard Hofstadter, *Social Darwinism in American Thought. 1860–1915,* Philadelphia 1945; Julius Pratt, The Ideology of American Expansion, in: *Essays in Honor of William E. Dodd,* Chicago 1935, S. 335–53

49 Josiah Strong, *Our Country. Its Possible Future and its Present Crisis (1885),* ed. J. Herbst, Cambridge, Mass. 1963, S. 177

50 Ders., *The New Era, or the Coming Kingdom,* New York 1893, S. 80, 354. Vgl. Helmut R. Niebuhr, *Der Gedanke des Gottesreiches im amerikanischen Christentum* (Ü.), New York 1948. (Die Umkehrung von Augustins *Civitas Dei* und der Weg zu Harvey Cox' *The Secular City* ist überaus deutlich.)

51 Albert J. Beveridge, The Star of Empire (1900), in: *The Meaning of the Times and other Speeches,* Indianapolis 1908, S. 142; Claude Bowers, *Beveridge and the Progressive Era,* Cambridge, Mass. 1932, S. 121

52 Ihr Anführer war der Präsident von Stanford University, David Starr Jordan. Siehe sein Werk: *Imperial Democracy,* New York 1899; F. Harrington, Literary Aspects of Anti-Imperialism, in: *New England Qu. X* (1937), S. 650–67

53 William James zit. in: Charles A. Beard, *The Idea of National Interest. An Analytical Study of American Foreign Policy,* New York 1834, S. 39
54 Siehe Anmerkung 37
55 Richard Hofstadter, *Anti-Intellectualism in American Life,* London 1964, S. 393–432
56 M. Story und M. P. Lichauco, *The Conquest of the Philippine Islands, 1898–1925;* Samuel F. Bemis, *A Diplomatic History of the United States,* New York 1950, S. 463–75. Bemis nennt sein Kapitel über den Krieg gegen Spanien „The Great Aberration". Ein Beispiel für die genüßliche Bloßstellung der „benevolenten" Imperialisten und ihrer moralistischen Rhetorik ist William A. Williams, *Der Welt Gesetz und Freiheit geben. Amerikanischer Sendungsglaube und imperiale Politik* (Ü.), Hamburg 1984
57 Ernst Fraenkel, *USA – Weltmacht wider Willen.* Schriftenreihe der Deutschen Hochschule für Politik, Berlin 1957
58 Walter Millis, *Road to War. America 1914–1917,* New York 1935; C. H. Grattan, *Why We Fought,* New York 1929
59 Woodrow Wilson, „Speech for Declaration of War" in: H. S. Commager (ed.), *Documents of American History,* New York 1948, Bd. 2, S. 308–12
60 R. S. Baker und W. E. Dodds (eds.), *Presidential Messages,* New York 1926, Bd. 2, S. 367, 369
61 Calvin Coolidge, Inaugural Address, in: B. Weiss (ed.), *God in American History,* Pasadena, Cal. 1966, S. 131
62 Vizepräsident Henry Wallace 1940, zit. in: Alva und Gunnar Myrdal, a. a. O., S. 308
63 Harry S. Truman, *Memoirs,* Garden City, N. Y. 1955, Bd. 1, S. 59
64 Reinhold Niebuhr, World War III Ahead?, in: *Nation,* Bd. 157 (15. III. 1944), S. 356–58; ders., *The Children of Light and the Children of Darkness,* New York 1944
65 Harry S. Truman, Address (27. Okt. 1945), in: H. S. Commager (ed.), *Living Ideas in America,* New York 1951, S. 705; Walter Lippmann, *The Cold War,* New York 1947; H. J. Bernstein, American Foreign Policy and the Origin of the Cold War, in: Bernstein und A. J. Matusow (eds.), *Twentieth Century America. Recent Interpretations,* New York 1972, S. 344–95; G. H. Blanke, Die Rhetorik des Kalten Krieges, in: *Dollars & Träume* 11 (Juni 1985), S. 7–24

66 Samuel F. Bemis, a. a. O., S. 920

67 Richard Hofstadter, *The Paranoic Style*, New York 1976, S. 7; Allen Theoharis, *Deeds of Repression. Harry S. Truman and the Origins of McCarthyism*, Chicago 1971, S. 103 ff. Um den Kalten Krieg und die „intransigente Rhetorik", in der Kissinger einen „starken Faktor der amerikanischen Außenpolitik" erkannt hat, weiter anzuheizen, veröffentlichte die Zeitschrift „Collier's" am 27. Okt. 1951 einen Artikel, in dem die Letzte Schlacht und der Beginn des Friedensreiches vorausdatiert wurden. (Besiegung und Besetzung Rußlands 1952–1960)

68 G. H. Blanke, Die Rhetorik des Kalten Krieges, in: *Dollars & Träume* 11 (Juni 1985), S. 14

69 J. F. Kennedy, Inaugural Address (20. 1. 1961), in: B. Weiss, a. a. O., S. 146

70 A. M. Schlesinger, *A Thousand Days. John F. Kennedy in the White House*, Boston 1965, S. 615; John F. Kennedy, Rede am 10. Juni 1963. *Public Papiers*, Government Printing Office, Washington D. C., S. 461; Bruce Miroff, *Pragmatic Illusion. The Presidential Politics of John F. Kennedy*, New York 1976, S. 35, 43, 53

71 Barry Goldwater, *Why Not Victory? A Fresh Look at American Foreign Policy*, New York 1962, S. 142

72 Richard Nixon, Inaugural Address. *US News and World Report*, 3. Febr. 1969, S. 78–79

73 Richard Nixon, *The Real War*, New York 1980, S. 4, 62, 67, 314

74 Henry Kissinger, zit. in: Noam Chomsky, Jonathan Steele, John Gittings, *Superpowers in Collision. The New Cold War*, Harmondsworth 1982, S. 48

75 Henry A. Kissinger, *American Foreign Policy*, New York 1969, S. 52–53; Peter Dickson, *Kissinger and the Meaning of History*, Cambridge, Mass. 1978

76 Jimmy Carter, in: *Inaugural Addresses of the Presidents*, US Gov. Printing Office, Washington D. C. 1978

77 Paul G. Buchloh, Ronald Reagans Inauguralrede, in: *Literatur und Unterricht*, Bd. XV (1982), Heft 1, S. 25

78 Robert Dallek, *Ronald Reagan. The Politics of Symbolism*. Cambridge, Mass. 1984. „The great communicator" versteht sich besonders gut darauf, moralisch und „sincere" zu sprechen und seine Reden wie einen Refrain von „Stars and Stripes Forever" ausklingen zu lassen. Siehe auch TIME Mag. Aug. 27, 1984, S. 23; April 1, 1985, S. 30

79 TIME Mag., März 21, 1983, S. 30
80 Ezra Taft Benson, *Address ... to the 32. Annual Conference of the Church of Latter-Day Saints,* Salt Lake City 1962, S. 103. Vgl. G. H. Blanke with Karen Lynn, ‚God's Base of Operations': Mormon Variations on the American Sense of Mission, *Brigham Young Univ. Stud.* 20 (Fall 1979), S. 83–92
81 Henry A. Kissinger, zit. in: Bruce Mazlish, *Kissinger – The European Mind in American Foreign Policy,* New York 1976, S. 100
82 Stanley Hoffmann, Will the Balance Balance at Home?, in: *Foreign Policy,* Bd. 7 (1972), S. 70; ders., Revisionism Revisited, in: L. H. Miller und R. W. Preussen (eds.), *Reflections on the Cold War,* Philadelphia 1974, S. 3–7, 13
83 Sacvan Bercovitch, *The American Jeremiad,* Madison, Wisc. 1978
84 Jürgen Gebhardt, *Die Krise des Amerikanismus. Revolutionäre Ordnung und gesellschaftliches Selbstverständnis in der amerikanischen Republik,* Stuttgart 1976, S. 85
85 Edmund Wilson, *Patriotic Gore,* New York 1962; Herbert Marcuse, *The One-Dimensional Man,* Boston 1964; Th. Roszak, *The Making of the Counter Culture,* New York 1969; Charles Reich, *The Greening of America,* London 1971; Norman N. Bellah, *The Broken Covenant. American Civil Religion in Times of Trial,* New York 1975; G. H. Blanke, Major Myths of the Mainstream Society and the Concern of the Ethnics, in: Renate von Bardeleben (ed.), *Missions in Conflict,* Tübingen 1986, S. 3–12.
Die „dissenters" haben noch kein rhetorisches Gegenmuster hervorgebracht. Ihre anhaltende Kritik an dem rhetorischen Grundmuster könnte jedoch zu dessen Verflachung und Entwertung beitragen.

ERNST VOLLRATH

Die Trennung von Staat und Kirche im Verfassungsverständnis der USA

Das Verfassungs- und Gesellschaftssystem der Vereinigten Staaten von Amerika bietet dem kontinentalen Betrachter, vor allem dem deutschen, vielfach einen paradoxen Anblick. Die Mißverständnisse – die gegenseitigen übrigens – sind tief in der Unterschiedenheit der politischen Kulturen und der geschichtlichen Erfahrungen verwurzelt. Eines dieser Paradoxa ist die Differenz, die zwischen der im Vergleich zur deutschen Situation großen Intensität vorwaltet, mit der religiöse Anschauungen im politischen Bereich gegenwärtig sind, bis hin zum fundamentalistischen Eingriff in ihn, und der absoluten Trennung von Staat und Kirche – wenn diese Termini verwendet werden können, die eigentlich unangemessen sind –, die die Verfassung vorschreibt.

Das 1. Amendment zur Constitution of the United States of America von 1787, vom 15. Dezember 1791 an in Kraft, legt fest:

> „Congress shall make no law respecting an establishment of religion, or prohibiting the free exercise therof; or abridging the freedom of speech, or of the press; or the right of the people peaceably to assemble, and to petition the Government for a redress of grievances."

Im Nachgang zu dieser Bestimmung änderten dann nach und nach die meisten Einzelstaaten ihre Verfassungen so, daß sie ihr „Staatskirchentum" abschafften, genauer: sie schafften die privilegierte Etablierung ihrer Kirchen ab. Heute liegt die Bedeutung dieses Artikels ganz eindeutig auf seiner „Freedom of expression and press"-Klausel.[1] Die Aussagen des ersten Teils des Artikels über das Verhältnis von Kongreß und Religion, was ja nicht ganz dasselbe ist wie das von „Staat“ und „Kirche“, sind dagegen nicht mehr kontrovers. Sie sind heute so vollkommen akzeptiert, daß es über sie keine Debatte, jedenfalls keine verfassungsrechtliche, mehr gibt. Von der Ebene des Kongresses, also der „Union“, strahlt das so, also negativ, bestimmte Verhältnis von Staat und Kirche über die Verfassungen und die Gesetzgebungen der Einzelstaaten auf alle anderen Ebenen aus. Natürlich mag es Fälle geben, in denen gerichtliche Entscheidungen herbeigeführt werden, etwa in der Frage des Schulgebetes. Aber die institutionelle Trennung von Staat und Kriche ist unbestrittene Verfassungsnorm, und zwar so weitgehend, daß man sich fragen könnte, wie es hätte anders sein können. Es gehört zum Stolz des amerikanischen Verfassungsverständnisses, daß auf diese Trennung hingewiesen werden kann als auf eine Auszeichnung, die den Freiheitscharakter der Verfassung zu dokumentieren vermag.

Dabei ist die Trennung von Staat und Kirche in den Verfassungsnormen und im Verfassungsverständnis der USA keineswegs selbstverständlich. Immerhin ist die intellektuelle und die praktische Gründung der USA von Anfang ihrer Besiedlung an von Menschen vollzogen worden, die tief in Geist und Kultur des Protestantismus eingelassen waren. Einige der Kolonien waren ja als Zufluchtsburgen für religiös sehr radikale Puritanergruppen gegründet worden, die wegen religiöser Unterdrückung aus ihrer alten Heimat geflohen waren. Die Ausfahrt der Pilgrim-Fathers auf der Mayflower und der von ihnen am 11. November 1620 beschworene Vereinigungseid gehören zu den politisch wirksamsten Gründungsmythen.[2]

Es ist erforderlich, die religiöse und die kirchliche Situation vor der Verfassungsgebung in den Blick zu nehmen. Das kann natürlich nur umrißhaft geschehen.[3] Die Aussage, daß der protestantische Geist bei der Gründung der USA eine entscheidende Rolle gespielt hat, muß differenziert werden. Zunächst einmal ist richtig, daß der Einfluß der Katholiken äußerst gering war. Es gab einfach zu wenige von ihnen, und sie befanden sich in protestantischer Umgebung traditionellerweise in der Defensive und wurden erheblich, politisch, gesellschaftlich und ökonomisch, diskriminiert. Es gab in den meisten Kolonien eine antikatholische Gesetzgebung, die etwa Katholiken von der Übernahme öffentlicher Ämter ausschloß. An die königlichen Gouverneure ergingen regelmäßig Order, die so lauteten: „You are to permit a liberty of conscience to all persons EXCEPT PAPISTS, so they be contented with a quiet and peaceable enjoyment of the same, not giving offense or scandal to the government“[4]. Das zeigt deutlich, daß von einer vollkommenen religiösen Toleranz und religiösen Freiheit zunächst keine Rede sein konnte. Aber selbst im Falle der Diskriminierung der Katholiken war eine konsequente Ausschließung nicht immer möglich.[5]

Der Protestantismus in den Kolonien war von besonderer Art. Clinton Rossiter nennt seine beiden Hauptmerkmale: „Dissent rather than unity and Calvinism rather than Lutheranism were the marks of American colonial Protestantism“[6]. Diese beiden Merkmale machten es möglich, daß der Protestantismus schließlich am Gründungsgeschehen einen erheblichen Anteil haben konnte, und sie führten, zusammen mit anderen Momenten, auf Dauer und in einem langen Prozeß auch zur Trennung von Staat und Kirche(n). Die das kulturelle und politische Klima bestimmende Religion war der Calvinismus, nicht das staatsfromme Luthertum deutscher Prägung. Die koloniale Situation führte dazu, daß zu den aus der alten Welt herübergekommenen Sekten neue geradezu ausgebrütet wurden, und dogmatische Auseinandersetzungen innerhalb einzelner Sekten ließen die Zahl der Gruppierungen noch mehr anschwellen. Religiöse Einheit war nicht vorhanden und konnte nicht erzwungen werden. Das hatte zur Folge, daß diskriminierende Gesetzgebungen nicht durchgesetzt wurden, weil das gar nicht möglich war: sie wurden teilweise gar nicht beachtet. Alles das sind Momente, die schließlich in den revolutionären Prozeß eingespeist wurden und die Verfassungsgebung mit ihrer institutionellen Trennung von Staat und Religion beeinflußten.

Der Ursprung der meisten Siedler in den frühen Jahrzehnten der Besiedlung aus England, Schottland und dem protestantischen Irland führte zu einer komplizierten Kirchenorganisation. Dabei bleibt die beträchtliche Anzahl derer, die entweder religiös oder kirchlich nicht gebunden waren oder sein wollten, außer Betracht. Sie wollten entweder keine religiöse Bindung, weil sie an etwas anderem, am wirtschaftlichen Vorankommen oder auch nur am Überleben etwa, interessiert waren. Oder sie konnten sich kirchlich nicht binden, weil, was in den voranrückenden Grenzgebieten des Westens häufig der Fall war, irgendeine kirchliche Organisation gar nicht existierte. Man schätzt, daß die Zahl der religiös oder kirchlich nicht Gebundenen in den Kolonien größer war als in jedem anderen Land Europas.

Immerhin: die meisten Siedler kamen in der frühen Zeit aus England, Schottland und dem protestantischen Nordirland, und sie brachten die religiösen Anschauungen und Zustände ihrer alten Heimat mit in die neue Welt. Ein Teil dieser Siedler kam geradezu aus religiösen Gründen. Sie hatten England wegen der Unterdrükkung ihres radikalen Puritanismus verlassen. Sie hatten das getan, weil sie dem Staatskirchentum Englands, genauer: der mit der Krone eng verbundenen, bischöflich organisierten High Church Established, die sich nach der von den Puritanern getragenen Revolution wieder restauriert hatte, entkommen wollten. Sie gründeten in ihren Kolonien – in Massachusetts, in Connecticut etc. – nun selbst eine Kirche, die etablierten Charakter hatte und mit öffentlichen Privilegien ausgestattet war.[7] Als fundamentalistische Puritaner hatten sie keineswegs etwas für Toleranz, Religionsfreiheit, überhaupt für Demokratie übrig. Einer ihrer Sprecher, der Pfarrer John Cotton, erklärte unverblümt: „Democracy, I do not conceyve that ever God did ordeyne as a fitt government eyther for church or commonwealth. If the people be governors, who shall be governed?"[8] Natürlich hat die puritanische Idee einer Begründung der Gemeinschaft von Menschen auf Vertrag und Abmachung, ihr Bestehen auf einer höheren Ordnung menschlicher Angelegenheiten durch göttliches Gesetz, ihre Ablehnung aller Vermittlungsinstanzen, dazu beigetragen, daß das Ergebnis der Entwicklung schließlich eine demokratische, religiös tolerante Gesellschaft war. Die kongregationalistische Kirchen- und Gemeindeverfassung und die Predigten ihrer Pfarrer trugen erheblich zu der späteren politischen Entwicklung bei.[9] Aber zunächst war es noch nicht so weit.

Die anglikanische Mutterkirche mit ihrer bischöflichen Verfassung genoß in einer Reihe von Kolonien – in Virginia, Maryland, Georgia, Nord und Süd Carolina – Staatskirchenrang; sie war „established". Kirchenrechtlich unterstanden die Gemeinden dem Bischof von London. Der Versuch, einen anglikanischen Bischofssitz in den Kolonien einzurichten, scheiterte allerdings. Am Vorabend der Revolution gab es nur vier Kolonien – am entschiedensten die Quäker-Gründung Pennsylvania –, die *nicht* staatskirchenrechtliche Verfassungsnormen aufwiesen. Alle anderen Kolonien besaßen in der einen oder anderen Weise ein Staatskirchentum („church established"), entweder ein kongregationalistisches oder ein anglikanisches. Konkret schloß dies ein, daß eine Kirche staatlich privilegiert war, daß die Bekleidung öffentlicher Ämter an das Bekenntnis zu dieser Kirche gebunden war und/oder daß zur Finanzierung der Kirchenorganisation und der Pfarrer Steuern auch von denen eingezogen werden konnten, die dieser Kirche gar nicht angehörten. Die Handhabung dieser Bestimmungen war allerdings vielfach nicht konsequent, sondern pragmatisch und durchlöchert. Sie ließen sich augenscheinlich nicht vollkommen durchsetzen.

Die Auseinandersetzungen über die Frage der Trennung von öffentlicher und religiöser Sphäre begannen in den 50er Jahren des 18. Jahrhunderts über einen relativ unbedeutenden Streitfall. Die anglikanische Kirche

– also die Church of England! – der Provinz New York wünschte mit Unterstützung öffentlicher Gelder ein College einzurichten. Gegen diesen Plan erhob sich der stürmische Protest von William Livingston und anderen.[10] Die Kontroverse ging von dem akuten Fall aus, erreichte aber schnell eine neue Dimension, von der Bernard Bailyn gesagt hat: „It advanced for the first time in American history the conception, that public institutions, because they were ‚public', should be if not secular at last nondenominational"[11]. Diese Affäre blieb allerdings eine bloße Episode.

Im Zusammenhang mit der in den 60er und 70er Jahren beginnenden Diskussion über die Verfassungsfrage – die Frage also, in welchem Verhältnis die koloniale Selbstverwaltung und die königliche und parlamentarische Oberhoheit zueinander stehen sollten, und diese Frage war ja keineswegs von Anfang an auf das spätere Ergebnis hin angelegt –, beginnen sich die Anti-Establishment-Argumente zu konsolidieren. Es sind zwei Ereignisse, die dabei eine Rolle gespielt haben. In Virginia hatte der Two-Penny-Act von 1759 in den Augen der betroffenen anglikanischen Geistlichen deren Einkünfte in illegaler Weise geschmälert. Sie erreichten es, daß dieses Gesetz von der Krone und aus England außer Kraft gesetzt wurde. Deutlich ist die Verbindung zwischen einer religiösen (und finanziellen) und der verfassungsmäßigen Problematik zu sehen. Der junge Anwalt Patrik Henry, der in dem revolutionären Prozeß eine führende Rolle spielen sollte, hielt vor einer Jury, die über eine Klage eines Geistlichen gegen seine Gemeinde – zu der eben auch religiös anders Gesonnene gehörten – zu entscheiden hatte, eine berühmt gewordene Verteidigungsrede, in welcher er den König, der den Two-Penny-Act außer Kraft gesetzt hatte, einen Tyrannen nannte. Was das bedeutete, wußte jedermann: es enthielt die Drohung der Aufkündigung des Gehorsams; es war die Reklamation eines legitimen Widerstandsrechts: „A king by annulling ... laws of this salutary nature ... forfeits all rights to his subjects' obedience"[12].

In Massachusetts kam es zu einer anderen Kontroverse. Ausgerechnet im Puritaner-Land gründete die anglikanische Kirche eine Mission der – zur Heidenbekehrung vorgesehenen! – Society for the Propaganda of the Gospel; sie tat das ausgerechnet in Cambridge, sozusagen in Sichtweite von Harvard College, und sie besetzte diese Mission ausgerechnet mit Earl Apthrop, einem außerordentlich ungeschickten und anmaßenden Geistlichen. Gegen diese ganze Sache, die der Errichtung einer episkopalistischen Kirchenorganisation im Herzland der kongregationalistischen und presbyterianischen Kirchen verdächtigt wurde, erhob sich der Pfarrer der Bostoner West Church, Jonathan Mayhew, der für seine radikalen theologischen und politischen Ansichten bekannt war. Das Argument, das seine heftigen Angriffe auf die anglikanische Kirche krönte, lautete: „If bishops were speedily to be sent to America, it seems not wholly improbable from what we hear of the unusual tenor of some late Parliamentary acts and bills for raising money on the poor colonies without their consent, that provisions might be made for the support of these bishops, if not of all the Church clergy also, in the same way"[13]. No taxation without representation!

Dieses Argument mit seiner Verbingung von religiösen, finanziellen und verfassungsmäßigen Momenten konnte gegen *jede* etablierte Kirche, auch gegen die des Pfarrers Mayhew, verwendet werden. Es lag in seiner Konsequenz, da niemals sich eine einheitliche religiöse Ausrichtung der ganzen Bevölkerung würde erreichen lassen, den gesamten religiösen Bereich von dem öffentlichen abzutrennen. Das würde auch das Ergebnis des ganzen Prozesses sein, aber so weit war es noch nicht. Zunächst war das Verhältnis kontrovers geworden.

Am weitesten vorangetrieben wurde die Kontroverse in Virginia, wo es ja eine etablierte Kirche, die anglikanische, gab. Ein Zustrom von radikalen Sektenanhängern hatte in den späten 60er Jahren die kirchliche Situation dieser Provinz verändert. 1769 wurde vom House of Burgesses ein Committee for Religion eingesetzt. Es sollte ein Gesetz ausgearbeitet werden, welches die Freiheit nonkonformistischer Bekenntnisse einschränken sollte. Baptisten, Presbyterianer und andere Gruppen protestierten heftig. Sie bedienten sich dabei ähnlicher Argumente wie der, die der Pfarrer Mayhew in der Verbindung von religiösen und verfassungsmäßigen Momenten verwandt hatte. Das Gesetz mußte fallengelassen werden. In den Jahren unmittelbar um die Unabhängigkeitserklärung schlief die aktuelle Kontroverse etwas ein. Die Frage blieb aber weiter akut, gerade in ihrer Verbindung religiöser und verfassungsmäßiger Momente. In dem revolutionären Prozeß gehen Motive des sektiererischen Partikularismus und des politischen Liberalismus eine enge Beziehung ein. Die Argumente des einen konnten Gehör und Verständnis bei den Anhängern des anderen finden; sie stützten sich wechselseitig. Ihren Ausdruck fanden die politischen Aspekte in der Clause 16 der u. a. von James Madison formulierten Bill of Rights von Virginia:

> „That religion, or the duty which we owe to our Creator, and the manner of discharging it, can be directed only by reason and conviction, not by force or violence; and therefore all men are equally entitled to the free exercise of religion, according to the dictates of conscience; and that it is the mutual duty to practice Christian forbearance, love, and charity towards each other."

Die Notwendigkeit einer Revision der Verfassung von Virginia führt dazu, daß der Versuch gemacht wird, religiöse Freiheit, d. h. das Disestablishment von Religion, in die Verfassung zu schreiben. An diesem Versuch war Thomas Jefferson mit seinem Act for Establishing (!) Religious Freedom von 1777 führend beteiligt.[14] 1786 wurde dann gegen heftigen Widerstand ein solcher Act angenommen, und die zentrale Aussage lautet: „That our civil rights have no dependance on our religious opinions any more than on opinions in physics or geometry"[15]. Wenn sich dieser Grundsatz durchsetzen sollte, dann wäre nicht länger mehr die Kirche oder eine Kirche „etabliert", sondern etabliert wäre die Trennung von Kirche und Staat. Aber die Situation in Virginia war in bezug auf die anderen Staaten zunächst die Ausnahme.

Sie zeigt jedoch den Weg an, den die Entwicklung nehmen sollte. An ihrem Beginn stand die Unmöglichkeit, *eine* der religiösen Auffassungen als die allgemeine und verbindliche zu setzen und durchzusetzen. Die enge Verbindung der religiösen und der politischen Angelegenheiten führt zu einer wechselseitigen Kontamination der Argumente. Auf der „kirchlichen" Seite forderten radikale Dissentergruppen religiöse Freiheit mit Argumenten, wie sie in der sich verschärfenden Verfassungsdebatte auf der „politischen" Seite aufgetreten waren. Diese konnte zum Beweis ihrer Behauptung von den verheerenden Folgen der Verweigerung des vollen Selbstbestimmungsrechtes auf die Verhältnisse im religiösen Bereich hinweisen. Die Verklammerung der beiden Argumentationsfelder zeigte allerdings Wirkungen, an die zunächst nicht gedacht worden war. Denn berief sich die „politische" Seite auf das volle Selbstbestimmungsrecht, dann konnte dieses der „kirchlichen" Seite nicht verweigert werden. Weil diese in einer Pluralität von nicht vereinigungsfähigen Auffassungen vorlag, konnte das Resultat dieses ganzen Prozesses nur die endgültige Trennung beider Sphären sein. So geschah es dann auch, allerdings nicht auf einen Schlag, sondern in einer längeren Entwicklung, die sich mit unterschiedlicher Geschwindigkeit vollzog und über die Zeit der Verfassungsgebung auf der Ebene der Union sich hinwegzog.

In Massachusetts übte die etablierte kongregationalistische Kirche über die ihr angehörigen lokalen öffentlichen Amtsträger großen Einfluß aus. Gegen sie wandten sich die radikalen Baptisten, deren Sprecher, Isaac Backus, ihnen vorhielt, sie verweigerten den Baptisten und den anderen Dissentern diejenige religiöse und, damit verbunden, politische Freiheit, die sie für sich gegenüber der Church of England und der Krone beanspruchten.[16] In einer ganzen Reihe von Städten der Kolonie kam es zu außerordentlich heftigen Auseinandersetzungen. Die berühmteste ereignete sich in Ashfield. Die Baptisten dieses Städtchens weigerten sich, durch die öffentlichen Magistrate für eine ihnen fremde Denomination – die Kongregationalisten – eingezogene Steuern zu entrichten, worauf ihr Eigentum eingezogen wurde. Das Gegenargument der Autoritäten war, daß es zum Zusammenbruch jeder Ordnung kommen müßte, wenn es in jedermanns Belieben stünde, Steuern zu zahlen oder auch nicht. Die Angelegenheit durchlief mehrere Instanzen und war von heftiger Agitation auf beiden Seiten begleitet. Schließlich entschied ausgerechnet die Krone zugunsten der Dissenter. Sie brachten vor dem Provinzialgericht von Massachusetts, dem General Court, vor, es sei gerade die Stimme dieser von den Kongregationalisten beherrschten Institution „by which we are taught to think, ‚that no taxation can be equitable where such restraint is laid upon the taxed that takes from him the liberty of *giving his own money freely*' " ...[17] John Allen brachte das Problem auf den Punkt: „You tell your governor that the Parliament of England have no right to tax the Americans ... because they are not the representatives of America; and will you dare to tax the Baptists for a religion they deny? ... If it be just in the General Court to take away my sacred and spiritual rights and liberties of conscience and my property with it, then it is surely right and just in the British Parliament to take away by power and force my civil rights and property without my consent; this reasoning, ... I think, is plain."[18] Es stand in der Tat so, wie Isaac Backus es formulierte: „Religious liberty is so blended with civil that if one falls it is to be expected that the other will continue."[19]

Die Auseinandersetzungen dauerten weiter an. Es kam sogar zu einer von John Adams später geradezu mit Horror berichteten Episode auf dem 1. Continental

Congress in Philadelphia, auf dem sich die Kolonien zu einer Handlungseinheit zusammengetan hatten. Am 14. Oktober 1774 drangen radikale Gruppen von Dissentern – Baptisten, Quäker – auf die Delegierten von Massachusetts ein und verlangten von ihnen, die selbst doch *politische* Freiheit von der Krone forderten, *religiöse* Freiheit, weil das eine mit dem anderen einfach zusammengehöre.[20] Der Zusammenhang war offensichtlich und wurde durch diese Ereignisse mehr und mehr klar.

Der Verfassungsgebungsprozeß mußte ihn sowohl auf der Ebene der Union wie auf der der Einzelstaaten wegen dieser Offensichtlichkeit mehr und mehr in Betracht ziehen. Später, auf der verfassungsgebenden Versammlung 1786 in Philadelphia, spielte für die Constitution of the USA die Frage eine Rolle, ob die Eidesleistung der Amtsträger eine religiöse Formel enthalten müßte, und in dieser Frage herrschte ein ablehnender Konsens.[21] Es kommt hinzu, daß die führenden Köpfe dieser Bewegung – Männer wie James Madison, Thomas Jefferson, John Adams und andere – religiös weniger streng gebunden waren als viele ihrer Landsleute. Ohne ihre religiösen Ansichten näher zu untersuchen und zu differenzieren, läßt sich von ihnen allen sagen, daß sie zu einer deistisch aufgeklärten Liberalisierung ihrer religiösen Anschauungen neigten. Ihnen war der Bezug von religiöser und öffentlicher Sphäre wohl bekannt, und sie waren mit den Problemen, um die es dort politisch ging, gut vertraut. Sie entschlossen sich daher, die Verfassung(en) so auszugestalten, daß die Trennung von Religion und öffentlicher Sphäre in sie aufgenommen und zu einer ihrer Grundlagen gemacht wurde. In diese Richtung hatten die Auseinandersetzungen gewiesen, und nur dort lag eine vernünftige Lösung der Probleme.

Ein einziger Aspekt hätte die Trennung – das Disestablishment of Church and State und das Establishment of Religious Liberty – noch aufhalten können. Es handelt sich um die für das republikanische politische

Denken zentralen Konzepte der Korruption und des Lasters.[22] Verlangte nicht die Republik den tugendhaften Menschen, und könnte man nicht versucht sein, diese Tugend religiös und kirchlich zu erzeugen, zu fördern und zu überwachen? Der Artikel III von Part I der Verfassung von Massachusetts (1780!) erklärte doch: „The happiness of a people, and the good order and preservation of civil government, essentially depend upon piety, religion and morality"; mithin stand der Gesetzgebung das Recht zu, öffentliche Gottesdienste einzurichten! Aber auf die Dauer konnte darin, angesichts der Unvereinbartkeit der religiösen Auffassungen, die Lösung nicht liegen. Daß sie auf dem *politischen* Felde durch ein System von Instanzen und Kompetenzen gesucht werden mußte, das wurde schließlich deutlich, und diese Lösung setzte sich, schon lange argumentativ vorbereitet, von der zentralen Stelle der Verfassungsgebung und der Diskussion über sie durch. Der „Federalist", diese außerordentliche Quelle für das Verständnis der Constitution of the USA und überhaupt des politischen Denkens, aus welchem sie hervorgegangen ist und auf welchem sie beruht, formuliert daher in dem von James Madison verfaßten 10. Abschnitt, in dieser Verfassung besäßen die Bürger „a republican remedy for the diseases most incident to republican government"[23]. Das hieß gar nichts anderes, als daß die Probleme des Politischen *politisch* gelöst werden mußten und gelöst werden konnten, jedenfalls nicht ‚moralisch' und schon gar nicht religiös.

Anmerkungen

1 Thomas I. Emerson, *Toward a General Theory of the First Amendment,* New York 1963/66. Zum „puritanischen" Charakter des 1. Amendments siehe: W. Haller, The Puritan Background of the First Amendment, in: C. Read (Hrsg.), *The Constitution Reconsidered,* New York 1938, S. 131–141. Für eine Reihe von verfassungsrechtlich maß-

gebenden Entscheidungen des Supreme Court in Sachen der „Freedom of Religion", die vielfach den Titel „XY versus Board of Education" tragen, siehe: R. J. Tresolini/ M. Shapiro, American Constitutional Law, Third Edition, London 1970, S. 429 f.

2 William Bradford, *Of Plymouth Plantation, 1620–1647,* S. E. Morison, New York 1952

3 Die Literatur ist „mammuthaft". Ich beschränke mich auf die Nennung weniger Werke: J. H. Cobb, *The Rise of Religious Liberty in America,* New York 1902; W. W. Sweet, *Religion in Colonial America,* New York 1942; A. Heimert, *Religion and the American Mind. From the Great Awakening to the Revolution,* Cambridge, Mass. 1966; C. Rossiter, *Seedtime of the American Republic. The Origin of the American Tradition of Liberty,* New York 1953; B. Bailyn, *The Ideological Origins of the American Revolution,* Cambridge, mass. 1967; G. S. Wood, *The Creation of the American Republic, 1776–1787,* Univ. of North Carolina Press 1969

4 L. W. Labaree, *Royal Instructions to British Colonial Governors,* New York 1935, Vol. II, S. 494

5 C. Rossiter (wie Anm. 3), S. 37

6 B. Bailyn (wie Anm. 3), S. 248

7 A. B. Seidman, Church and State in the Early Years of the Massachusetts Bay Colony, in: *New England Quarterly,* Vol. XVIII (1945), S. 211–233

8 Letter to Lord Say and Seal, in: Th. Hutchinson, *The History of the Colony of Massachusetts-Bay,* London 1760, Vol. I, S. 497

9 Auf den „politischen" Charakter des Puritanismus hat vor allem J. G. A. Pocock mit Nachdruck hingewiesen: *The Machiavellian Moment. Florentine Political Thought and the Atlantic Republican Tradition,* Princeton 1975

10 W. Livingston et al., *The Independent Reflector ...* (M. M. Klein, Ed.), Cambridge, Mass. 1963, S. 17–22 (zitiert nach Bailyn – wie Anm. 3 – S. 250)

11 Bailyn (wie Anm. 3), S. 250

12 W. W. Henry, *Patrick Henry,* New York 1891, Vol. I, S. 41

13 Jonathan Mayhew, *Observations on the Charter and Conduct of the Society for the Propaganda of the Gospel in Foreign Parts ...,* Boston 1763, S. 155 f. (zitiert nach Bailyn – wie Anm. 3 – S. 255 f.)

14 *Jefferson Papers,* ed. Boyd, Vol. II. S. 546–47
15 *Virginia Statute of Religious Liberty,* Article I
16 Bailyn (wie Anm. 3), S. 262
17 *The Acts and Resolves, Public and Private, of the Province of the Massachusetts Bay ...,* Boston 1869–1922, Vol. IV, S. 1038
18 John Allan, *The American Alarm, or the Bostonian Plea, for the Rights and Liberties of the People ...* (zitiert nach Bailyn – wie Anm. 3 – S. 268)
19 J. Backus, *An Appeal to the Public for Religous Liberty,* Boston 1773, S. 16 (zitiert nach Bailyn – wie Anm. 3 – S. 266)
20 John Adams, *Diary and Autobiography,* L. H. Butterfield et al. (Eds.), Cambridge, Mass. 1961, Vol. III, S. 311 f.
21 *The Records of the Federal Convention of 1787,* M. Farrand (Ed.), 1937 revised edition, Yale University Press, Vol. II, S. 342, 468, 579, 603, 616, 663; Vol. III, S. 78, 227, 297, 310
22 z. B. Wood (wie Anm. 3), S. 28 ff., 107 ff., 393 ff.
23 *The Federalist,* No. 10, Everyman's Library, S. 48

Erich Geldbach

Religion und Politik: Religious Liberty

1.

Ein berühmter katholischer Kirchengeschichtler, Bernhard Kötting, hat das Verhältnis von Staat und Kirche auf drei mögliche Grundformen zurückgeführt:

1. Die Religion ist Fundament der Ordnung des Staates.
2. Der Staat zeigt gegenüber der Glaubensgemeinschaft eine feindliche Haltung, besonders dann, wenn der Staat befürchtet, daß seine weltanschaulich-religiösen Grundlagen durch das Wirken der Glaubensgemeinschaft angegriffen und zerstört werden.
3. Der machthabende Staat überläßt der Glaubensgemeinschaft genügend Freiraum zu ihrer Betätigung. Diese Verhaltensweise wird als „Duldsamkeit (Toleranz)“ beschrieben, wobei Kötting bemerkt, daß das gemeinsame Interesse am Wohl der in beiden Ordnungen lebenden Menschen zu Übereinkommen und Verträgen führen kann[1].

Wie aber, wenn religiöse Machtbefugnisse des Staates überhaupt in Frage gestellt werden, wenn also der Staat gar nicht so angesehen wird, daß er in der Lage ist, der Glaubensgemeinschaft, oder sagen wir jetzt schon besser: verschiedenen Glaubensgemeinschaften, einen Freiraum zu überlassen? Wie also, wenn nicht eine von oben gnädiglich gewährte „Duldsamkeit (Toleranz)“ die Leitidee ist und infolgedessen auch Übereinkommen und Verträge zwischen Staat und Glaubensgemeinschaften fortfallen können? Mit diesen Möglichkeiten kann ein Theologe europäischer Herkunft offenbar nicht rechnen. Wenn nicht alles geregelt ist, wenn nicht in Staatskirchenverträgen festgelegt ist, wo Befugnisse des

Staates und der Kirche ihren Ort haben, dann droht offenbar das politische und religiöse Chaos.

Daß ein Staatswesen unregierbar ist, wenn seine Bürger nicht auf eine – und nur eine – Religionsgemeinschaft eingeschworen sind, ist Bestandteil unserer Tradition. Diese Ansicht ist auch nicht durch die Reformation grundsätzlich in Frage gestellt worden. Zwar gibt es bei Luther – etwa in seinem Kampf um die Verbreitung seiner Bibelübersetzung – Ansätze, die dem Staatswesen untersagen, in religiösen Fragen für seine Untertanen zu entscheiden, doch ist im Laufe der Zeit nur noch das Problem erörtert worden, welcher Typ von Religion für ein Territorium der richtige sei. Hatte sich einmal ein Typus wie auch immer durchgesetzt – römisch-katholisch, lutherisch oder reformiert –, dann waren alle anderen exkludiert. Ein Landesherr, ein Territorium, eine Religion für die Landeskinder: das ist das europäische Modell des Verhältnisses von Staat und Religion.

Dieses Territorialprinzip ist von den europäischen Siedlern auch in die britischen Kolonien der Neuen Welt übertragen worden. Religiöse Uniformität und *eine* von öffentlichen Geldern getragene Religionsgemeinschaft bestimmen ebenso das Bild wie die europäischen Zwangsmittel, um dieses Einheitsmodell aufrechtzuerhalten[2]. Zwar herrschten im Süden mit dem Anglikanismus oder in Neu-England mit dem kongregationalistischen Puritanismus andere Kirchentypen, doch ist das äußere Erscheinungsbild gleich. Das puritanische Gemeinwesen war ein heiliges Gemeinwesen – holy commonwealth –, weil es eben nur zehn „visible saints" bedarf, um Sodom und Gomorrha vor dem Zorn Gottes zu retten. Die visible saints waren nicht nur als Individuen durch den Bund (covenant) mit Gott verbunden, sondern auch als Kirche, als Bundesvolk, als die sichtbare Stadt auf dem Berge (city on a hill) und auch als politisches Gemeinwesen. Die Puritaner waren keine Freiheitshelden, weil sie zwar von Freiheit sprachen, aber nur dann, wenn es um ihre eigenen Belange und ihre eigene Entfaltung ging, nicht aber um die anderer. Mit Zwang und Strang[3] reagierte deshalb das puritanische Establishment auf das Eindringen quäkerischer Dissenter in Boston.

Amerikanische Kirchenhistoriker teilen die amerikanische Kirchengeschichte gern in drei Epochen ein[4] und benutzen gerade die Religionsfreiheit als Kriterium der Einteilung. Die erste Phase ist das europäische Modell der einen Christenheit in einem Territorium. Die zweite Phase ist gekennzeichnet durch den Versuch, soul liberty, liberty of conscience oder religious liberty zum Durchbruch gelangen zu lassen. Auf diese Weise wird Amerika zu einem protestantischen Empire[5]. Es ist anfänglich ganz von Protestanten verschiedener Denominationen beherrscht. Doch für viele Protestanten fast unmerklich vollzieht sich ein gewaltiger Wandel mit der Einwanderung römisch-katholischer Bevölkerungsteile aus Irland, Deutschland, später Italien, Ungarn und anderen Ländern, so daß die römisch-katholische Kirche zur zahlenmäßig größten Kirche aufsteigt[6]. Schließlich gibt es nicht unwichtige religiöse Verschiebungen durch die Aufnahme des Mormonenstaates Utah in die Union sowie durch die Eingliederung von Hawaii. Im ersteren Falle ging es um eine Sondergemeinschaft mit bestimmten Praktiken, vor allem der Polygamie, im zweiten Fall betrifft es einen Staat, dessen Mehrheit inzwischen nicht-christlich ist. Östlich-orthodoxe und jüdische Einwanderer aller Nationalitäten und schließlich auch die Missionen östlicher, nicht-christlicher Religionen bestimmen das Bild religiöser Vielfalt und Buntheit. Das protestantische Empire ist durch religiösen Pluralismus und durch den Dialog der Religionen miteinander abgelöst. Augenfällig war das Ende des protestantischen Empire mit der Wahl Kennedys zum Präsidenten 1960.

Vom Establishment und von der religiösen Uniformität über das Disestablishment, den protestantischen Pluralismus bis zum Pluralismus der Religionen und dem Dialog der Religionen geht die Entwicklung. Sie ist folgerichtig, wenn auch die einzelnen Phasen nicht durch klare Schnittstellen abzusetzen sind, sondern sich zeitlich und örtlich unter Umständen erheblich überlappen können. So etwa ist das Modell des Staatskirchentums bereits im 17. Jahrhundert in der Kolonie Rhode Island des baptistischen Dissenter Robert Williams und im heiligen Experiment des Quäkers William Penn durchbrochen[7], wenngleich es in Massachusetts und New Hampshire noch weit ins 19. Jahrhundert hineinreicht. John Adams hatte gemeint, daß der erste Zusatz zur Verfassung der Vereinigten Staaten die Bundesregierung, nicht aber die einzelnen Staaten betreffen würde und daß Dissenter in ihrem Versuch, das Standing Order in Massachusetts zu ändern, eher eine Änderung des Solarsystems erwarten könnten, als daß die Kongregationalisten das Establishment aufgeben. (Baptists might well expect a change in the solar system than to expect the congregationalists to give up establishment.)[8]

Heute, in der Epoche des religiösen Pluralismus und Dialogs träumen immer noch einige von einem „Christian America“ und diskriminieren durch diesen Ausdruck bereits Juden, Buddhisten und andere.

Religionsfreiheit, wie sie dann im ersten Zusatz zur amerikanischen Verfassung ihren Ausdruck fand, hat keine lange Geschichte. Man kann Anzeichen dafür auf dem linken Flügel der Reformation erkennen[9], aber zu einer gewichtigen Anfrage an Kirche, Gesellschaft und Staat wurde Religionsfreiheit erst durch den linken Flügel des Puritanismus, also durch Quäker und Baptisten, erhoben. Sie ging einher mit der Idee, daß Gemeinden oder Meetings auf freiwilliger Grundlage zu organisieren seien und daß Zwang (coercion) in religiösen Dingen kontraproduktiv ist. Der Zugang dieser Gruppen zur Idee der Religionsfreiheit geschah indes nicht aufgrund aufklärerisch-vernünftiger Prämissen, sondern aus theologischen Gründen.

Die Souveränität Gottes und die Knechtschaft der Sünde über den Menschen führten zu drei fundamentalen Folgerungen[10]: 1. Die sichtbare Gemeinde der Heiligen sollte gänzlich von Gott abhängig und deshalb unabhängig von staatlicher Macht sein. 2. Die Gemeinde setzt sich zusammen aus freiwilligen Mitgliedern (voluntary membership). 3. Die Tendenz, daß sich menschliche Machtzentren absolut setzen und daher die Machtvollkommenheit Gottes antasten, bedingte eine Machteinschränkung und Kontrolle der Macht, und zwar sowohl in der Gemeinde wie im Staat. Daher ist das Laienelement ausgeprägt oder ein eigener Stand der Amtsträger gar nicht erst erwünscht, wie bei den Quäkern.

Auf einen anderen Aspekt ist noch hinzuweisen. Das Prinzip der Freiwilligkeit bedeutet, daß die Gemeinde ihre Mitglieder durch freiwillige Mitgliedschaft gewinnen muß. Die Erweckungen, revivals, camp meetings bilden deshalb eine notwendige Ergänzung zur Freiwilligkeit und machten die Religionsfreiheit auch in den Augen solcher attraktiv, die eher ein Establishment gewohnt waren. So schrieb z. B. ein anglikanischer Laie, daß die Kirche in einer viel besseren Verfassung wäre, „had there been no Act (sc. New York Ministry Act von 1693) in her favor; for in the Jersies und Pennsylvania where there is no Act in her favor, there is four times the number of Churchmen than there is in this province of New York, and they are so most of them upon principle.“[11]

Allerdings gab es auch andere Stimmen. So schrieb der Missionar der Society for the Propagation of the Gospel in Foreign Parts (S. P. G.), Thomas Barton (ca. 1730–1780), im Jahre 1764 an den Sekretär der Gesellschaft: „The County of Lancaster (in Pennsylvania) contains upwards of 40 000 Souls; of this Number not more than 500 can be reckon'd as belonging to the Church of England; the rest are German Lutherans, Calvinists, Mennonists, Moravians, New Born, Dunkars, Presbyterians, Seceders, New Lights, Covenanters, Mountain Men, Brownists, Independents, Papists, Quakers, Jews &c. Admidst such a swarm of Sectaries, all indulged and favored by the Government, it is no wonder that the National Church should be borne down."[12] Den Missionar erregte offenbar neben der sektiererischen Vielfalt – das Wort Sekte hat hier im Gegensatz zur Kirche einen negativen Klang – vor allem der Umstand, daß die Regierung nicht etwa dem Treiben der Sektierer Einhalt gebot, sondern diese Vielfalt duldete und sogar förderte.

Was im heiligen Experiment der Quäkerkolonie gelang, wurde dann 1791 mit dem ersten Zusatz (First Amendment) in den Verfassungsrang erhoben: „Congress shall make no law respecting an establishment of religion or prohibiting the free exercise thereof." Und im Artikel 6 der Verfassung hatte es schon geheißen, daß „no religious Test shall ever be required as a Qualification to any Office or Public Trust under the United States."[13]

Es geht also um religious tests, die z. B. in England seit der Toleranzakte praktiziert wurden und wodurch Dissenter von höhrer Bildung und damit von einflußreichen Berufen ausgeschlossen waren. Es geht des weiteren um free exercise of religion, woran niemand gehindert werden darf. Und es geht schließlich um die Tatsache, daß der Kongreß nicht per Gesetz die Etablierung *einer* Religion vornehmen darf; das hat dann zum sog. Disestablishment geführt.

Schon einige Jahre früher als in der Bundesverfassung war Religionsfreiheit in die Verfassung des Staates Virginia aufgenommen worden. Trotz gegenteiliger Voten, so z. B. von Patrick Henry, die auf eine etablierte Religion hinauswollten, waren es vor allem Thomas Jefferson und James Madison, die hier und auch für die Bundesverfassung richtungweisend waren. Ein neuer Quellgrund tut sich auf. Es zeigt sich nämlich der Einfluß der Aufklärung, jedoch so, daß die Befürworter der Religionsfreiheit dies nicht aus dem Grunde taten, der Religion Schaden zuzufügen, sondern um die Religion zu reinigen und sie von illegitimer Priesterherrschaft zu befreien. Im Zusammenspiel von deistisch-aufklärerischen und links-puritanischen Kräften stolperte die junge Republik in das Wagnis der Religionsfreiheit, das einen

Wendepunkt nicht nur in der Kirchengeschichte Nordamerikas, sondern in der Kirchengeschichte überhaupt markiert.

James Madison hat in diesem Zusammenhang einige vortreffliche Sätze geäußert: „Religion or the duty which we owe to our Creator and the manner of discharging it, can be directed only by reasons and conviction, not by force or violence. The Religion then of every man must be left to the conviction and conscience of every man; and it is the right of every man to exercise it as they may dictate. This right is in its nature an unalienable right."[14]

Madison hat auch erkannt, daß Religionsfreiheit sowohl zeitlich wie auch sachlich allen anderen Ansprüchen auf das Individuum vorgeordnet ist: „This duty (to render to the Creator such homage. . .as [every man] believes to be acceptable to him) is precedent both in order of time and degree of obligation, to the claims of Civil Society." Deshalb darf auch die zivile Gesellschaft oder ihre Regierung mit der Religion nichts zu tun haben; denn in der Gesellschaft müssen kontroverse Fragen durch Mehrheiten entschieden werden. So aber kann in religiösen Fragen nicht unbedingt verfahren werden: „It is also true, that the majority may trespass on the rights of the minority."[15] Der Problembereich Majorität – Minorität wird zugunsten der Minorität entschieden: einer Majorität steht es gar nicht zu, ihrer Religion staatlichen bzw. staatlich-unterstützten Ausdruck zu verleihen.

Wenn man diese Konzeption einmal vergleicht mit dem Entwurf eines christlichen Staates etwa bei Friedrich Julius Stahl in der Mitte des 19. Jahrhunderts in Preußen, dann wird die ganze Andersartigkeit der Entwicklung hüben und drüben deutlich, und es erklärt sich, wieso das Mitglied des evangelischen Oberkirchenrates in abfälliger Weise von der „Banalphrase der religiösen Freiheit (religious liberty)" schreiben konnte[16]. Für Madison war die Geschichte eindeutig: „Experience witnesseth that ecclesiastical establishments, instead of maintaining the purity and efficacy of Religion, have had a contrary operation. During almost fifteen centuries, has the legal establishment of Christianity been on trial. What have been its fruits? More or less in all places, pride and indolence in the Clergy, ignorance and servility in the laity; in both superstition, bigotry and persecution.“[17]

Madison ist es auch gewesen, der den anderen zentralen Aspekt auf eine kurze und treffende Formel gebracht hat, nämlich daß Toleranz und Religionsfreiheit nicht zu verwechseln sind. Der feine, aber hochbedeutsame Unterschied liegt darin: „Toleration belonged to a system where there was an established church and where it was a thing granted, not of right, but of grace.“[18] Religionsfreiheit ist demnach ein konkretes Recht, keine Willkürmaßnahme, die gnädig gewährt und deshalb ebenso auch wieder entzogen werden kann, wie die Toleranz. Mit dem First Amendment wird auf der Linie der Quäker, Baptisten und Aufklärer gesagt, daß Religion, ihre Einsetzung, Überwachung und Unterstützung, nicht zu den Hoheitsaufgaben des Staates gehört und der Staat seinerseits keiner religiösen Überhöhung bedarf, um seine säkularen Aufgaben erfüllen zu können.

Damit wird einer Trennung von Staat und Kirche das Wort geredet, und kein anderer als Thomas Jefferson hatte den von Roger Williams geprägten Begriff der „wall of separation“ emphatisch gebraucht. Aber die Religionsfreiheit ruht letztlich nicht so sehr auf der Trennung, denn auch totalitäre politische Gebilde propagieren eine solche Trennung, um der Religion das Absterben zu erleichtern. Das läßt sich bereits in der Französischen Revolution beobachten, die ja meinte, unter Umgehung der christlichen Vergangenheit wieder auf das Jahr 1 zurückgehen zu können[19], und es zeigt sich vollends in der Russischen Revolution, im nationalsozialistischen Modell Warthegau[20] und auch in der DDR. In diesen Fällen wird zwar die Trennung vollzogen, aber es fehlt das zweite Moment, nämlich die auf

Freiwilligkeit beruhende freie Ausübung der Religion. Diese freie Religionsausübung müssen ideologisch-festgelegte Regime unterbinden. Sie sind keine säkularen Staaten, sondern bilden ideologische Establishments, die dem religiösen Establishment der alten „Christenheit“ in ihrer repressiven und regressiven Art und in ihrem Zwangscharakter wie ein Ei dem anderen gleichen.

Das Schwergewicht fällt deshalb nicht auf die Trennung und die *Wall of separation,* sondern auf die freie Religionsausübung. Hier hat die Regierung nichts zu suchen. Denn hier geht es – christlich gesprochen – um Entscheidungen, die in der Mitte der Gläubigen im freien Diskurs unter Leitung des Heiligen Geistes zu fällen sind. Anders und mit den Worten des ganzen First Amendment gesagt: Was nutzt Redefreiheit, wenn niemand reden kann oder will, was Pressefreiheit, wenn Verleger und Herausgeber zu feige sind, Dinge beim Namen zu nennen, was Versammlungsfreiheit, wenn keiner kommt, und was schließlich Religionsfreiheit, wenn es keine wachen, feiernden Gemeinden gibt, die in freier Weise ihre Religion ausüben: free exercise and voluntary commitment? Eine Gesellschaft, der religiöse Initiative fehlt, eine Kultur, in der religiöse Gegenkulturen unerwünscht sind, ein Volk, das die Ausübung der Religion verschmäht, ist auf dem besten Wege in die Unfreiheit quasi-religiöser und/oder ideologischer Establishments.[21]

Der erste Zusatz zur amerikanischen Verfassung hat in den Vereinigten Staaten eine auffällige religiöse Vitalität hervorgebracht[22]. Keine hochentwickelte, industrialisierte Nation ist so religiös wie Amerika, und es gibt derzeit auch noch keine Anzeichen eines Nachlassens jener Lebendigkeit und Frische. Die bunte Vielfalt bestätigt den 1781 von Jefferson gemachten Ausspruch: „Difference of opinion is advantageous to religion.“[23]

So findet man z. B. orthodoxe Juden oder solche Reformjuden, bei denen auch Frauen Rabbiner werden können. Man findet Amish, die jeden technischen Fortschritt ablehnen, dafür aber auch von allen Energiekrisen unberührt sind. Man entdeckt Hutterer auf ihren Bruderhöfen oder Old Order Brethren in ihren alten Formen, aber auch moderne Brethren, die das Friedenszeugnis hochhalten. Schaut man genau hin, dann zeigen sich Hunderte von religiösen Gruppen, die als Auswanderer ins Land gekommen sind, oft genug, ja zu oft um ihres Glaubens willen Verfolgte: seien sie nun Salzburger Emigranten oder Herrnhuter, Quäker oder Wahre Inspirierte oder Swedenborgianer. Und dann gibt es eine Fülle von neuen, auf amerikanischem Boden entstandenen Gruppen und Sondergemeinschaften, von den Mormonen bis zu den Siebten-Tags-Adventisten oder den Zeugen Jehovas, von der Christlichen Wissenschaft (Christian Science) bis hin zu den Pfingstgemeinden, Holy Rollers sowie den Heiligungsgruppen, von den Schwarzen Gemeinden zu den Charismatischen Katholiken und Episkopalen. Und dann noch all die vielen sog. Mainline Churches: Baptist, Methodist, Lutheran, United Church of Christ, Presbyterian, Congregationalist, Disciples, Eastern Orthodox, Roman Catholic...

Diese Vitalität hat nicht nur unzählige Missionsunternehmungen, Evangelisationskampagnen, religiöse Radio- und Fernsehanstalten, Universitäten, Colleges und ein Netz privater Schulen hervorgebracht, sondern auch viele Hilfsorganisationen wie Friends' Relief Service, United Jewish Appeal, Church World Service, Catholic Relief Services und dergl. mehr ins Leben gerufen. Schließlich hat die Verankerung der Religionsfreiheit auch Auswirkungen auf diejenige christliche Kirche gehabt, die sich am längsten und zähesten diesem Menschenrecht widersetzt hat, die römisch-katholische Kirche, die im Zweiten Vatikanischen Konzil besonders unter dem Einfluß des amerikanischen Jesuiten John Curtney Murray und des amerikanischen Episkopats die Erklärung über die Religionsfreiheit angenommen hat[24].

Im 19. Jahrhundert war es Lyman Beecher, der sich am vehementesten gegen den Wegfall des Establishments in Connecticut aussprach und der wahre Qualen litt, als es dann doch so weit war, und der die Schande für die Pfarrerschaft für unfaßbar und den Schaden, der damit der Sache Christi erwachsen würde, für irreparabel hielt. Doch er erkannte bald, daß er die Situation falsch eingeschätzt hatte. Der Wegfall des Establishments entpuppte sich als „the best thing that ever happened to the State of Connecticut": „They say that ministers have lost their influence; the fact is, they have gained. By voluntary efforts, societies, missions, and by revivals, they exert a deeper influence than ever they could be queues, and shoe-buckles, and cocked hats, and gold-headed canes" – alles Symbole des Establishments[25].

2.

Die Tradition der Religionsfreiheit ist indes in den letzten Jahren einer Reihe von Anstürmen ausgesetzt gewesen. Es muß die Gratwanderung vollzogen werden, die freie Religionsausübung nicht zu gefährden und zugleich die Errichtung oder Unterstützung einer Religion zu verhindern, einschließlich einer Religion des Säkularismus – „religion of secularism".

Tatsache ist, daß die Trennwand – „wall of separation" – so hoch nicht ist, wie Jefferson offenbar angenommen hatte, daß z. B. auffallend viele religiöse Symbole im öffentlichen Leben Amerikas auftreten, von der Aufschrift „in God we trust" auf dem Geld oder „one nation under God" in dem „pledge of allegiance to the flag" und bis hin zu Gebeten im Senat oder dem National Prayer Breakfast, und daß umgekehrt die Flagge in fast jeder Kirche auffallend sichtbar aufgestellt ist. Jedenfalls hat es eine Reihe von Prozessen gegeben, die um die Frage kreisen, wie denn die Trennwand zu interpretieren ist. Die Metapher „wall of separation" taucht in vielen Gerichtsurteilen auf.

Der Oberste Gerichtshof hatte sich 1879 mit dem Fall eines Mormonen namens Reynolds auseinanderzusetzen, der das Bundesgesetz gegen Polygamie wegen seines mormonischen Glaubens nicht auf sich beziehen wollte. Das Gericht zog sich auf das Argument zurück, daß der Kongreß keine Befugnisse über Meinungen (opinion, einschließlich religiöser Inhalte) habe, daß er aber gegen Aktionen (actions), die den sozialen Pflichten (social duties) oder der guten Ordnung (good order) entgegenstehen, vorgehen könne. Die amerikanische Gesellschaft habe aber schon lange zuvor entschieden, daß Polygamie nicht akzeptabel sei. Daher müsse diese Aktion der Polygamie, die der Kläger nie bestritten hatte, entfallen.[26]

Das Gericht hatte es also vermieden, sich in religiöse Fragen einzumischen. Nimmt man den kirchengeschichtlichen Wild-West-Film, als den man die Frühgeschichte des Mormonentums wohl bezeichnen muß, als Hintergrund hinzu, dann ist dieses Urteil beachtlich, weil die Versuchung doch groß war, in den Mormonen eine unerwünschte Sekte zu sehen. Dann hätte aber das Gericht zu entscheiden gehabt, ob es einen Unterschied gibt zwischen einer schlechten Religion und einer guten Religion, und es hätte Kriterien benennen müssen, wonach gut oder schlecht einzustufen sind. Dies aber wäre ein illegitimer Eingriff gewesen; denn selbst wenn eine Majorität über „gut“ oder „schlecht“ entscheidet, kann sie damit die Rechte der Minderheit verletzen, wie James Madison mit Recht bemerkt hatte. Hier liegt wohl überhaupt die größte Gefahr für die Religionsfreiheit, daß nämlich einem Gefühl, einer Mehrheitsmeinung oder der sog. öffentlichen Meinung nachgegeben wird und Personen oder Gruppen um ihrer besonderen Religion oder religiösen Ausdrucksformen willen benachteiligt werden. Gerichte müßten dann notwendigerweise beginnen zu definieren, was Religion ist. Darin liegt aber die Gefahr, daß per definitionem religiöse Gruppen ausgeschlossen werden. So wäre z. B. die Annahme eines höchsten Wesens für die Mehrheit der Bevölkerung auf Hawaii als Ausgangspunkt einer Definition von Religion nicht akzeptabel.

Auf der gleichen Ebene liegen die Probleme mit den sog. neuen religiösen Bewegungen, die durch mancherlei neuartige Rekrutierungs- und Geldsammelaktionen oder auch durch politische Äußerungen ihrer führenden Köpfe oder durch wirtschaftliche Verflechtungen in die Schlagzeilen gerieten. Der Prozeß gegen Rev. Moon ist ja wohl der bekannteste[27]. Moon war verurteilt worden, weil er angeblich Steuern hinterzogen hatte. Er machte aber geltend, daß es sich bei den in Frage stehenden Geldern nicht um Privatmittel, sondern um Gelder seiner Kirchenorganisation handele, die von der Steuer befreit sind. Die Verurteilung Moons hat nicht nur bei seinen Anhängern, sondern bei vielen anderen kirchlichen Mitarbeitern und Theologen aus grundsätzlich-verfassungsrechtlichen Gründen Empörung ausgelöst. Denn nach dem gleichen Recht, so wurde argumentiert, müßte jeder protestantische Kirchenpräsident oder katholische Diözesanbischof hinter Gitter, weil sie alle von ihren Kirchen einen Dispositionsfond erhalten, der als Kirchengeld nicht der Besteuerung unterliegt. Die Verurteilung Moons erfolgte deshalb nach Meinung der Kritiker aufgrund der negativen Vorurteile, die in der Öffentlichkeit über ihn umliefen, also aufgrund einer negativen Definition oder Quasi-Definition der Moon-Lehren. Es muß aber den Religionsgemeinschaften selbst überlassen bleiben, wie sie sich als Gruppe religiös definieren, und das ist dann zu respektieren.

Allerdings führt dies auch nicht grundsätzlich aus dem Dilemma. Denn inzwischen haben findige Köpfe dadurch Steuern sparen wollen, daß sie eine „Kirche" oder „Religionsgemeinschaft" gründeten, sich den Titel „Reverend" oder gar einen Doktortitel zuschrieben und wegen ihres Status als „minister" Steuerbefreiung genießen. Was schon im Falle Moon an den Tag kam, daß nämlich eine Religionsgemeinschaft auch politische, kulturelle und wirtschaftliche Tätigkeiten verrichten kann und immer noch die Steuerbefreiung genießt, wenn diese Tätigkeiten zum integralen Bestandteil ihres in erster Linie religiösen Zieles gehören, das haben jetzt einige übertrieben und die „religiösen Ziele“ lediglich als Tarnung für die Steuerbehörden vorgeschoben. Den sog. „mail order house“-Pastoren wollen die Finanzbehörden das Handwerk legen. Aber dann müßten die Finanzbehörden entscheiden, welches eine echte religiöse Organisation ist und welche nur vorgibt, eine solche zu sein. Andererseits: könnten alle Kirchen zum Offenlegen ihrer Finanzen gezwungen werden, ohne daß dies als ein Eingreifen der Behörden bzw. der Regierung in die Angelegenheiten der Religionsgemeinschaften betrachtet werden muß? Einige Scharlatane sind dabei, die „Trennwand“ einzureißen oder die Entwicklung so zu leiten, daß historisch gewachsene Rechte der Religionsgemeinschaften wie das der Steuerbefreiung aufgehoben würden.

Genau dieser Fall wurde 1970 im Streitfall Walz versus Tax Commission behandelt. Frederick Walz hatte die Befreiung aller Kirchengebäude in New York City von der Grundstückssteuer zum Anlaß eines Verfahrens gewählt, weil er in der Steuerbefreiung eine indirekte Etablierung von Religion und damit einen Verstoß gegen das First Amendment sah. Das Gericht erklärte: „The grant of a tax exemption is not sponsorhip since the government does not transfer part of its revenue to churches but simply abstains from demanding that the church support the state ...“. Das Gericht führte aber noch weiter folgendes an: „Determining that the legislative purpose of tax exemption is not aimed at establishing, sponsoring, or supporting religion does not end the inquiry, however. We must also be sure that the end result – the effect – is not an excessive entanglement with religion. The test is inescapably one of degree. Either course, taxation of churches or exemption, occasions some degree of involvement with religion. Elimination of exemption would tend to expand the involvement of government.“[28]

Hier wird ein neuer Begriff eingeführt. Trennung von Staat und Kirche heißt nicht die Abwesenheit aller Kontakte, also auch nicht die Mauer, die Trennwand. Die neue Metapher heißt entanglement. Dieses darf jedoch nicht exzessiv sein, sondern muß auf ein Minimum beschränkt bleiben. In einem Minderheitsvotum wurde festgehalten, daß die Steuerbefreiung der Kirchen doch eine Form von Subsidien darstellt. Dem wurde freilich von der Mehrheit des Gerichts entgegengehalten, daß Steuerbefreiung und Subsidien „qualitativ verschieden" sind, eben weil Subsidien einen eingehenden, ständigen Kontakt zwischen Staat und Religionsgemeinschaften verlangen und eine direkte Hilfe darstellen. Das entanglement soll aber auf ein Minimum reduziert bleiben.[29]

Aus diesem Grunde wurden Vorlagen zweier Staaten verworfen, die vorsahen, daß diese Staaten die Lehrergehälter für Lehrer an kirchlichen Schulen aufbringen sollten. Darin sahen die Richter offensichtlich ein excessive entanglement[30].

Der 1965 verstorbene Richter am Obersten Gerichtshof, Felix Frankfurter, sagte in dem Verfahren McCollum versus Board of Education: „The public school is at once the symbol of our democracy and the most pervasive means for promoting our common destiny."[31] Bei einer so hohen Einschätzung des öffentlichen Schulwesens will es nicht verwundern, daß eine große Zahl von Prozessen sich um die Schulfrage drehte[32]. So fand der Gerichtshof es nicht verfassungsgemäß, daß während der Schulzeit in Freistunden (sog. „released time") und auf dem Schulgelände kirchliche Unterweisung erteilt werden könne, selbst wenn die Teilnahme freiwillig sei[33]. 1952 hatte das Gericht im Fall Zorach versus Clauson einen ähnlich gelagerten Fall zu entscheiden, nur daß der Religionsunterricht diesmal außerhalb des Schulgeländes stattfinden sollte. Dies hielten die Richter für vereinbar mit der Verfassung. Ein Richter befand: „We are a religious people whose institutions presuppose a Supreme Being". Wenn die Regierung gegenüber allen religiösen Gruppen in der Indifferenz verharre, bedeute dies nichts anderes als diejenigen, die an keine Religion glauben, den religiösen Bürgern vorzuziehen[34].

In den Verfahren, in denen es um das Schulgebet und um Bibellesen ging, kam das Gericht zu dem Schluß, „it is no part of the business of government to compose official prayers for any group of the American people to recite as a part of a religious program carried on by the government.“[35]

Die Gegner dieser Entscheidung der Jahre 1962/63 behaupteten, die amerikanischen öffentlichen Schulen seien nunmehr von einem „säkularen Humanismus“ beherrscht. Dieser sei jetzt die Religion des öffentlichen Schulwesens. Das Gericht wehrte sich gegen diesen Vorwurf. „We agree of course that the State may not establish a ‚religion of secularism‘ in the sense of affirmatively opposing or showing hostility to religion ... In addition, it might well be said that one's education is not complete without the study of comparative religion or the history of religion and its relationship to the advancement of civilization.“ Die Bibel kann wegen ihrer historischen und literarischen Qualitäten deshalb im Unterricht behandelt werden, wenn sie objektiv als Teil des säkularen Erziehungsprogramms dargeboten wird[36]. Aber Gebete und Bibellektüre zur religiösen Erbauung, zur Devotion, werden als verfassungswidrig abgelehnt. Doch was bedeutet eine „objektive“ und was eine „devotionale“ Lektüre der Bibel? „Teaching *about* religion, as distinguished from teaching *of* religion“[37] wurde jedenfalls für verfassungskonform erklärt. Seither gibt es an öffentlichen Schulen und Universitäten Kurse in allgemeiner Religionsgeschichte. Die feinen Unterschiede zeigen jedenfalls an, wie die „Mauer der Separation“ allmählich abgetragen wurde und heute eher der eingestürzten „Mauer von Jericho“ gleicht. Allerdings hat dies doch auch zu einer spürbaren Entkrampfung geführt.

Völlig ungelöst ist weiterhin das Problemfeld der „parochial schools“, also der vielen Schulen, die von Religionsgemeinschaften, besonders der römisch-katholischen Kirche, den Adventisten und den Missouri-Lutheranern, getragen werden. Denn diese Schulen werden von den Spenden der Mitglieder gebaut und unterhalten, und überdies müssen die Eltern, die ihre Kinder dort zur Schule schicken, Schulgeld zahlen. Von seiten katholischer Elternvereine wird immer wieder geltend gemacht, daß man dreifach für den Unterhalt der Schulen zur Kasse gebeten wird: Mit den Spenden und dem Schulgeld werde das Privatschulsystem und mit den Steuern das öffentliche Schulwesen aufrechterhalten. Katholische Eltern empfinden diese Doppelbelastung als ungerechte Bestrafung seitens des Staates und verlangen „a tax break" oder die Übernahme der Unkosten durch den Staat, so daß dann das Schulgeld wesentlich geringer ausfallen könnte[38].

Noch an einem anderen Fall, der das Schulwesen betrifft, läßt sich das Verhältnis von Staat und Religion verdeutlichen. Die aus Deutschland bzw. Rußland eingewanderten Gruppen der Amish und Hutterischen Brüder haben als Bestandteil ihrer Tradition das 8-jährige, einklassige Zwergschulsystem mitgebracht. Für Hutterer und Amish ist diese Schulform wichtige Vermittlungsinstanz ihrer Werte und Verhaltensnormen an die nachfolgende Generation. U. a. betrifft dies auch das Auswendiglernen deutscher Bibelsprüche und Gesangbuchlieder. Einige Staaten wollten die Amish und Hutterer zwingen, ihre Kinder dem 12-jährigen Schulzwang zu unterwerfen. Aus der richtigen Erkenntnis, daß dies der Anfang vom Ende der religiösen Gemeinschaften sei, zog man mit Unterstützung einiger Wissenschaftler vor die Gerichte und bekam Recht. Das 8-jährige Schulsystem der Hutterer und Amish wurde als für die Religion dieser Gemeinschaften unverzichtbar erklärt.

Andere konfliktträchtige Gebiete sind etwa: die Sabbatheiligung durch die 7.-Tags-Adventisten und Juden und die damit in Konflikt stehenden Un-employment compensation-Gesetze, die für Nicht-Arbeit an Samstagen keine Arbeitslosenunterstützung vorsahen. Diese Gesetze mußten geändert werden. Die Frage, ob Kinder von Zeugen Jehovas gezwungen werden können, in der Schule den „pledge of allegiance" zu sprechen, wurde abgelehnt. Ein interessanter Fall betraf das Essen des Peyote-Pilzes, der LSD-artige Wirkungen hervorruft und von einigen Indianerstämmen bei ihren religiösen Riten verzehrt wird. Ist dies eine religiöse Veranstaltung oder illegaler Drogenkonsum? Die Gerichte entschieden zugunsten der Indianer. In einem anderen Fall, der die sog. snake-handling churches betrifft, haben alle Staaten bis auf West Virginia das snake-handling („Ihr werdet auf Schlangen und Skorpione treten, und sie werden Euch nichts tun") verboten, weil es, wenn in den Gottesdiensten wildgerüttelte Klapperschlangen durch die Kirche geworfen und von den Gläubigen aufgefangen wurden, wiederholt zu Todesfällen nach einem Schlangenbiß kam. Offenbar ist den Gerichten der Schutz des Lebens vor dem sofortigen Wissen, ob ein Gläubiger vom Heiligen Geist geschützt wird, wichtiger gewesen.

Verschiedentlich werden jetzt auch die Gerichte bemüht, um Schadensersatz von Religionsgemeinschaften zu verlangen. So haben Eltern eines jungen Mannes, der zuvor bei verschiedenen Psychiatern und neuen, quasireligiösen Psychogruppen Heilung suchte und schließlich zu einer Kirche kam, deren Seelsorger ihm aber offenbar auch nicht helfen konnte, so daß der junge Mann dann Selbstmord beging, die Kirche auf Schadensersatz verklagt. Oder eine junge Frau zog vor Gericht, weil ihr eine religiöse Organisation versprochen hatte, sie werde nach Erlangung der Mitgliedschaft eine „bessere Person", was jedoch dann nicht eingetreten sei. Auch sie verlangte Schadensersatz in Millionenhöhe. Im ersten Fall haben die Richter „judicial restraint" walten lassen, d. h. they dismissed the case. Der zweite Fall ist meines Wissens noch nicht entschieden.

Ein ebenfalls noch unentschiedener Fall ist jene Merkwürdigkeit, daß katholische Schwestern, die als Lehrerinnen an einer katholischen Privatschule tätig sind, sich gewerkschaftlich organisierten und dann eine angemessene Entlohnung für ihre Lehrertätigkeit verlangten. Als der zuständige Bischof als Arbeitgeber sich weigerte, die Gehälter zu zahlen – er tat dies wohl nicht, ohne auf die Gelübde der Armut, Keuschheit und des Gehorsams zu verweisen –, zogen die Schwestern vor Gericht und verklagten ihren Bischof[39].

Ein Bereich von „excessive entanglement" ist das Militär. Die amerikanischen Militärgeistlichen sind anders als in der Bundeswehr voll in die militärischen Rangstufen eingereiht und bilden einen Teil der Streitkräfte. Während nach dem Zweiten Weltkrieg alle protestantischen Militärgeistlichen aus den sechs größten protestantischen Denominationen kamen, rekrutieren diese sich gegenwärtig aus über siebzig. Hier ist eine Übereinkunft zwischen der entsendenden Kirche und dem Department of Defense unausweichlich. Schwierig wird es wohl, wenn neue religiöse Gruppierungen den Antrag auf Aufnahme in den Militärdienst stellen. Wie verhält sich dann das DoD, wenn etwa ein Moony Chaplain werden will?

3.

Die größte Gefahr für die Religionsfreiheit geht derzeit von der sog. Neuen Christlichen Rechten (New Christian Right) aus[40], die einen starken Einfluß auf das Weiße Haus hat, wie auch umgekehrt Präsident Ronald Reagan sich mit diesen Kräften eng verbunden weiß. Wer in diesem Kräftespiel wen für seine politischen, sozialen und militärischen Ziele gebraucht oder mißbraucht, kann offenbleiben, weil dies im Endeffekt keine Rolle spielt. Der Verlierer ist in jedem Fall die Religionsfreiheit. Die Ironie besteht darin, daß die Neue Christliche Rechte ihre Zielvorstellungen, Forderungen und Attacken just im Namen der Religionsfreiheit vorträgt.

Zunächst muß man beachten, daß die Neue Christliche Rechte so neu auch wieder nicht ist. Sie hat ihre Wurzeln in der evangelikalen Bewegung[41], in der man schon immer sozialen und politischen Entwicklungen gegenüber offen war. Man denke etwa an die Anti-Sklaverei-Bewegung oder an das Oberlin-College, wo Frauen und Schwarze bereits um die Mitte des 19. Jahrhunderts zum Studium zugelassen waren. Die meisten Evangelikalen, vor allem in unserem Jahrhundert, akzeptierten den Kapitalismus als Wirtschaftsform und damit auch die Doktrin, daß die Schwächeren im Konkurrenzkampf ausgeschieden werden. Auch wurde der Gedanke aufrechterhalten, daß Amerika eine „chosen nation“ ist, die von dem Schöpfer mit Freiheiten gesegnet wurde, so daß diese Nation als Leuchtturm allen Nationen ein Beispiel abgeben könne. Von den 30er Jahren an bis in die 60er Jahre unseres Jahrhunderts gehörten ein militanter Anti-Kommunismus, ein tiefsitzendes Mißtrauen gegen sozialistische oder sozialdemokratische Lösungsvorschläge der sozialen und wirtschaftlichen Probleme, ein Traditionalismus in Fragen der Ehe und Ehescheidung, Familie und Kindererziehung, sowie eine Befürwortung der militärischen Stärke der Vereinigten Staaten zu den Standardaussagen der evangelikalen Rechten, die nur noch durch fundamentalistische Schreier vom Schlage eines Carl McIntire überboten wurden. Eine introvertierte Konzentration auf das eigene Land – also eine Form des Isolationismus – ist trotz einer verbalen Vorspielung weltweiter Gesichtspunkte („from coast to coast and around the world“) kennzeichnend und dafür verantwortlich, daß in naiver Form die typisch amerikanische „civil religion“ mit dem Christentum identifiziert wird.

Bis in die frühen 70er Jahre waren die Evangelikalen indes tages- oder parteipolitisch nicht engagiert, ja, sie machten Opposition gegen eine allzu deutliche Vermischung von Kirche und Politik, wie man es etwa bei den sog. „liberalen“ Gegnern in den Bürgerrechtsbewegungen, der Anti-Vietnamkriegsbewegung und dem Kampf gegen die soziale Armut beobachtete. Außerdem hatte einer der (ungewählten) Sprecher der Evangelikalen, der Evangelist Billy Graham, ungehindert Zugang zum Weißen Haus, besonders zu Nixon, und das reichte für die Evangelikalen, um „repräsentiert“ zu sein.

Watergate bildete auch hier so etwas wie eine Wasserscheide. Die Konservativen waren verwirrt, doch begannen sie sich anläßlich der 200-Jahrfeier der Amerikanischen Revolution auf die „alten“ Werte zu besinnen. Vietnam und Watergate sollten jetzt der Vergangenheit angehören. Der Aufbruch zu neuen Ufern in die Vergangenheit konnte beginnen. Dieser Aufbruch in die Vergangenheit ging indes ironischerweise nicht ohne die modernen Massenkommunikationsmittel vor sich. Denn inzwischen hatte sich etwas formiert, was man „electronic church“ nennt. Einige Fernsehprediger brachten es fertig, ein lukratives Fernsehimperium aufzubauen und beträchtliche Geldquellen anzuzapfen, unter ihnen sind Jerry Falwell, Pat Robertson, Jim Bakker und andere. Diesen gelang es, durch Fernsehen, Computereinsatz und nicht mehr überschaubare Organisationen und „ministries“ einen Großteil ihrer Gefolgschaft zu mobilisieren und sowohl 1980 wie 1984 hinter Reagan zu bringen. 1980 wurden auf diese Weise der Baptist Jimmy Carter, der sich selbst als „wiedergeboren“ bezeichnete und damit eigentlich die Sprache der Evangelikalen sprach, zusammen mit sog. „liberalen“ Demokraten, die man zuvor aufgrund ihrer „voting record“ im Kongreß herausgefiltert hatte, abgewählt. Die konservative Revolution unter Ronald Reagan begann, und die Evangelikalen hielten es sich zugute, diese Revolution mit eingeleitet zu haben.

Diese Revolution ist indes ein Frontalangriff auf die Religionsfreiheit. Die Neue Christliche Rechte hat sich besonders die Schulen ausgesucht, um an diesem Problemfeld ihre Ansichten zu vertreten. Man greift zurück auf das First Amendment und sagt, daß es dabei um die Freiheit *für* die Religion und nicht um Freiheit *von* der Religion geht. Ganz auf dieser Linie argumentiert Ronald Reagan: „The First Amendment was not written to protect the people from religious freedom.“[42] Die modernen säkularen Humanisten hätten es vielmehr fertiggebracht, die Nation von ihren religiösen Wurzeln abzuschneiden, die Religion aus dem öffentlichen Leben zu verdrängen und Amerika von Gott abzuwenden. Heilung gibt es nur, wenn Amerika auf den Weg gebracht wird, zu den religiösen Wurzeln zurückzukehren. Amerika muß sich wieder dem „judeo-christlichen Theismus“ zuwenden. Man schließt in evangelikalen Kreisen normalerweise das Judentum mit ein, weil dieses in der evangelikalen Sicht von Geschichte und Heilsgeschichte eine besondere Rolle einnimmt. Darauf kann jetzt nicht weiter eingegangen werden. Wichtig aber ist, daß mit dem Ruf nach einer Rückkehr zur religiösen Tradition und mittels der darauf aufbauenden Aktivitäten Amerika in ein christliches Land verwandelt werden soll. John W. Whitehead schreibt in seinem Buch, das den bezeichnenden Titel trägt „The Separation Illusion“: „Government is an institution divinely given to protect the good and punish the evil. As a ministry of God, government is prophetically to apply the gospel of Christ to its own sphere.“[43] Das heißt, daß die Regierung auf das Evangelium verpflichtet ist, daß sie also nicht mehr die Freiheit für alle Religionen garantiert, sondern eine Religion, das Christentum, möglichst in seiner evangelikalen Spielart, bevorzugt.

Der Sündenfall Amerikas geschah 1962, als eine „wirkliche Trennwand“ (the real wall) aufgerichtet wurde, als nämlich das Oberste Gericht das Schulgebet für verfassungswidrig erklärte. Diese ‚real wall‘ wurde errichtet „to separate school children from any contact with God“[44]. Deshalb muß sich der Kampf auf die Wiedereinführung des Schulgebets konzentrieren. Dazu sagt Ronald Reagan: „Then in 1962 the Supreme Court declared school prayer illegal. Well, I firmly believe that the loving God who has blessed our land and made us a good and caring people should never have been expelled from America's classrooms. And the country agrees. Polls show that, by a majority of 80 percent, the American people want prayer back in our schools.“[45]

Die Unterstellung, daß Gott aus den Klassenräumen verbannt sei, mag zwar zielstrebige politische Rhetorik darstellen, sie ist aber theologischer Unsinn.

Als eine Abstimmung im Kongreß über das school prayer amendment anstand, drohte der Fernsehprediger Pat Robertson: „Like the people of ancient Israel, who cried out to their oppressors, ‚Let my people go', those of us who are oppressed by our political leadership today are also crying to them to let us go – or we plan to let them go in November." Daß die Kinder in den Schulen keine Gebete sprechen dürfen, wird mit sklavischer Unterdrückung gleichgesetzt. Aus diesem Ägypten will man ausziehen, d. h. Gott in die Klassenzimmer zurückbringen, oder mit dem Stimmzettel die Rechnung begleichen. Jerry Falwell's Moral Majority Report vom Mai 1984 schreckte nicht vor der Geschmacklosigkeit zurück, das Abstimmungsergebnis in eine „Roll of Honor" und „Roll of Dishonor" einzuteilen und den Abgeordneten der 2. Kategorie ins Stammbuch zu schreiben, sie hätten den Schulkindern Amerikas das Recht auf freie Rede und Religionsfreiheit verweigert, um in öffentlichen Schulen zu beten.

Man muß sich vor Augen halten, daß die Moral Majority-Bewegung, die sich auf Konservative aller möglichen religiösen Bindungen – Juden, Protestanten, Katholiken, Mormonen – stützt, ihre eigenen Veranstaltungen nicht mit Gebeten eröffnet, aus Furcht, man falle dann auseinander. Wenn schon hier die Befürchtung herrscht, wie muß es dann erst in einer öffentlichen Schule aussehen, wo die Vielfalt noch größer ist[46]?

Die Christliche Rechte hat noch ein anderes Phänomen hervorgebracht. Sie untersucht nämlich die in den Schulen gebrauchten Textbücher und stellt fest, daß der säkulare Humanismus über diese Bücher in die Klassenräume eingedrungen ist und dort eine Religion des säkularen Humanismus verbreitet. Im Namen der Trennung von Kirche und Staat hätten die Humanisten alle religiösen Dogmen außer ihren eigenen aus den Klassenzimmern verbannt. So zählt man etwa auf: Evolution statt wissenschaftlichem Kreationismus, Autonomie des Indiviuums, das nicht Gott gegenüber Rechenschaft schuldig ist, Situationsethik statt einer Ethik der Gebote

Gottes, sexuelle Permissivität, Voten gegen das freie Unternehmertum, anstatt dessen Rechtfertigung und Verteidigung, Voten gegen den nationalen Stolz; auch sieht man überall antibiblische Vorurteile. Natürlich fehlt dann nicht ein Appell an die christlichen Eltern, diesen Fehlentwicklungen entgegenzuarbeiten, wenn nötig durch Gründung von christlichen Bürgerinitiativen oder neuer christlicher Privatschulen, um das öffentliche Schulwesen auszutrocknen.

Griffin Bell, Justizminister unter Jimmy Carter, sagte kürzlich, daß die Aktivitäten der Neuen Christlichen Rechten auf der Annahme basieren, die USA seien eine christliche Nation oder sie sei wieder dorthin zurückzuführen. Die Reagan-Administration ist offenbar auch dieser Meinung. Sie unterstützt deshalb massiv die Neue Christliche Rechte. Was jedoch noch weitere Auswirkungen haben wird, ist der Umstand, daß Reagan aus diesen religiös-ideologischen Gründen neue Bundesrichter ernennt, die z. B. für das Schulgebet und gegen Schwangerschaftsabbruch sind, und daß dadurch in Zukunft über die Gerichte Politik im Sinne der Neuen Christlichen Rechten gemacht werden kann.

Zusammengefaßt läßt sich sagen, daß das First Amendment die Regierungsgewalten zu größter Zurückhaltung gegenüber Religionsgemeinschaften verpflichtet. Das bedeutet für die richterliche Gewalt, daß hier „judicial restraint" geübt werden müßte, d. h. viele Fälle eigentlich gar nicht vor die Gerichte gebracht bzw. von ihnen angenommen werden dürften, und daß es einen gefährlichen Machtzuwachs der Gerichte bedeutet, wenn sie sich in Angelegenheiten einmischen, die in anderen „Zentren" – also den Religionsgemeinschaften selbst – entschieden werden müssen. Gleiches gilt auch für die Legislative, die sich bei der Gesetzgebung – also z. B. dem school prayer amendment – Restriktionen auferlegen muß. In vermehrtem Maße gilt dies auch für die Exekutive, die aufgrund der herausgehobenen Position und des Ansehens, das ein Präsident qua Amt genießt, Einseitigkeiten vermeiden muß. Hinter allem steht das Problem, daß kein Zweig der Regierung befugt ist zu definieren, was eine Religion ist oder welchen Maßstäben Gruppen genügen müssen, um sich als Religionsgemeinschaft zu qualifizieren.

Anmerkungen

1 KNA-Öl Nr. 22 v. 28. 5. 1986

2 Vgl. zum Ganzen Franklin H. Littell, *From State Church to Pluralism*, New York 1971

3 Vgl. Franklin H. Littell, *The Church and the Body Politic*, New York 1969, S. 12: „... the religion of the Founding Fathers was predominantly British, Protestant, and coercive in style!"

4 So z. B. Robert T. Handy, The Voluntary Principle in Religion and Religious Freedom in America, in: *Voluntary Associations*. Essays in Honor of James Luther Adams, Richmond 1966, S. 129, und F. H. Littell, *The Church and the Body Politic*, Kapitel 2: *The Three Periods of American Church History*, S. 10 ff.

5 Martin E. Marty hat von einem „Righteous Empire" in seinem gleichnamigen Buch, New York 1970, gesprochen.

6 Zur Entwicklung der römisch-katholischen Kirche vgl. meinen Aufsatz: Die römisch-katholische Kirche in den Vereinigten Staaten, in: *MD 36*, 1985, 47–57

7 Vgl. dazu meinen Aufsatz: Gewissensfreiheit und Freikirchliche Tradition, in: *Gewissen, Jahrbuch des Evangelischen Bundes XXV*, 1982, S. 81–100

8 Anson P. Stokes and Leo Pfeffer, *Church and State in the United States*, New York 1964, S. 44

9 Belege in meinem Anm. 7 zitierten Aufsatz

10 Dazu Winthrop S. Hudson, *The Great Tradition of the American Churches*, New York 1953, bes. S. 48–55

11 Zitiert bei Robert T. Handy, a. a. O., S. 131

12 Edwin Scott Gaustad (Ed.), *Religious Issues in American History*, New York 1968, S. 23

13 Edward S. Corwin and Jack W. Peltason, *Understanding the Constitution*, New York 1958, S. 139 und S. 134 (Art. VI, Nr. 3)

14 E. S. Gaustad, a. a. O., S. 73

15 Ebd.
16 Friedrich Julius Stahl, *Wider Bunsen*, Berlin 1856, S. 100
17 E. S. Gaustad, a. a. O., S. 75
18 Charles F. James, *Documentary History of the Struggle for Religious Liberty in Virginia*, Lynchburg, Virginia 1900, S. 63
19 Heinrich Hermelink, *Das Christentum in der Menschheitsgeschichte von der Französischen Revolution bis zur Gegenwart*, Tübingen/Stuttgart 1951, Bd. I, bes. S. 66
20 Paul Gürtler, *Nationalsozialismus und evangelische Kirche im Warthegau*, Göttingen 1958
21 In vielen kleineren Veröffentlichungen unter dem Titel „Lest We Forget“ hat F. H. Littell immer wieder auf diese Sachverhalte aufmerksam gemacht und sie dahingehend interpretiert, daß totalitäre Regime eine „Gleichschaltung“ versuchen müssen. Vgl. auch seinen Aufsatz: Foundations and Traditions of Religous Liberty, in: *Journal of Ecumencial Studies XIV*, 1977, bes. S. 576–578
22 E. S. Gaustad, Das Erste Amendment und die religiösen Dissidenten, in: *Gewissen und Freiheit*, Nr. 22, 1984, S. 71
23 Saul K. Padover (Ed.), *The complete Jefferson*, New York 1943, S. 675
24 Vgl. meinen Anm. 6 genannten Aufsatz
25 Barbara M. Cross (Ed.), *The Autobiography of Lyman Beecher*, vol. I, Cambridge, MA 1961, S. 252 f.
26 Reynolds vs. United States, 98 U. S. 145 (1879)
27 Herbert Richardson (Ed.), *Constitutional Issues in the Case of Rev. Moon*, New York/Toronto 1984
28 397 U. S. 675
29 397 U. S. 699
30 91 S. Ct. 2113
31 333 U. S. 231
32 James E. Wood, Die Religion und das staatliche Schulwesen, in: *Gewissen und Freiheit* Nr. 22, 1984, S. 72–76
33 McCollum vs. Board of Education 1948
34 343 U. S. 313 f.
35 370 U. S. 424 f.
36 375 U. S. 225
37 374 U. S. 235
38 Vgl. dazu William B. Bull, Religious Liberty in Education, in: *Journal of Ecumenical Studies XIV*, 1977, S. 662–676

39 Die angeführten Konfliktbereiche sind nur eine Auswahl, die hier aus dem Gedächtnis aufgezeichnet sind und deshalb auch nicht dokumentiert werden können

40 Vgl. dazu das ausgezeichnete Referat von Richard V. Pierard, The New Christian Right in America and Religious Liberty, in: *Second World Congress on Religious Liberty Proceedings,* Washington (International Religious Liberty Association) 1985, S. 110–124, auf das sich die nachfolgenden Ausführungen stützen.

41 Vgl. dazu meinen Aufsatz: Evangelikalismus. Versuch einer historischen Typologie, in: Reinhard Frieling (Hrsg.), *Die Kirchen und ihre Konservativen*, Göttingen 1984, S. 52–83

42 Zitiert bei R. V. Pierard, S. 113

43 Milford, M I 1977, S. 175

44 Religious Broadcasting vom 14. 10. 1982, S. 64

45 Zitiert bei Pierard, S. 115

46 Ebd., S. 118

Leonard Neufeldt

„Self-Culture“: Ein Grundbegriff der Unitarier in der ersten Hälfte des 19. Jahrhunderts

Zu Beginn des 19. Jahrhunderts entwickelten die Unitarier und Transzendentalisten ein neues Verständnis des Selbst. Manche traditionellen Unterscheidungen zwischen der menschlichen und der göttlichen Natur schienen durch eine Apotheose des Selbst verdunkelt zu werden. Erst vor kurzem nun sind wir durch zwei hervorragende wissenschaftliche Veröffentlichungen mit einer trefflichen Neueinschätzung der herkömmlichen Forschungen bekannt gemacht worden. Was Daniel Howe eher implizit nahelegt, wird von David Robinson ausdrücklich zum Thema gemacht: das, was man herkömmlicherweise als Apotheose des Selbst beschrieben hat, ist in Wirklichkeit als eine Apotheose der Self-Culture *im Sinne von Selbstzucht* aufzufassen[1]. Diese Neubewertung – basierend auf weitreichenden Untersuchungen vieler Dokumente und ihrer sprachlichen und philosophischen Auswertung – ist nicht als bloß formale Modifikation abzutun; sie führt vielmehr zu einer wichtigen Neuinterpretation des Wesens der unitarischen Moralphilosophie und Religion – mit Folgen für das Verständnis der amerikanischen Kultur insgesamt. Wir untersuchen deshalb die Verbindung von Self-Culture mit dem politischen Republikanismus in Neu-England im frühen 19. Jahrhundert, und des weiteren stellen wir die Frage, inwieweit für die Unitarier und Transzendentalisten Self-Culture als Bindeglied zwischen Religion, Ethik und Politik fungierte.

Zunächst werde ich in einem kurzen Überblick darstellen, wie die Unitarier im frühen 19. Jahrhundert ihr Konzept der Self-Culture zur Sprache brachten. In einem zweiten Schritt will ich die Verbindung zwischen der Sprache der Self-Culture und dem puritanischen Begriff der „Berufung“ aufzeichnen. In einem dritten Schritt werde ich die zentrale Bedeutung der Self-Culture für moralische Werthaltungen und Beurteilungen innerhalb der unitarischen Gemeinschaft behandeln. Viertens werde ich untersuchen, wie sich die herausragende Bedeutung der Self-Culture auf das politische Denken der Unitarier in Neu-England auswirkte.

Die Sprache der Self-Culture

Auch wenn man Nuancen und Ausdifferenzierungen in Rechnung stellt, halten sich doch Wörter, Bilder und Ideen durch, die auf Ähnlichkeiten und auf Verwandtschaft unter den unitarischen Äußerungen über Self-Culture verweisen. Einige Zitate mögen das belegen.

Henry Ware, Jr., Sohn jenes Theologieprofessors der Harvard Divinity School, dessen Ernennung den Übergang der theologischen Fakultät Harvards zum Unitarismus markierte, bezeichnete die Self-Culture als „the culture of (man's) own spiritual nature“ und meinte, die Entwicklung der Self-Culture dauere auch jenseits des Todes fort – „since the soul is never to perish, it never reaches a perfection beyond which it may not pass“[2]. Nach Joseph Buckminster „Every principle of real virtue is an active and a progressive principle. It cannot leave a man satisfied with his present attainment.“[3]

William Ellery Channing, der von vielen als Hauptmentor und Stimme des Unitarismus betrachtet wird, formulierte: „Nothing admits culture but that which has a principle of life, capable of being expanded. He, therefore, who does what he can to unfold all his powers and capacities, especially his nobler ones, so as to become a well-proportioned, vigorous, excellent, happy being, practices self-culture.“[4]

Frederic Henry Hedge, ein umstrittener unitarischer Philosoph und Geistlicher, gab seinem Werk den Titel „The Art of Life“; er wählte damit einen Ausdruck, der als Synonym für Self-Culture verstanden wurde. Hedge erläuterte seine Wortwahl folgendermaßen: „The work of life, so far as the individual is concerned, and that to which the scholar is particularly called, is *self-culture,* – the perfect unfolding of our individual nature ... Of self-culture, as of all other things worth seeking, the price is a single devotion which shall excluded all aims and ends, that do not directly or indirectly tend to promote it ... The only motive to engage in this work is its own inherent worth, and the sure satisfaction which accompanies the consciousness of progress in the true direction towards the stature of a perfect man."[5]

In dem bekannten Werk *Self-Culture: Physical, Intellectual, Moral, and Spiritual,* das in mindestens siebzehn Ausgaben erschien, schrieb Reverend James Freeman Clarke im ersten Kapitel: „God has placed us here to grow ... Man ... is educated by circumstances. But he can also control those circumstances, and direct the course of his life. He can educate himself; he can, by effort and thought, acquire knowledge, become accomplished, refine and purify his nature, develop his powers, strengthen his character ... It is curious that Christian teachers should have so often neglected to inculcate this duty of self-culture."[6]

Als Ralph Waldo Emerson sein Amt als unitarischer Pastor im Jahre 1832 niederlegte, gab er den Grundsatz der Self-Culture nicht auf. „Men are beginning to see with more distinctness what they ought to be", sagte er in seiner letzten Ansprache an seine Gemeinde in Boston. Eine seiner früheren Predigten war „Self-Culture" betitelt. In einem Vortrag, der fast fünf Jahre nach der Niederlegung seines Amtes im Rahmen der Reihe „Phi Beta Kappa" am Harvard College gehalten wurde, beschrieb Emerson „the idea of self-culture" dichterisch wie folgt: „The main enterprise of the world for splendor, for extent, is the upbuilding of a man. Here are the materials strown along the ground. The private life of one man shall be a more illustrious monarchy ... than any kingdom in history." In einem anderen Vortrag sagte Emerson: „His own culture, – the unfolding of his nature, is the chief end of man. A divine impulse at the core of his being, impels him to this.“[7]

Emersons literarischer Freund Henry David Thoreau machte „the art of life“ zum Hauptthema seines Meisterwerks „*Walden*“, in dem „cultivation“ eines seiner figürlichen Motive und sein wichtigster organischer Ausdruck für die Self-Culture ist. Thoreau geht es in „*Walden*“ u. a. darum, den Ausdruck „art of life“ wiederzubeleben, ihn von populärer Mißdeutung zu befreien und so den Grundsatz der Self-Culture vor der Oberflächlichkeit und dem Materialismus seiner Zeit zu bewahren. An den damaligen populären Erfolgshandbüchern für junge Männer und Etikettenhandbüchern für junge Mädchen ist ablesbar, daß die Theorie und die Sprache der Self-Culture weitgehend zu frommen Gemeinplätzen heruntergekommen war. Betrachten wir zum Beispiel folgende Äußerung aus Timothy Shay Arthurs Bestseller-Handbuch „*Advice to Young Men on Their Duties and Conduct in Life*“: Arthur wendet sich an jeden jungen Mann, „who is earnestly seeking to unfold the native energies of his mind by giving it food which God designed that it should receive“[8]. Reverend Daniel Wise stellt eine Verbindung her zwischen der Self-Culture und der sozialen Stellung; seine Leserinnen mahnt er, es sei ihre Pflicht gegenüber der Menschheit und der Gesellschaft, sich zu widmen „to the duty of self-culture to the full extent of her means and opportunities“; auf diese Weise „will you secure respect and love“[9].

Wenn man die Äußerungen über Self-Culture chronologisch liest, erkennt man, trotz einiger Ausnahmen, eine Bewegung von einer eher theologischen Sprache hin zu einer moralisch-ethischen. Es ist ja auch nicht verwunderlich, daß ein Konsens, der über eine theologisch bestimmte Self-Culture den Aufbau einer christlichen Gemeinschaft und einer *res publica* fundierte und so der Kohärenz einer merkantil-agrarischen Gesellschaft diente, im 19. Jahrhundert gravierenden Transformationen unterlag. Jedenfalls bleibt es ein wichtiger Grundsatz in der neuen Konsensphilosophie, die sich von William Ellery Channing bis zu den nächsten zwei Generationen unitarischer Vertreter erstreckt, daß die erfolgreiche Entfaltung des Individuums die Antwort darauf gibt, wie eine Kultur zu gestalten, wie eine Gesellschaft zu verbessern und wie eine starke Nation zu bilden ist. Kurzum: in der Blütezeit des Neu-England-Unitarismus wurde die Self-Culture als eine Synthese, eine Kulturweise, ein umfassender Begriff betrachtet, der fast jeden Sachverhalt betrifft und alle Bereiche des Lebens beeinflußt und durchdringt.

Self-Culture und Religion

„Self-Culture“ ist aber ein Schlüssel-Konzept der unitarischen Religion. Das führt mich zu der Behauptung, daß der originellste Beitrag der Unitarier des 19. Jahrhunderts in der von ihnen angenommenen und gelehrten Identität zwischen „vocation“, der *christlichen Lehre von „Berufung“*, und ihrem Verständnis der Self-Culture besteht. Trotz einiger abweichender Quellen kann man mit Recht schließen, daß der Berufungsbegriff, insbesondere dessen religiöse Begründung, in der revolutionären Phase der Nationenbildung in seiner Bedeutung abgeschwächt und zunehmend marginalisiert wurde. Ursprünglich bezog sich *Vocatio* auf die Unwiderstehlichkeit einer göttlichen Berufung. Wie die konservativen katholischen Gelehrten der Renaissance und die meisten frühen Protestanten es verstanden, war diese Berufung, eine bestimmte Tat auszuführen, ein besonderes Werk zu vollbringen oder eine Lebensaufgabe zu übernehmen, unabhängig von, ja gegenläufig zu jeglicher menschlichen Neigung und Intentionalität des Willens. Jedoch zeichneten sich im Katholizismus und im Protestantismus Tendenzen ab, diese Vorstellung der willkürlichen göttlichen Berufung und die humanistische Idee des *genus vitae*, mit ihrem zentralen Begriff der persönlichen Wahl zwischen Alternativen als Ausdruck freier Lebensgestaltung, zu synthetisieren. Die Berufung durch einen souveränen Gott, das *von ihm* bestimmte Werk auszuführen, läßt sich nicht leicht mit dem religiösen Selbstverständnis des *homo oeconomicus* der Humanisten vereinbaren. Dennoch versuchten die Theologen des 17. und 18. Jahrhunderts in Europa und Amerika, diese zwei Begriffe nicht nur miteinander zu vermitteln, sondern doch auf dem je eigenen Sinn von beidem zu bestehen. Daraus resultierte ein zweidimensionales Verständnis von „vocation": zum einen die vocatio specialis, eine besondere Aufgabe zu übernehmen; zum anderen die allgemeine Berufung, ein heiligmäßiges Leben zu führen – tugendhaft in privaten und öffentlichen Angelegenheiten – Pflege der *virtus* also. Die meisten arminianischen Christen im kolonialen Amerika verstanden die Lehre der Berufung hauptsächlich im allgemeinen Sinne; allmählich wurde der Begriff auch mit „Gnade" im Sinne göttlicher Ökonomie verbunden. So wurde bei den Quäkern, gewissen Anglikanern und den liberalsten Neu-England-„Congregationalists" des 18. Jahrhunderts „Berufung" zu dem *allmählichen, graduellen Prozeß* der Bekehrung und Erlösung in Bezug gesetzt.

Den neu-englischen Berufungsbegriff bis zum Unitarismus zu umreißen, heißt, mit dem Streit von John Cotton und Anne Hutchinson zu beginnen: Beide Parteien beanspruchten Autorität und rechtfertigten ihr Verhalten, indem sie genau dasselbe Argument benutzten, nämlich daß Gott sie berufen habe, seine Arbeit zu verrichten. Die Entwicklung läßt sich verfolgen im Durchgang durch die Schriften von Cotton Mather, der „Berufung" im besonderen und im allgemeinen Sinne definierte und die Kompatibilität der Bedeutungen vertrat, bis zu den führenden revolutionären Geistlichen, die dazu neigten, die allgemeine und die besondere Berufung zusammenfallen zu lassen, indem sie lehrten, daß die göttliche Freiheit, die durch Fortschritt in der Heiligung und in der geistigen und moralischen Reifung verbrieft ist, *spezielle* Werke wie die Verwerfung bestimmter Erscheinungsformen von Überheblichkeit, Korruption und Tyrannei erfordere. Obwohl der Unterschied zwischen Berufung als Zeichen und Siegel der Religion und Berufung als innerstes Spezifikum der Religion in den Predigten der revolutionären Geistlichen nicht immer klar ist, gibt es überzeugende Beweise für die Behauptung von David Robinson, daß „vocation“ von den Unitariern des frühen 19. Jahrhunderts als *Kultivierung des moralischen Lebens* verstanden wurde und daß insbesondere dieses moralische Leben „was transformed from a sign, or an adjunct, of the religious life, into a religion in itself“[10]. Die theologische Verschiebung, die in dem besonderen Ansehen der Self-Culture im Unitarismus des 19. Jahrhunderts zum Ausdruck kommt, ist kaum zu überschätzen. Was einst als allgemeine Berufung zu einem heiligmäßigen Leben galt, entwickelte sich zu einer Bildungsdoktrin, d. h. zu einem Mittel, die göttliche Imago im Menschen zu vollenden. Das Mittel wurde schließlich zum Selbstzweck.

Frederic Henry Hedge behauptete: „The only motive to engage in this work (of self-culture) is its own inherent worth, and the sure satisfaction which accompanies the consciousness of progress.“ Die Versuche der Unitarier, das Wesentliche an ihrer Religion näher zu bestimmen, führten zu verschiedenen Versionen von Self-Culture, insofern dieses Konzept zum eigentlichen Inhalt ihrer Theologie und ihrer praktischen Lehre avanciert war. Ein höherer Sinn von „Berufung“ als derjenige von Self-Culture war offenbar nicht mehr vorstellbar. Alle Menschen – völlig unabhängig von ihrer gesellschaftlichen Funktion und Stellung – waren zur Self-Culture berufen. Der Begriff einer *besonderen* Berufung wurde säkularisiert und als „Beruf“ verstanden im Sinn von „profession“. In dieser Verschiebung von „Berufung“ zu „Beruf“ zeigt sich eine radikale Modernisierung eines alten Begriffs.

Self-Culture und Ethik

Die organologische Sprache, mittels derer die Unitarier die Self-Culture auslegten, verleiht dieser Idee eine gewisse suggestive Qualität, bereitet aber Probleme für den Forscher, der die praktischen Aspekte dieser Doktrin der Self-Culture und die sichtbaren Merkmale ihrer erfolgreichen Realisierung feststellen möchte. Man kann wohl behaupten, daß *der Begriff eines reifen und vollendeten Selbst* so sehr für selbstverständlich gehalten wurde, daß er auch die Perspektiven bestimmte, auf Grund deren die Self-Culture im religiösen, ethischen, ökonomischen, ästhetischen und politischen Diskurs sich profilieren ließ. Gerade *weil* Self-Culture eine so prominente, herausgehobene, erhöhte Idee war, mußte sie *als Doktrin* unterbestimmt bleiben.

Die ethischen Elemente in den Schriften, die sich mit Self-Culture befassen, zeigen indes deutlich, inwiefern die Self-Culture als Grundlage für Wertorientierung diente. Das *hohe Ansehen der Arbeit* in den unitarischen Predigten hängt zum Beispiel direkt mit der Verbindung zwischen Arbeit und Self-Culture zusammen. Die Arbeit wurde als Mittel zum moralischen Fortschritt des Individuums und der Gesellschaft aufgewertet. James Freeman Clarke, Pastor, Geisteswissenschaftler, Redakteur und Dichter, der übrigens sein eigenes Leben nie durch schwere Bauernarbeit reproduzieren mußte, schrieb in einem Zeitschriftenartikel, „that the cultivation of the earth is calculated to produce a salutary moral effect on those who heartily apply themselves to it“[11]. Channing, Theodore Parker, Clarke und zahlreiche andere Geistliche schrieben Aufsätze und veröffentlichten Predigten über die Würde der Arbeit und deren Wert für den Reifeprozess des Individuums. Dasselbe Thema wurde von unitarischen und transzendentalistischen Schriftstellern behandelt; man nehme als Beispiel das Kapitel „The Bean-Field“ in Thoreaus „*Walden*“, oder auch die Handbücher für strebsame und fromme junge Männer. Obwohl er etwas zu stark verallgemeinert, halte ich Daniel Rogers Beobachtung – obwohl in einem anderen Zusammenhang artikuliert – für instruktiv:

„Work cleared away doubts ...; it curbed animal instincts to violence; it distracted the laborer from the siren call of radicalism; it redeemed the convict prisoner. It did all this in part by character-building, by ingraining habits of fortitude, self-control, and perseverance.“[12]

Übrigens galten gewisse Arten von Arbeit, d. h. gewisse Berufe, als besser geeignet für die Ausbildung von Standhaftigkeit und Selbstdisziplin als andere. Unitarische Predigten, Vorträge, Zeitschriftenartikel, Handbücher für junge Männer, Etikettenhandbücher für junge Mädchen, mythologisierende biographische Skizzen von gesellschaftlich und finanziell erfolgreichen Zeitgenossen und schematische sentimentale Romane schrieben – bei allem Unterschied in Form und Absicht – verschiedenen Berufen einen bestimmten Rang hinsichtlich ihres moralischen Nutzwertes zu. Der Ackerbau nahm weiter eine Sonderstellung als heroische Arbeit ein, die ursprünglich Erde und Selbst zugleich kultiviert hatte.

James Freeman Clarke gibt dem etwas klischeehaft Ausdruck: die amerikanische Gesellschaft erneuere ihre Kraft „by returning from Trade & Manufactures to Agriculture“[13]. In seinem Artikel „The Moral Lessons of Agriculture“ erklärte er: „There are many ways by which agricultural employments act favorably upon a man's better nature, bringing it into harmony with that plan of wisdom and love that is displayed in all the works of the creator.“

Clarke zufolge beeinflußt der Ackerbau in vier Hinsichten die menschliche Natur: Liebe zum Heim, Gefühl des Patriotismus, Hoffnung und Vertrauen auf eine höhere (unsichtbare) Macht und Hinwendung zu moralischer Größe durch die Betrachtung reiner und erbaulicher Objekte[14]. Clarkes Ansichten wurden allgemein akzeptiert, und selbst als die Farmer Neu-Englands um die Jahrhundertmitte zu dem aggressiven und ökonomisch erfolgreichen Ackerbau als Business übergingen, beriefen sie sich weiterhin auf jene Begründung, der zufolge Self-Culture ihrem Beruf einen besonderen Segen und Wert verlieh[15].

Ebenso hoch geschätzt im Lichte der normativen Auszeichnung von Self-Culture war der Gelehrte, den Emerson als „Man Thinking" charakterisierte und den er in seinem „American Scholar"-Vortrag an die erste Stelle seiner Hierarchie setzte. Hedge schätzte diesen Beruf so sehr wie Emerson und aus demselben Grunde: „The work of life, so far as the individual is concerned, and that to which the scholar is particularly called, is *self-culture*." Zwei besondere Ausprägungen des Gelehrten, die in hohem Maße Beifall fanden, waren der Geistliche und der Künstler. Man nahm an, die Tätigkeit des Geistlichen sei von positivem Einfluß auf die geistigen und *moralischen* Fähigkeiten des Individuums, während die Arbeit des Künstlers die geistig-*ästhetische* Bildung begünstige. Cyrus Bartol, Edward Everett, Hedge und Clarke (unter anderen) versuchten, die offenkundigen Unterschiede zwischen diesen zwei Varianten des Gelehrten abzuschwächen, indem sie die ästhetische Dimension des kirchlichen Berufs und die moralische Dimension der künstlerischen Arbeit betonten. Die Arbeit des Politikers, aber auch die des Juristen, wurde gleichfalls dem Typ des „Gelehrten" subsumiert und, wie im Falle Everetts und Daniel Websters, hoch angesehen.

Da die unitarische Doktrin der Self-Culture die Ansichten der sozial und ökonomisch herrschenden Schichten in Neu-England widerspiegelte – immerhin war ja der Unitarismus eine Religion der Oberschicht und des höheren Bürgerstandes –, überrascht es nicht, daß dem Merkantilismus und dem Gewerbe allmählich ebenfalls eine günstige Position in der moralischen Berufshierarchie eingeräumt wurde. Reiche Kaufleute unterstützten die literarische Produktion, die Höheren

Schulen, öffentlichen Bibliotheken, Zeitschriften, Colleges und vor allem Kirchen und Geistliche; die Geistlichen, Professoren und Zeitschriften des unitarischen „Establishments“ ihrerseits suchten die Spannung zwischen der Tätigkeit des Gelehrten und der des Kaufmanns dadurch zu mildern, daß sie das Unternehmertum im Zusammenhang der Self-Culture rechtfertigten. Selbstverständlich hatte „the pursuit of happiness through individual economic advancement ... many ambiguities“[16]. Doch Arbeitseifer, Selbstverneinung und Abenteuersinn, gewöhnlich mit erfolgreichen geschäftlichen Unternehmen assoziiert, deuteten Wege an, die Spannungen zu mildern. Moralphilosophen am Harvard College, von denen einer auf einem durch einen reichen Geschäftsmann gestifteten Lehrstuhl saß, argumentierten: „Only a man of secure economic position could really lead the rewarding life of self-development and refinement idealized by the Unitarians.“ Diese Auffassung tauchte schließlich als Gemeinplatz in den unitarischen Predigten auf – von Channings bis zur Zeit nach dem amerikanischen Bürgerkrieg. Daniel Howe drückt es so aus:

> „Once a man, or a society, had achieved a competence of material things, he or it was expected to turn to spiritual development. Furthermore, the habits acquired in the process of material advancement – prudence, industriousness, sobriety, and the like – ought to serve as the foundation for this higher, moral development.“[17]

Der Kongreßabgeordnete Robert C. Winthrop aus Boston übertrug diese Verbindung zwischen Privatunternehmen und Self-Culture auf den sozialen Bereich, indem er erklärte, das wichtigste Symbol der Zeit sei „the rapid and steady progress of the influence of commerce upon the social and political condition of man“[18]. Starke ökonomische Initiative, so Winthrop, sei eine „Tugend erneuernde Kraft“, die das Individuum und sogar die ganze Menschheit verbessern könnte. Winthrop, ein direkter Nachfahre von Gouverneur John Winthrop, verband (wenn er Ansprachen vor religiösen Versammlungen hielt) seine moralische Bestätigung kommerzieller Aktivität mit dem Fortschritt des Gottesreiches.

Aus der Berufshierarchie erwuchs ziemlich organisch die Praxis, alltägliche Tätigkeiten im Hinblick auf deren Beitrag zum individuellen Fortschritt auf Vollkommenheit hin zu bewerten. Es kann nicht überraschen, daß in dieser Bewertung neben den positiven auch negative Töne auftauchten. In Thoreaus Parodie von Erfolgshandbüchern für junge Männer (die auch „copy books" genannt wurden) behauptet der Sprecher (in „*Walden*"): „I know of no more encouraging fact than the unquestionable ability of man to elevate his life by a conscious endeavor." In „*Walden*" wird das Substantiv „endeavor" an verschiedenen Stellen unterschiedlich verwendet: Einfachheit des Stunden- und Tagesplans, der Nahrung und der Wirtschaft, frühes Aufstehen, körperliche Übung, tüchtige und intensive Arbeit, ernste Lektüre und ernstes Studium, gute Unterhaltung, gesundes Essen und Trinken, Keuschheit und dergleichen. „*Walden*" gibt auch positiven Rat auf indirekte Weise: „A man is rich in proportion to the number of things which he can afford to let alone."[19] Auf seiner Liste von Dingen und Verhaltensweisen, von denen man besser Abstand nimmt, finden wir: das Verschlafen, Mangel an Einsamkeit und an ruhiger Überlegung, kitschige Literatur, elegante Häuser, teure Moden, Schulden, ungesundes Essen, Trunkenheit und Unkeuschheit. Thoreaus Liste von wünschens- oder tadelnswerten Tätigkeiten findet sich wieder in den Handbüchern verschiedener Schriftsteller, zumeist Geistlicher. Diese Handbücher waren in kunstloser Prosa verfaßt und führten viele Beispiele an, ergingen sich in seichter Detailbeschreibung und waren in einem ausgesprochen didaktischen Befehlston abgefaßt. Sie sollten den Charakter des Lesers formen helfen – und stellten gleichzeitig eine gute Einkommensquelle für den Autor dar.

Self-Culture und der politische Republikanismus

Die Handbücher und unitarischen Predigten betonen wiederholt, in Self-Culture sei sowohl die *Formung* des christlichen Charakters als auch der *Beweis* des christlichen Charakters verkörpert. Aber in denselben Texten erweist sich Self-Culture auch als Synonym für den Gehalt, der bis zum frühen 19. Jahrhundert mit dem Terminus „republicanism“ bezeichnet wurde[20]. Der Republikanismus war von Self-Culture untrennbar und repräsentierte eigentlich eine Ideengruppe, die alle Aspekte des Lebens tangierte. Selbstverständlich hat der Republikanismus hauptsächlich mit der Politik zu tun. Self-Culture und christlicher Charakter manifestieren sich politisch und gesellschaftlich mittels republikanischer Grundsätze, Werte und Einstellungen.

Die republikanische Historiographie der letzten zwei Jahrzehnte und fast alle politischen Texte von 1820 bis 1850 betonen, daß das, was die Amerikaner und besonders die Neu-Engländer „republicanism“ nannten, nicht auf Alter, Geschlecht, politische Parteien, Religion oder sozialen Stand zurückzuführen sei. An die Schlußfolgerung Alexis de Tocquevilles nach seiner Amerikareise 1831 ist hier zu erinnern. Die Republik, bemerkte er, „penetrates ... into the ideas, the opinions, and all the habits of the Americans at the same time that it becomes established in their laws ... For most people in the United States religion, too, is republican.“[21] Tocquevilles Beobachtung ist eine besonders passende Schilderung des Neu-England-Unitarismus, insofern die nachrevolutionären Eliten sich ganz mit der „Constitution“ und dem Republikanismus identifizierten. Die meisten Angehörigen dieser Elite, besonders in Massachusetts, waren dem Unitarismus verbunden. Ihr Republikanismus war, wie Tocqueville anmerkt, mehr als eine politische Theorie, mehr als eine Regierungsform oder als ein Ensemble praktisch-politischer Grundsätze und Verfahren. Dennoch konzentrierte sich natürlich die Aufmerksamkeit doch auf den Regierungsbegriff; der Republikanismus läßt sich als Impetus in dem allumfassenden Versuch erkennen, eine existentielle Grundlage von Fleiß, Tugend und Charakter für individuelles und gemeinsames Verhalten sowie für Lokal-, Bezirks- und Nationalregierungen zu gewinnen.

Von den vielen Folgerungen, die sich aus Tocquevilles Beobachtungen ergeben, seien hier vier hervorgehoben. Erstens: Politische Zeugnisse aus der ersten Hälfte des 19. Jahrhunderts zeigen, daß sich alle in den Mantel des Republikanismus hüllten: Bauer, Kaufmann, Geistlicher und Präsident. Zweitens: Republikanische Werte bestimmten das kollektive geistige Klima und wurden auf spezifische Weise in politischen, sozialen und ökonomischen Kontexten beachtet. Drittens: Die moralischen und religiösen Dimensionen des Republikanismus schrieben vor, daß für die unitarischen „Whigs" das Prinzip der Regierung nicht von der Idee der „Selbstregierung" getrennt werden dürfe. Viertens: In der Praxis war die Neu-England-*Religion* republikanisch, und die *politischen* Prinzipien des Republikanismus waren *faktisch* religiöse Prinzipien.

Als Beispiel für die starke Ähnlichkeit zwischen der Religion und dem politischen Republikanismus sei auf eine Predigt von Edwin H. Chapin verwiesen, die als Flugschrift mit dem Titel „The Responsibilities of a Republican Government" veröffentlicht wurde. Als Geistlicher aus Boston, der der universalistischen Sekte angehörte, war Chapin ebenso beliebt bei den Unitariern wie bei der Bevölkerung ganz allgemein. Er war mit unitarischen Geistlichen eng befreundet, predigte in unitarischen Kirchen und war ein beliebter Redner bei den von den Bostoner Oberschichten veranstalteten politischen Tagungen. Chapin behauptete in seiner populär gewordenen Fastenpredigt im Jahre 1841: „The Responsibilities of a Republican government pre-suppose and comprehend individual responsibility. Each man in building up the empire of his own soul, although it be obscurely and silently, is performing his task in building up the strength and glory of his country. Let us live, then, as though in each of us, were centered all the hopes and destinies of our nation.“ Zwei *loci* für die politische Kultur werden hier angesprochen: die *res publica* und die *res privata*. Wenn diese ohne Tugend ist, ist Tugend in jener nicht möglich. Eine stabile und tugendhafte politische Ordnung übt einen positiven Einfluß auf das Individuum aus, und umgekehrt wird diese politische Ordnung durch den moralischen Charakter von Individuen stabilisiert und erneuert. Eine gesunde republikanische Ordnung stellt die öffentliche Beglaubigung und Gewähr der Self-Culture dar. Kein Wunder also, daß die politische Sprache des Republikanismus einen unverkennbar religiösen Klang hat. Nach Chapin ist der amerikanische Republikanismus „bound ... to make Christianity practical; and in so doing, and in that way only, it will best carry out the idea of a true Republic.“ Daraus folgt, daß „the human means with which we are surrounded“, zu nutzen sind, um die Republik der wahren Religion näherzubringen; „education, laws, institutions, rightly employed, influence the development of this inward life of man.“ Die Amerikaner werden die wahre Self-Culture realisiert und ihr religiöses Schicksal in dem Maße erfüllt haben, „as we carry out the ideas of true Republicanism“[22]. ‚Civil religion‘ und ‚religiöser Republikanismus‘: beide Bezeichnungen treffen zu. In den unitarischen Predigten war es gar nicht ungewöhnlich, im selben Kontext Termini und Begriffe wie Gottes Wille, religiöse und moralische Gesinnung, Tugend, moralisches Gesetz, Selbstzucht, das Reich Gottes, die Republik, nationale Berufung, individuelle Freiheit in Christus und Freiheit in Amerika zu verwenden. Religion und Republikanismus waren zwei Aspekte derselben Konzeption und Einstellung –: der *Tugend;* Tugend – bekanntlich ein höchst komplexer Begriff – kennzeichnete Mittel und Zweck der Self-Culture.

Man darf also mit Recht behaupten, daß Self-Culture und Tugend ein dynamisches Paradigma von religiöspolitischer Interpretation und Handlungsperspektiven formten. Man darf sich deshalb nicht wundern, daß diese strukturellen Begriffe praktisch nicht fester oder eindeutiger fixierbar waren als die Verwandlungs-, Erneuerungs- und Reifeprozesse, die sie widerspiegelten Historiker, die versuchen, eine saubere monolytische republikanische Ideologie und Sprache – der klassischen oder der revolutionären Zeit – zu erarbeiten, verwandeln die Vergangenheit in einen Mythos; sie sind genauso zu kritisieren wie diejenigen, die den amerikanischen politischen Diskurs von 1800 reduktionistisch nur als reinen Lockeschen Liberalismus, als Calvinismus oder als Arminianismus betrachten wollen.

Man darf die historische Tatsache nicht übersehen, daß die republikanische Sprache im Neu-England des frühen 19. Jahrhunderts eine Ansammlung *verwandter* Prinzipien und Werte aufweist, die im bürgerlichen Humanismus der europäischen Nachrenaissance und in den englischen radikalen whigschen Theorien des späten 17. und 18. Jahrhunderts verwurzelt waren. Diese Prinzipien wurden in Amerika durch die Revolutionskrise und die praktischen Probleme der neuen Nation nur *verwandelt* angeeignet. Als Thomas Jefferson in seiner Antrittsrede 1800 sagte: „We are all republicans", war er sich vollkommen dessen bewußt, daß Individuen und Körperschaften der Nation den Sinn von „Republikanismus" für sich sehr verschieden auslegten.

Ich möchte im folgenden noch einige Grundzüge des unitarisch-whigschen Republikanismus herausstellen, denen eine zentrale Bedeutung im politischen Denken Neu-Englands zukam – gerade auch im Zusammenhang mit Self-Culture.

1) Sowohl das Individuum als auch die Regierung können unedlen Strebungen erliegen.

2) Um die Freiheit pflegen und entwickeln zu können, sollte der Staat auf vertraglicher Grundlage organisiert werden; so sei vernünftig die Macht-Delegation zu regeln, eine tugendhafte Ausübung der Macht sicherzustellen und die eindeutige Verantwortlichkeit von Staat und Individuum zu ermöglichen.

3) Die Chancen eines freien Gemeinwesens hängen gewiß von freien Menschen ab, doch darüber hinausgehend von freien Menschen *moralischen Charakters*. Die unitarischen Geistlichen zum Beispiel beschworen die Vision eines tugendhaften unabhängigen Bürgertums, dessen Selbstdisziplin, Tugend und Zusammenarbeit eine stabile und reife amerikanische Zivilisation konstituieren. Persönliche Freiheit war ohne Self-Culture undenkbar.
4) Das Recht auf persönliche Freiheit und die Pflicht der Selbstbeherrschung, die den republikanischen und christlichen Freiheitslehren eigen waren, implizierten das Recht und das Vermögen, die *Zukunft* zu gestalten. So wurde die Theologie des eigenen schicksalhaften Weges Amerikas von dem Begriff Self-Culture geformt.
5) Im Gegensatz zu jenen Nicht-Neu-Engländern und Nicht-Whigs, die mehr an eine *absolute Gleichheit* glaubten und deren Denken *weniger von der Moral beeinflußt* wurde, gaben die unitarischen Geistlichen und Politiker der *Gleichberechtigung der Tugendhaften den Vorzug vor dem Tugendhaften an der absoluten Gleichberechtigung*. Das Konzept der Demokratie bei den meisten unitarischen Denkern war eng mit dem auf Self-Culture basierenden *Prinzip einer „moral meritocracy“* verbunden. Die meisten Unitarier, auch die Bostoner Kapitalisten, hätten (z. B.) F. O. J. Smiths Ansichten bestritten, daß Republiken nicht aus der Self-Culture stammen, sondern aus „individual selfishness, acting upon a large scale, and risen to strength equal to its own protection against the same principle exerted by a few“[23].

Diese Hamiltonsche Ansicht breitete sich allerdings in den 40er und 50er Jahren des Jahrhunderts immer stärker aus und wurde zum Kennzeichen des vorrangig wirtschaftlichen Denkens nach dem Bürgerkrieg, auch in Neu-England.

Zusammenfassung

Im Anschluß an Daniel Howe und David Robinson habe ich mich bemüht, die Self-Culture vom Randgebiet der Forschung wieder ins Zentrum der unitarischen Denk- und Lebensweise zurückzuversetzen. Mögen die Ansichten dieser zwei Wissenschaftler auch zunächst widersprüchlich erscheinen – da der eine die Moralphilosophie, der andere die Religion in den Mittelpunkt seiner Untersuchungen rückt –, ergänzen sie sich doch im Grunde. Ich möchte hier klarstellen, daß durch meine eigenen Ausführungen und Ergänzungen deren Erkenntnisse nicht grundsätzlich verändert werden, auch wenn ich im zweiten und dritten Teil dieses Vortrages einige geringfügige Modifikationen vorgenommen habe.

Die wichtigsten Ergänzungen zu den Studien von Howe und Robinson formuliere ich im 4. Teil. Die neuenglischen unitarischen Theorien der Politik, als „Republikanismus" gefaßt, sind dem Begriff Self-Culture ebensosehr verpflichtet wie die unitarische Religion und deren Bewertung. Republikanismus, Religion und Ethik waren auf den Ebenen von Sprache und Glauben untrennbar miteinander verwoben; dem heutigen Forscher legen sich deshalb wechselseitige Erklärungen nahe. Ich möchte hinzufügen, daß es ein viertes prominentes Thema gibt, das ich hier nicht behandeln konnte: die Ästhetik. Jede Studie zur Self-Culture als Grundlage für moralische Orientierung regt zu einer Untersuchung der in Self-Culture implizierten Ästhetik an. Aber solch eine Untersuchung des unitarischen Verständnisses des Schönen und des Verhältnisses zur „art of life" hätte den Rahmen dieses Vortrags gesprengt.

Konzentriert man sich auf die Self-Culture im Denken und in der Sprache der Unitarier, so rücken Schriftsteller und Prediger, die normalerweise an die Peripherie der Bewegung verwiesen werden, wieder ins Zentrum der Aufmerksamkeit. Ich denke hier zum Beispiel an Margaret Fuller, Emerson, Thoreau, Bronson Alcott und Elizabeth Peabody, aber auch an die als Renegaten verrufenen Geistlichen wie Theodore Parker, Hedge (während des größten Teiles seiner Laufbahn), William Henry Channing und David Wasson. Transzendentalisten wie Emerson, Thoreau, Hedge und Parker formulierten ihre abweichenden Auffassungen *innerhalb* des Rahmens der unitarischen Self-Culture; die Lehre und Praxis, an der sie mitwirkten, kam für sie einem neuen Buch der Offenbarung gleich. Wohl bestanden Emerson und Thoreau darauf, daß die moralische Basis der Self-Culture eigentlich *ästhetisch* sei; noch damit pflichteten sie im allgemeinen dem Unitarismus bei, auch wenn sie ihn en detail bestritten, denn das, was sie für die *höchste Kunst* hielten, war, wie für die Unitarier, das *ethisch* höchste Gut, die Berufung zur Self-Culture.

Anmerkungen

1 Daniel Walker Howe, *The Unitarian Conscience*, Cambridge 1970; David Robinson, *Apostle of Culture: Emerson as Preacher and Lecturer*, Philadelphia 1982. Für unseren Zweck bieten Howe und Robinson die wichtigsten Beiträge zur Erforschung der Unitarier in neuerer Zeit; auf zwei bedeutsame frühere Studien sei gleichwohl verwiesen: William R. Hutchison, *The Transcendentalist Ministers*, New Haven 1959, und Conrad Wright, *The Liberal Christians*, Boston 1970

2 *The Works of Henry Ware, Jr., D. D.*, 4 vols., Boston 1846, 4: S. 288; 3: S. 98

3 Joseph Stevens Buckminster, *Sermons*, Boston 1829, S. 241

4 *The Works of William Ellery Channing, D. D.*, Boston 1875, S. 15

5 *The Transcendentalists*, Perry Miller (Ed.), Cambridge 1950, S. 472

6 *Self-Culture*, Boston 1880, S. 31

7 *The Collected Works of Ralph Waldo Emerson*, Robert Spiller, Alfred Ferguson et al. (Eds.), Cambridge 1971 ff., 1: S. 65–66; *The Early Lectures of Ralph Emerson*, Stephen

Whicher, Robert Spiller and Wallace Williams (Eds.), 3 vols., Cambridge 1959–71, S. 215

8 *Advice to Young Men,* Philadelphia 1847, S. 86. Arthur war ein von Swedenborg beeindruckter Literat, Herausgeber, Publizist, Verfasser populärer Romane und eben ein Moralist, dessen Handbücher und erbauliche Schriften bei der Geistlichkeit Neu-Englands hoch angesehen waren. Fast ausnahmslos repräsentierten die Verfasser dieser Handbücher für junge Leute den Protestantismus der ‚Mainstream'-Kirchen: Neu-England-Kongregationalisten, Neu-England-Unitarier, Presbyterianer, Episkopalianer und Methodisten. Die größte Zahl läßt sich den Neu-England-Kongregationalisten zuordnen.

9 *The Young Lady's Counsellor,* New York 1853, S. 60; 1. Aufl. 1851

10 Robinson, *Apostle of Culture,* S. 10. Texte aus der Zeit des kolonialen Amerika, die sich direkt oder indirekt auf „vocation" beziehen: William Bradford, *Of Plymouth Plantation;* Edward Johnson, *Wonder-Working Providence;* John Cotton, *The Way of Life;* Cotton Mather, *A Christian at his Calling* and *Agricola;* John Flavel, *Husbandry Spiritualized* and *Navigation Spiritualized;* Richard Steele, *The Husbandman's Calling* and *The Religious Tradesman;* Samuel Sewall, *Diary;* John Woolman, *Journal;* Benjamin Franklin, *Autobiography* and „Poor Richard"; Jean de Crevecœur, *Letters from an American Farmer;* Thomas Jefferson, *Notes on the State of Virginia*. Eine exzellente Arbeit über die Bedeutung von „vocatio" im früh-neuzeitlichen Europa hat Richard M. Douglas vorgelegt: „Talent and Vocation in Humanist and Protestant Thought", in: *Action and Conviction in Early Modern Europe,* ed. Theodore K. Rabb und Jerrold E. Seigel, Princeton 1969, S. 261–298.

11 „The Moral Lessons of Agriculture", *The Monthly Religious Magazine,* 1 (1844), S. 181

12 *The Work Ethic in Industrial America,* Chicago 1974, S. 12–13

13 Unveröff. Manuskript einer Vorlesung über „Occupations: Rules and Reasons for", Andover Harvard Library of Harvard Divinity School, bMS 62/1(19); zitiert mit Erlaubnis.

14 Ebd., S. 181, 182–185

15 Vgl. z. B. Robert A. Gross, „Culture and Cultivation:

Agriculture and Society in Thoreau's Concord“, *The Journal of American History,* 69 (June 1982), S. 42–61

16 John Cawelti, *Apostles of the Self-Made Man,* Chicago 1965, S. 46

17 Howe, *The Unitarian Conscience,* S. 227, 231–232

18 *An Address Delivered Before the Boston Mercantile Library Association . . . Oct. 15, 1845,* Boston 1845, S. 22

19 Henry David Thoreau, *Walden:* J. Lyndon Shanley (Ed.), *The Writings of Henry D. Thoreau,* Princeton 1971, S. 90, 82, und passim.

20 Nützliche gelehrte Studien zum revol. Republikanismus im Amerika des 19. Jahrhunderts finden sich bei Joyce Appleby, „Republicanism in Old and New Contexts“, *William and Mary Quarterly,* 43 (January 1986), S. 20–34; Bernard Bailyn, *The Ideological Origins of the American Revolution,* Cammbridge 1967; Lance Banning, „Jeffersonian Ideology Revisited: Liberal and Classical Ideas in the New American Republic“, *William and Mary Quarterly,* 43 (January 1986), S. 3–19; Nathan Hatch, *The Sacred Cause of Liberty,* New Haven 1977; Earl J. Hess, „Liberty and Self-Control: Republican Values in the Civil War North“, doctoral dissertation, Purdue University, 1986; Daniel J. McInerny, „Abolition and Republican Thought: History, Religion, Politics“, doctoral dissertation, Purdue University, 1983; J. G. A. Pocock, *The Machiavellian Moment: Florentine Political Thought and the Atlantic Republican Tradition,* Princeton 1975; Robert E. Shalhope, „Republicanism and Early American Historiography“, *William and Mary Quarterly,* 39 (April 1982), S. 334–56; Shalhope, „Toward a Republican Synthesis: The Emergence of an Understanding of Republicanism in American Historiography“, *William and Mary Quarterly,* 29 (January 1972), S. 49–80; Gordon S. Wood, *The Creation of the American Republic,* 1776–1787, Chapel Hill 1969

21 *Democracy in America,* transl. George Lawrence, J. P. Mayer (Ed.), 2 vols., Garden City 1961, 1: S. 228

22 *The Responsibilities of a Republican Government,* Boston 1841, S. 30, 9, 10, 17

23 „Legislative Policy of Maine: with Reference to the Subject of Corporations“, *Hunt's Merchants' Magazine,* 16 (March 1847), S. 257

Michael Biehl

Das Weltparlament der Religionen in Chicago 1893

1893 feierten die Vereinigten Staaten von Amerika die Entdeckung des neuen Kontinents durch Christoph Kolumbus 400 Jahre zuvor. Eine große Ausstellung wurde geplant, die durch ihre Exponate die Errungenschaften dieser stolzen neuen Welt seit Kolumbus vorstellen sollte. Andere Nationen waren eingeladen, sich an der „Columbian Fair“ in Chicago zu beteiligen. Auch heute finden sich in Chicago noch Erinnerungen an die Pracht dieses Ereignisses: im Jackson Park war der größte Teil der Ausstellung untergebracht; der überbreite Midway Pleasance auf dem Campus der University of Chicago erinnert heute an die künstliche Lagune, die, festlich erleuchtet, zu nächtlichen Bootsfahrten einlud[1]. Auch im Zentrum Chicagos findet sich ein Überbleibsel dieser Weltausstellung: im Gebäude des heutigen Art Institute wurden die Kongresse veranstaltet, die zu dieser Weltausstellung gehörten[2].

Der (amerikanische) Geist und seine Materialisierung in Technik und Wissenschaft sollte durch diese Ausstellung gefeiert werden. So wie Cox die Faszination des amerikanischen Schriftstellers Henry Adams durch den übergroßen Dynamo auf der Pariser Weltausstellung von 1900 als Sensibilität für ein Symbol der modernen Welt wertet[3], ließe sich fragen, ob auch auf dieser Ausstellung bei den Besuchern der heilige Schauer entstand, den eine Pilgerfahrt zum Altar des sinnfällig gewordenen Selbstverständnisses hervorruft.

Zumindest ein Aspekt dieser Weltausstellung bietet sich unmittelbar an, als Symbol für das amerikanische Selbstverständnis genommen zu werden: Charles Carroll Bonney hatte etwa 1889 den Vorschlag gemacht, die Ausstellung um eine Serie von Kongressen zu erweitern, und schon sehr bald erschien in den Reihen der rund zwanzig Themen auch die Religion[4]. 1901 fand im Zusammenhang mit der Pariser Weltausstellung ebenfalls ein Kongreß zum Thema Religion statt. Es war der 1. Internationale Kongreß für Religionsgeschichte[5], also ein Kongreß, der wissenschaftlich über das Thema verhandelte. Anderes war in Paris nicht möglich, da die Trennung von Staat und Kirche die Präsenz organisierter Religion auf dem Ausstellungsgelände verhinderte. Auch in USA besteht die Trennung von Kirche und Staat, doch sie verhinderte in Chicago nicht, daß neben der wissenschaftlichen Diskussion über Religion die Weltausstellung u. a. mit den Gebeten eines katholischen Bischofs eröffnet wurde und daß mehrere Denominationen Gottesdienste auf dem Gelände veranstalteten[6]. Die gleiche Voraussetzung zeitigte unterschiedliche Ergebnisse: das christliche Amerika sah in der Ausstellung auch seinen Anteil am Fortschritt der Nation versinnbildlicht. Das (fast rein protestantische) religiöse Establishment sah sich noch auf seinem Weg vorwärts zum Reich Gottes, den H. R. Niebuhr so unnachahmlich charakterisierte: „Ein Gott ohne Zorn leitete Menschen ohne Sünde in ein Reich ohne Gericht durch die Vermittlung eines Christus ohne Kreuz."[7] Jedoch war diesen Protestanten Amerika noch nicht christlich genug, ebensowenig die Ausstellung: das gleiche christliche Amerika empörte sich über den Verkauf alkoholischer Getränke und die geplante Öffnung der Ausstellungen auch an Sonntagen.

Auf der Chicagoer Ausstellung fand das Thema Religion seinen organisatorischen Ausdruck in den Kongressen einzelner Denominationen und religiöser Gruppen und im Weltparlament der Religionen. Dieses Parlament hat schon öfters Interesse erregt, und in den entsprechenden Publikationen, vor allem in der umfassenden Art von Druyvesteyn, ist es auch ausführlich untersucht worden[8]. Doch m. E. bleibt die Frage nach seiner Interpretation relativ offen. War das Parlament ein wichtiger Schritt auf dem Wege der ökumenischen Bewegung[9]? Oder liegt seine Bedeutung in der Begegnung der Religionen und seinem Anreiz, der im Westen der vergleichenden Religionswissenschaft allgemeinere Anerkennung verschaffte[10]? Druyvesteyn untersucht das Weltparlament auf dem Hintergrund der Epoche und vergleicht es mit einem Satzzeichen:

It does not create the meaning of the sentence. It is not even the reason for writing the sentence. Rather it aids in making the message of the sentence clearer and more understandable. So also with the Parliament. As an episode of a larger drama it is only of minor significance. But as a symbol of its age it reveals once again the intensiy of the crisis that American Christianity was experiencing at this time.[11]

Es ist wenig sinnvoll, solche Charakterisierungen – die auch von den jeweiligen Autoren nicht ausschließlich gemeint sind – gegeneinander zu stellen. Das Weltparlament war ein vielschichtiges Ereignis; ich möchte im folgenden verschiedenen Hinweisen nachgehen, deren Konsequenzen m. E. von den genannten Autoren nicht systematisch ausgewertet wurden. Das Ergebnis schließt die genannten Einschätzungen nicht aus, aber es akzentuiert in der Linie der einleitenden Bemerkungen und Druyvesteyns Einschätzung den Charakter des Parlaments als ein amerikanisches Ereignis, als kondensierten Ausdruck für eine präzise Struktur im amerikanischen Protestantismus des ausgehenden 19. Jahrhunderts.

1. The World's Parliament of Religions

Zum Weltparlament der Religionen wurden die christlichen und nicht-christlichen Religionen eingeladen, an folgendem Unternehmen teilzunehmen:

> „To unite all religion against all irreligion; to make the golden rule the basis of this union; to present to the world in the religious congresses to be held in conne-

xion with the Columbian Exposition of 1893, the substantial unity of many religions in the good deeds of the religious life; to provide for a World's Parliament of Religions, in which their common aims and common grounds of union may be set forth, and the marvellous religious progress of the nineteenth century reviewed."[12]

Diese Einladung bietet eine kleine *Charta der natürlichen Religion*, eine universale Definition von Religion auf der Grundlage eines verallgemeinerten moralischen Prinzips: die goldene Regel als Imperativ der guten Taten eines wahrhaft religiösen Lebens. Mag man zu Recht fragen, welche Religion der Welt außerhalb der jüdisch-christlichen Tradition sich darin wiederzufinden vermag, ist doch der Wille erkennbar, eine Definition anzubieten, die frei ist von vordergründig christlichen Merkmalen. Dem steht nun entgegen, daß das Parlament auf amerikanischer Seite allgemein als ein Triumph des Christentums gefeiert wurde. Gerade der Vorsitzende des Vorbereitungskomitees, John Henry Barrows, war darin so eindeutig, daß er letztlich die Zweifel der Kritiker des Parlaments an seiner Einstellung zu anderen Religionen auszuräumen vermochte[13]. In den Augen der Veranstalter vertrug sich also ein bewußt universaler Ansatz, der Toleranz gegenüber anderen Traditionen ermöglichte, mit einem Beharren auf der eigenen Tradition – einem ausgesprochenen Partikularismus. Hier handelt es sich nicht unbedingt um einen Widerspruch, denn beide Behauptungen lassen sich in der theologischen Figur verbinden, das Christentum sei die Erfüllung der Religionsgeschichte – eine damals oft bemühte, aber auch umstrittene Wendung (vgl. u.). Wenn jedoch die genannte Definition von Religion (nach dem Verständnis der Veranstalter) das Programm für ein weltweites Aktionsbündnis anzeigen sollte, dessen erklärtes Ziel war: „to unite all religion against all irreligion", dann muß man die Frage stellen, wie diese Elemente zusammenpassen.

Das Vorbereitungskomitee für das Weltparlament bot

einen erstaunlich repräsentativen Querschnitt des jüdisch-christlichen Amerika; es bestand aus 16 Mitgliedern unter dem Vorsitzenden Barrows, von denen 14 verschiedenen protestantischen Denominationen angehörten. Die anderen beiden waren ein liberaler jüdischer Rabbi und ein katholischer Bischof.[14] Ihre Beteiligung überrascht und fordert eine kurze Erklärung heraus.

Katholizismus war in Amerika seit den Tagen der protestantischen Niederlassungen identifiziert mit dem Teil der Christenheit, von dem sich das junge Amerika definitiv abgewendet hatte. Mit dem 19. Jahrhundert und den neuen Einwanderungswellen sah sich dieses Amerika jedoch mit einem massiven Zuwachs an Katholiken konfrontiert. Zu der alten religiösen Antipathie kam hier die Angst vor „Überfremdung" durch die neuen anderen. Die Beziehungen der Protestanten und der Katholiken waren daher in den Tagen des Parlaments gespannt; bezeichnenderweise, Zeichen eines tiefen amerikanischen Traumas seit den ersten Niederlassungen, wurden die Katholiken bezichtigt, die katholische Kirche als Staatskirche etablieren zu wollen[15]. Diesem Mißtrauen von protestantischer Seite entsprach unter den Katholiken Amerikas die Meinung der Mehrheit, katholischer Geist und Leben seien unvereinbar mit dem „american way of life"[16]. Bei den Juden verhielt es sich ähnlich: Die zumeist sozial und finanziell bessergestellten früheren Einwanderungsgruppen aus dem westlichen Europa sahen in vielen Fällen in diesem Leben etwas Erstrebenswertes, während die eher orthodox eingestellten späteren, ärmeren Einwanderer aus dem östlichen Europa den amerikanischen Weg, und damit auch dessen jüdische Befürworter, oft als Bedrohung ihrer religiösen Tradition betrachteten.

Das katholische Mitglied des Komitees war ein Vertreter des sog. „Americanism", eben der katholischen Minderheit, die das Einheimischwerden durch Einschwenken auf den „american way of life" befürwortete; das jüdische Mitglied war ein liberaler Rabbi, für den sinngemäß das gleiche gilt. Trotzdem ist ihre Teilnahme an der Vorbereitung auf dem eben umrissenen Hintergrund alles andere als selbstverständlich – sowohl aus der Sicht der religiösen Gemeinschaften, denen sie angehörten, wie aus der Sicht der dominierenden Protestanten. Weder diese beiden noch irgendein anderes Komitee-Mitglied war allerdings ein Delegierter seiner religiösen Gruppe oder Denomination. An Barrows wird wiederum sichtbar, was das bedeuten kann: die Hauptversammlung der presbyterianischen Kirche, der Barrows angehörte, verabschiedete eine Resolution, die den Gedanken dieses Parlaments vehement verurteilte – Barrows ließ sich davon jedoch nicht beeindrucken[17].

So bot das Komitee nicht nur einen repräsentativen Querschnitt, sondern bildete auch die Widersprüchlichkeiten der jüdisch-christlichen Welt ab. Tendenziell antagonistische Kräfte taten sich zur Verfolgung eines gemeinsamen Ziels zusammen; die breite und etwas diffuse Zielsetzung – die von den jeweils konservativeren Richtungen entschieden abgelehnt wurde – machte dabei die Suspension der Widersprüche für die Zeit der begrenzten Zusammenarbeit möglich. Die liberale Offenheit, die sich in dem gemeinsamen Ziel materialisierte, überwog für den Moment die grundsätzliche Ablehnung der jeweils anderen Orientierung. Das Komitee hatte auf der Suche nach dem Gemeinsamen als Grundlage einer Zusammenarbeit die breite, auf Moral basierende Definition von Religion akzeptiert und schlug sie nun als Basis einer viel umfassenderen Zusammenarbeit vor.

2. Die nicht-christlichen Teilnehmer

Die Politik der Veranstalter war, einzelne Persönlichkeiten der von ihnen als ‚Weltreligion' bestimmten Religionen einzuladen: Buddhismus, Konfuzianismus, Hinduismus, Islam, Jainismus, Judentum, Parsismus, Shinto, Tao und Christentum[18]. Es war nicht einfach, bedeutende Persönlichkeiten dieser Religionen zu benennen;

nen; wen sollte man etwa im Falle des „Hinduismus" ansprechen? Auch traf die Zielsetzung des Parlaments nicht auf ungeteilte Zustimmung bei allen Religionen: Der ottomanische Sultan, den man sicherlich als Oberhaupt einer Religion im klassischen Sinne bezeichnen durfte, lehnte die Teilnahme ab. Der Islam war daher im wesentlichen durch einen amerikanischen Konvertiten repräsentiert[19]. Diese Seite des Parlaments ist wenig untersucht; ich kann hier nur einige Bemerkungen zu den Vertretern vom indischen Subkontinent anbieten.

In Indien war es früh zu einer intellektuellen Konfrontation zwischen dem westlichen Christentum und hinduistischen Gruppen gekommen[20]. Eine Folge dieser Konfrontation war die Bewegung, die man als Reformhinduismus oder als Renaissance des Hinduismus umschreibt. Hierher gehören Namen wie Ram Mohun Roy, Swami Vivekananda und die Bewegung des Brahmo Samaj[21]. In Chicago wurde der „Hinduismus" vertreten durch Swami Vivekananda und Mozumdar vom Brahmo Samaj; der Buddhismus in Indien u. a. von Anagarika Dharmapala, dem Gründer einer buddhistischen Reformgruppe, der anfänglich enge Kontakte zu der in den USA entstandenen Theosophischen Gesellschaft gehabt hatte[22]. Weder waren die zuerst Genannten Vertreter des Hinduismus, noch war Dharmapala ein Vertreter des Buddhismus im Sinne einer Weltreligion. Sie waren Abgesandte oder Gründer von *Reform*gruppen der genannten Religion; dieser Reihe läßt sich auch Shaku Soyen aus Japan hinzufügen[23]. Gemeinsam ist ihnen, daß die Gruppen, die sie vertraten, die Konfrontation der Religionen schon voraussetzten; außerdem boten sie religiöse Lehren an, die einer sich langsam säkularisierenden pluralistischen Welt äußerst attraktiv erschienen: Swami Vivekananda reiste im Anschluß an das Parlament mit großem Erfolg durch die USA, ebenso Mozumdar, der die unitarischen Kontakte des Brahmo Samaj in den USA ausschöpfte. Shaku Soyens Lehre fand durch seinen Schüler D. T. Suzuki weite Verbreitung im Westen[24]. Ein Teil ihrer Attraktivität beruhte darauf, daß ihre hybriden religiösen Lehren die universalistische Definition von Religion zu verwirklichen schienen; sie sahen sich an dem Entstehen einer weltumfassenden neuen Religion beteiligt.

So waren von den ursprünglich zehn anvisierten Religionen schließlich sechs vertreten; darunter das Christentum in vielen Spielarten[25]. Die nicht-christlichen Religionen waren überwiegend durch junge, z. T. erst im Entstehen begriffene Reformbewegungen vertreten. Die räumliche Verteilung beschränkte sich auf den Westen und den Osten; Afrika war nur vertreten, insofern es christlich geworden war, der Nahe Osten überhaupt nicht. Anfügen kann man diesem Panorama, daß über die Religion der einheimischen Indianer, keine ‚Weltreligion' im Sinne der Veranstalter, immerhin ein Vortrag gehalten wurde[26].

Die gleichen Prinzipien, die die Bildung des Vorbereitungskomitees leiteten, kamen auch bei der Zusammensetzung des Parlaments zur Anwendung: die universalistische Definition der Religion bot die gemeinsame Arbeitsgrundlage für Einzelpersonen verschiedener religiöser Überzeugung. Es gab nur Vertreter, keine Delegierten. Die Suspension der differierenden Glaubensüberzeugungen wurde für das Parlament sichergestellt durch den Grundsatz der parlamentarischen Gleichheit: Ziel war die Präsentierung der eigenen Religion durch ihre besten Vertreter im Parlament, für dessen Dauer die Gleichheit der Religionen angenommen wurde. Polemik, Kritik anderer Religionen und dogmatische Streitigkeiten waren unerwünscht[27]. Die nichtchristlichen Teilnehmer, wie gesagt: vorrangig Vertreter von Reformbewegungen, betonten die Gleichheit der Religionen als *inhaltliche* Voraussetzung für die weitere positive Entwicklung der Menschheit, und nicht nur als formales Mittel einer friedlichen Zusammenkunft. Angesichts der christlichen Triumphstimmung nach dem Parlament äußerten diese nicht-christlichen Teilnehmer bittere Kritik an den Methoden der christlichen Mission in ihren Heimatländern[28]. Offensichtlich konnte das

Weltparlament seinem Anspruch nicht ganz gerecht werden; dennoch war es als Versammlung von einzelnen Persönlichkeiten aus dem Osten und dem christlichen Westen höchst beachtlich.

3. Das Parlament: zwischen Universalismus und Partikularismus

Die amerikanische Nation lud die Welt ein, durch die Teilnahme an der Weltausstellung die Entdeckung Amerikas und seine Fortschritte seit damals zu feiern. Die Weltreligionen wurden eingeladen, an einem Parlament der Religionen teilzunehmen, um die Rolle der Religion bei dieser Entwicklung zu würdigen. Dem Parlament selbst wurden die folgenden Ziele gesetzt:

> „1. To bring together in conference, for the first time in history, the leading representatives of the great historic religions of the world.
> 2. To show to men, in the most impressive way, what and how many important truths the various religions hold and teach in common."

Diese beiden Ziele des Parlaments lehnen sich an die universalistische und moralische Definition von Religion an; doch auch der Partikularismus kommt zur Sprache:

> „3. To promote and deepen the spirit of human brotherhood among religious men of various faiths, through friendly conference and mutual good understanding, while not seeking to foster the temper of indifferentism, and not striving to achieve any formal and outward unity."[29]

An mehreren Ereignissen während der Sitzungen läßt sich die Problematik dieser Verbindung aufzeigen. Ich möchte zwei Beispiele auswählen. Aus einem ausführlichen zeitgenössischen Bericht in der deutschen Zeitschrift „Christliche Welt" geht hervor, daß es zu Unmut und schließlich lautstarkem Protest kam, als der amerikanische Muslim Webb vor dem Parlament seine Sicht der Polygamie vortragen wollte. Er konnte in seinem Vortrag erst fortfahren, als er versprach, dieses Thema nicht weiter zu berühren[30]. Die Wiedergabe der wenigen Sätze Webbs, die er vortragen konnte, zeigt, daß er damit nicht den formalen Ausschluß von Kritik verletzte. Vielmehr reagierte das Publikum unwillig auf eine Verletzung seiner Moralvorstellungen. Der geplante Beitrag eines Mormonen wurde in der Folge aus Angst vor ähnlichen Reaktionen von vorneherein unterdrückt[31]. Damit war der Vorfall aber nicht erledigt. Die inkriminierte Passage wurde – ohne Hinweis auf die Ereignisse – nicht einmal in die veröffentlichten Kongreßakten aufgenommen[32]! Veranstalter und Besucher waren sich also in der Ablehnung von Polygamie sehr einig. Durch die Frage der Polygamie wurde ganz offensichtlich die Möglichkeit der Suspension von Widersprüchen überstrapaziert.

Das zweite Beispiel hängt mit der Haltung der nichtchristlichen Teilnehmer zu den Kongreßzielen zusammen. An ihren Aussagen fällt auf, daß die massive Präsenz der Christenheit bei ihnen keinen Mangel an Selbstbewußtsein verursachte. Gerade die Vertreter der indischen Reformbewegungen machten ihren Glauben deutlich, der besten aller Religionen anzugehören. Dabei spiegelte sich in ihren Stellungnahmen der Sachverhalt, daß sich ihre spezifische Glaubensüberzeugung dem Zusammenstoß von Ost und West verdankt. Mozumdar sagte z. B.:

> „I know Asia has to learn a great deal from the West; I know that even such qualities of the Asiatic as I have described require to be assimilated to a New Dispensation of God, the future religion of mankind. But Europe has gone out to the East, and the new religion dawned in the Brahmo-Somaj(!)".[33]

Dieses Zitat führt ein Thema ein, das typisch für die Vertreter der Reformgruppen war: den Gedanken, daß die Geschichte der Religionen nicht abgeschlossen ist. Die Hindu-Religion wird als die älteste Religion der Welt vorgestellt, aber ihre Entwicklung ist nicht beendet[34]; was mit dem Anfang gesetzt ist, hat noch nicht seinen vollen Ausdruck gefunden. Während die Christen – soweit sie nicht schlicht alle nicht-christliche Religion ablehnten – in Christus die *Kulmination* der Religionsgeschichte sahen, behaupteten jene nicht-christlichen ‚Reformer' eine *weitergehende* Verwirklichung von mit dem Anfang gesetzten Prinzipien: ein Fluß bleibt der Quelle treu, indem er zum Meer strebt. Vivekananda faßte diese Gedanken zusammen:

> „The star rose in the East, it traveled steadily toward the West, sometimes dimmed and sometimes effulgent, till it made a circuit of the world, and now it is again rising on the very horizon of the East, the borders of the Tasifu, a thousand-fold more effulgent than it ever was before."[35]

Auf solche Gedanken reagierten manche Sprecher vor dem Parlament abwehrend und stellten sich auf die hauchdünne Grenze zwischen (erlaubter) Akzentuierung der eigenen und (untersagter) Kritik der anderen Position. In einem Vortrag findet sich als Reaktion auf das von den Reformen angeführte Thema folgende Passage:

> „It (das Christentum) is not intolerant of other religions, except as light is intolerant of darkness, but will in no case compromise with error, or enter into fellowship with any religious system or philosophy that is not built on the Rock of Ages."[36]

Das Christentum ist tolerant, solange seine Gegenspieler mit ihm übereinstimmen – so muß man diese Haltung wohl umschreiben.

Am Experiment eines Weltparlaments der Religionen fasziniert die Absicht, *ein* Prinzip durchzuhalten: religiöse Toleranz soll mit religiöser Partikularität vereint werden. Um eines Zieles willen, zu dessen Erreichung die Zusammenarbeit vieler mit gegensätzlichen Meinungen notwendig ist, einigte man sich auf die *Suspension grundsätzlicher Auseinandersetzung für die Zeit der Zusammenarbeit*. Dieses Prinzip war die Geschäftsgrundlage für das Vorbereitungskomitee, die Grundlage der Einladungspolitik dieses Komitees sowie letztlich die Grundlage des Parlaments überhaupt. Dem Beobachter springt nun freilich ein wichtiger Punkt in die Augen: Für die amerikanische Seite handelt es sich bei jener Prozedur um ein *formales* Prinzip, für die genannten (nicht-christlichen) Reformer jedoch um einen *Inhalt!* Diese Reformer betonen die Universalität und neigen dazu, Fragen der (religiösen) Besonderheiten zugunsten der Universalität zu vernachlässigen. Die amerikanische Seite akzeptiert die Partikularität, solange sie nicht in expliziten Widerspruch zum gemeinsamen Ziel gerät, oder, wie die Beispiele zeigen, solange gemeinsame Grundüberzeugungen des christlichen Amerika nicht in Frage gestellt werden. Zum einen zeigt sich das am Beispiel der Polygamie; zum anderen an einer gewichtigen Konsequenz aus der nicht-christlichen Haltung: der Aufgabe der Mission – eines sehr wichtigen Anliegens der amerikanischen Christen[37] –; im weiteren Sinn hätte dies bedeutet, die Herausforderung zu akzeptieren, daß die Religionsgeschichte über Christus hinausführen könnte!

4. „civil religion“ als christlicher Diskurs

Bei dem hier zur Geltung kommenden Prinzip handelt es sich um das Arbeitsprinzip der sog. „voluntary society“, ein Instrument, das der amerikanische Protestantismus sich geschaffen hatte, um angesichts seiner Zersplitterung noch handlungsfähig zu sein in bezug auf die allen gemeinsame Vision des christlichen Amerika[38]. Um diese Linie besser ausziehen zu können, möchte ich näher auf die amerikanischen Parlamentarier eingehen.

Einige Stellungnahmen amerikanischer Christen zum Parlament erinnern auffällig an den Diskurs[39] der „civil religion": Die Präsenz von organisierter Religion auf der Weltausstellung sollte den Beitrag der Religion zum Werden der jungen Nation dokumentieren; daher war ein Diskurs gefordert, der freibleiben sollte von direkten Bezügen auf spezifisch christliche Traditionen. Religiösen Anliegen, die eine Denomination im Unterschied zu anderen definieren, darf keine die öffentliche Diskussion bindende Kraft zukommen. Einige Elemente besitzen jedoch nach Bellah diese Kraft: der Glaube an einen Gott als letzten Garanten der Gerechtigkeit jenseits der Souveränität des Volkes sowie der Konsens über eine moralisch-religiöse Grundlage der Zivilisation[40]. Dieser Diskurs ist zwar nicht frei von jedem Bezug auf die christliche Religion, jedoch fehlen Spezifika wie ‚Liebe' und ‚Erlösung':

The god of the civil religion is not only rather ‚unitarian', he is also on the austere side, much more related to order, law, and right than to salvation and love. Even though he is somewhat deist in cast, he is by no means simply a watch maker god. He is actively interested and involved in history, with a special concern for America.[41]

Als Teil der Weltausstellung war das Parlament ein Gottesdienst der „civil religion". Die Kongreßakten enthalten viele Hinweise auf diesen Komplex. Anspielungen finden sich in einem Vortrag mit dem sprechenden Titel „The Civil Church"[42]. Am eindrücklichsten weisen die Vorträge von Barrows und O'Gorman von der katholischen University of America in diese Richtung[43]. Barrows zitiert hier die gleichen Präsidentenansprachen, auf die auch Bellah seine Analysen stützt. Während Bellah daraus die These eines religiösen Diskurses frei von partikularen Bezügen ableitet, werten Barrows und O'Gorman umgekehrt die gleichen Ansprachen als Beweis für den christlichen Charakter Amerikas! In der Perspektive Bellahs sind diese Vorträge ein Beleg dafür, daß die amerikanischen Protestanten – und einige „amerikanische“ Katholiken und Juden – über den Umweg einer moralischen Definition der christlichen Religion (amerikanische) Kultur, Zivilisation und Religion eng aneinander binden.

Das Prinzip des „civil religion“-Diskurses besteht in dem Versuch, eine gemeinsame Sprache zu schaffen, auf die die verschiedenen Denominationen und Gruppen des jüdisch-christlichen Raums zurückgreifen können, um ihre gemeinsame Vision eines religiösen Amerika jenseits trennender Dogmatik zu formulieren. Dem entspricht die Überzeugung, der Staat dürfe nicht von *einer* organisierten religiösen Überzeugung dominiert werden.

Dieser Diskurs lieferte auch die gemeinsame Sprache für die Aktionseinheit mit den Katholiken – man denke an die gespannten Beziehungen zurück – und den Juden. Reduzierte dieser Diskurs Jesus Christus auf einen von vielen herausragenden Lehrern, so brauchten auch die jüdischen Teilnehmer keine Einwände zu erheben. Typisch ist folgende Zusammenfassung von Barrows: „His (Jesus Christ's) name was always spoken with reverence ... His doctrine was preached by a hundred Christians and by lips other than Christian.“[44]

Die Begrifflichkeit der offiziellen Texte an die Adresse der nicht-christlichen Religionen (wie die zitierte Einladung) greift ebenfalls auf diesen Diskurs zurück. Gottes Existenz, der alle eingeladenen Religionen nach Auffassung der Veranstalter zustimmen können sollten – vgl. das Thema des zweiten Tages[45] –, und seine Beziehung zum Menschen – Thema des dritten Tages[46] –, auf der die moralischen Gebote gründen, stehen im Mittelpunkt. Die in der Einladung angesprochenen Themen setzten sich so in der Organisation der Sitzungen durch; die Protestanten glaubten offensichtlich, daß alle Religionen dieser Charta der *natürlichen* Religion zustimmen müßten und daß auf dieser Basis ein Kreuzzug gegen alle Unreligion und für eine moralisch gesunde Welt zu führen sei.

Geht man nun andererseits vom allgemeinen Hintergrund des amerikanischen Protestantismus im ausgehenden 19. Jahrhunderts aus, trifft man zuerst auf einen gut entwickelten theologisch-dogmatischen Diskurs, der die Existenz der vielen Denominationen begleitet[47]. Auch dieser Diskurs findet seinen Ort im Kontext des Parlaments: hier sind die Sonderkongresse der verschiedenen Denominationen und mehrerer „voluntary societies", oder z. B. auch der Bewegung für eine Kircheneinheit, aufschlußreich[48]. Aber auch in den Sitzungen des Parlaments selbst erscheint er mitunter[49]. Um aber über die recht engen Grenzen dieses Diskurses hinaus in der amerikanischen Gesellschaft überhaupt handlungsfähig zu sein, brauchten die Protestanten einen Diskurs, der ihre protestantische Identität deutlich werden ließ, jedoch die theologisch-dogmatischen Differenzen des Spektrums suspendierte. Indem ich einen Ausdruck von Handy aufnehme[50], möchte ich diesen Diskurs als einen „Gemeinsamer-Nenner"-Diskurs bezeichnen. Das Hauptthema dieses Diskurses ist immer noch das religiöse Amerika, diesmal aber ausdrücklich das christliche. Der Kampf der Protestanten sollte die dunklen Flecke von der weißen Weste des christlichen Amerika entfernen. Was dieser Diskurs jedoch verbirgt, ist das heimliche Adjektiv ‚protestantisch'. Er schließt leise und heimlich z. B. die katholischen Kräfte aus, die der Protestantismus als antagonistische Kräfte identifizierte. Man warf ihnen vor, für ein „römisches" Amerika mit einer Staatskirche zu arbeiten, und dies vornehmlich durch Bestechung, Subversion, Indoktrination von Kindern und allgemeine Korruption[51].

Auch dieser Diskurs erscheint hinsichtlich des Parlaments bei verschiedenen Gelegenheiten. Das Vorbereitungskomitee verwendet ihn, um das Parlament gegenüber seinen protestantischen Kritikern zu verteidigen.

Auch die Botschaft vom Triumph der (protestantischen) Christenheit über andere Religionen ist in diesem Diskurs formuliert. (Interessant ist in diesem Zusammenhang die Diskussion über die mögliche Wiedervereinigung der Christenheit, das Thema des 15. Tages[52]).

Eines haben die aufgezählten Diskurse gemeinsam: sie bilden sich jeweils um das gleiche formale Prinzip, die Verbindung von religiöser Toleranz mit religiösem Partikularismus. Dabei sind die Diskurse hierarchisch geordnet: Der ‚Gemeinsame-Nenner-Diskurs' existiert im Mittelbereich zwischen dem ‚Civil-religion-Diskurs' und dem ausgesprochen denominationalen Diskurs. Die Grenze zwischen den beiden ersten Diskursen wird durch die ausdrücklichen Regeln des Parlaments bezeichnet: Ausschluß von Diskussionen, Annahme (parlamentarischer) Gleichheit der vertretenen Religionen. Den Sprung von einem Diskurs zum anderen ermöglicht das gemeinsame Prinzip, das alle steuert; in jedem Diskurs sichern andere Methoden diese unsichere Verbindung.

Doch diese Maßnahmen selbst waren Ausdruck einer tiefverwurzelten Einstellung der Protestanten zum christlichen Amerika. Denn selbst der ‚Gemeinsame-Nenner-Diskurs' war ja in dem Sinne hochspezifisch, daß er sich zu bestimmten anderen christlichen Gruppen und gar anderen Religionen feindlich verhielt. Gerade weil das christliche Amerika eine Gleichheit der Religionen nicht als Inhalt akzeptierte, war es notwendig, ihre Gleichheit vor dem Parlament formal abzusichern! Es ist daher lehrreich, auf die Argumentationsfiguren zu achten, mit denen amerikanische Christen in ihren Vorträgen vor dem Parlament die Existenz anderer Religionen erklärten oder erfaßten: Sie reichten von einer offen feindlichen Haltung – alle nicht-christlichen Religionen sind „erring religions of mankind"[53] oder Idolatrie[54] – zu der eher liberalen Figur der Erfüllung aller Religionen in Christus[55]. Barrows Meinung in diesem Punkt z. B. war eindeutig, aber seine Haltung ambivalent: In seiner Eröffnungsansprache vor dem Parlament sprach er vom Licht Gottes, das in allen Religionen scheint[56]. Nur vor einer protestantischen Versammlung, die bezeichnenderweise schlicht „Christian Endeavor Convention“ hieß, malte er die dunkle Seite dieses Bildes aus: „pagans“ „group in a dimmer illumination“[57].

Eines gaben die Protestanten, die sich am Weltparlament beteiligten, nie zu: daß ihr Diskurs ausgesprochen protestantisch war. Sie waren überzeugt von religiösen Wahrheiten, denen ihrer Meinung nach jedes religiöse Wesen zustimmen können müßte. Diese verborgene Voraussetzung wird deutlich bei einer kursorischen Lektüre der Parlamentsakten: Eines der seltenen Worte in den Akten ist ‚protestantisch‘/‚Protestantismus‘. An seiner Stelle erscheint schlicht ‚christlich‘/‚Christentum‘; andererseits kommen ‚katholisch‘ oder ‚jüdisch‘ sehr häufig vor!

5. Ein christliches Amerika

Die ursprüngliche Heimat des ‚Gemeinsamen-Nenner-Diskurses‘ war die schon genannte „voluntary society“. Ihr Prinzip ist die Verbindung religiöser Toleranz mit religiösem Partikularismus: Die theologisch-dogmatischen Differenzen wurden zugunsten eines Ziels suspendiert, das dem gemeinsamen christlichen Hintergrund entnommen war. Für die Zeit der Existenz einer Voluntary society existierte ein Waffenstillstand der beteiligten Individuen bzw. Gruppen. Überredung war die Arbeitsmethode zur Erreichung des gesetzten Ziels. Wo dies mißlang, gebrauchte man Zwang – und zwar durchaus effizient; man denke nur an den Druck auf den Kongreß, wie er beispielsweise bei der Diskussion um die Prohibition ausgeübt wurde. Im Falle des Parlaments ließen sich Zwangsmomente z. B. in der Legitimation für die Mission freilegen, die man aus der angeblichen Überlegenheit der christlichen Religion über andere herleitete[58].

Der amerikanische Protestantismus hatte sich angesichts der Vielfalt von Gruppen, Sekten und Denominationen mit ihren jeweiligen konfessionellen Sondermeinungen und den damit gesetzten Polemiken und Apologien nicht entmutigen lassen, die religiöse Universalität zu suchen. Er hatte sich mit der „voluntary society" ein spezifisches Instrument geschaffen, um angesichts der faktischen, teilweise durchaus bewußt aufrechterhaltenen Zersplitterung die Vision eines christlichen Amerika nicht aufgeben zu müssen. In den „societies" und durch sie kämpfte man für die Werte, die ein christliches Amerika auszeichnen sollten: für die Befreiung der Sklaven, gegen „higher criticism", der die Inspiriertheit der Bibel angriff[59], für die Sabbatruhe, gegen den Alkoholismus etc. Das waren natürlich nicht immer Ziele, die jede christliche Gruppe in den USA unterschrieb; einige – etwa die Sklavenfrage – haben sogar zu einer weiteren Zersplitterung beigetragen. Das Prinzip war jedoch vorhanden: religiöse Toleranz, erreicht durch die Aussparung religiöser Differenzen. Das Thema des Diskurses war ein christliches Amerika, für das man im Namen der erlösenden Liebe Christi kämpfte.

Für den Diskurs der „voluntary society" lag ebensowenig wie für den der „civil religion" ein Widerspruch zwischen einer Trennung von Staat und Kirche(n) und einem Engagement für ein christliches Amerika. Diese Christen kämpften für ein moralisches Amerika; die moralischen Werte des Christentums waren in ihren Augen vernünftige Einsichten, die allen einleuchten mußten.

Geht man von dem formalen Prinzip der „voluntary society" aus weiter zu den verschiedenen Diskursen, die am Parlament der Religionen studiert werden können, so zeigt sich eindeutig, daß das Parlament vor allem ein amerikanisches Ereignis war – vor und neben allen anderen Aspekten, die an ihm zu entdecken sind. Die spezifisch amerikanische Interpretation der Trennung von Kirche und Staat ermöglichte erst das Weltparlament als ein Teil der „Columbian Fair"! Das formale Prinzip der

„voluntary society" ermöglichte es den Veranstaltern, zusammenzuarbeiten und trotz ihrer eher ablehnenden Haltung zu nicht-christlichen Religionen die beeindrukkende Konzeption dieses Parlaments zu ersinnen. Es erstaunt daher nicht, wenn in dieser Perspektive der Einladungstext als Einladung zu einer weltweiten „voluntary society" erscheint, die alle Religionen in einem Kreuzzug für eine moralische Welt zu vereinen trachtete.

In dieser Sicht ist das Weltparlament eine spezifische Möglichkeit des amerikanischen (protestantischen) Christentums gewesen; es ist aus diesem Grunde auch Symbol für das Amerika dieser Christen. Als Symbol offenbart es auch die Prinzipien dieses Verständnisses vom christlichen Amerika, die das Weltparlament so vielfältig in die Tat umsetzte. Das formale Prinzip der „voluntary society" und das Prinzip des Parlaments erschienen geeignet, verbunden zu werden mit der verallgemeinerungsfähigen Definition des Glaubens, die auf einer moralischen Grundlage beruht. In der Konfrontation mit anderen Religionen und deren partikularen Moralvorstellungen[60] oder deren inhaltlich begründeter größerer Assimilationsfähigkeit zeigte sich allerdings die Grenze dieses formalen Prinzips. In diesem Sinne spiegelt sich im Weltparlament sehr präzis eine Möglichkeit des (liberalen) amerikanischen Protestantismus und gleichzeitig dessen Grenze: denn auch die *verborgenen* Voraussetzungen wurden schließlich greifbar.

Anmerkungen

1 Vgl. zur Ausstellung: *The White City (As It Was)*, Chicago 1894

2 Vgl. Barrows, J. H., *The World's Parliament of Religions: An Illustrated and Popular Story of the World's First Parliament of Religions, Held in Chicago in Connection with The Columbian Exposition of 1893*, 2 vols., Chicago 1893. Auf die darin abgedruckten Vorträge wird nur unter dem Namen und der Nennung der Seitenzahlen verwiesen.

3 Vgl. Cox, H., *Verführung des Geistes*, Stuttgart 1974, S. 279–300
4 Vgl. Bonney, C. C., The World's Parliament of Religions at Chicago, 1893. In: *The World's Parliament of Religions and the Religious Parliament Extension*, Chicago 1896, S. 1–25
5 Vgl. Braybrooke, M., *Inter-Faith Organizations 1893–1979: An Historical Directory*, New York 1980, S. 9 (Texts and Studies in Religion, 6)
6 Vgl. Druyvesteyn, K., *The World's Parliament of Religions*, Chicago (unveröffentl. Diss.) 1976, S. 40, 66 f., 111
7 S. Niebuhr, H. R., *Der Gedanke des Gottesreichs im amerikanischen Christentum*, New York 1948, S. 140. Zu diesen Aspekten der Epoche vgl. auch Handy, R. T., *A Christian America: Protestant Hopes and Historical Realities*, Oxford u. a. 1974, 2. Aufl.; sowie Ahlstrom, S., *A Religious History of the American People*, New Haven 1972
8 Vgl. Druyvesteyn, a. a. O.
9 Vgl. Bishop, D. H., Religious Confrontation. A Case Study: The 1893 Parliament of Religions. In: *Numen* 16, 1969, S. 63–76
10 Vgl. Kitagawa, J. M., *The 1893 World's Parliament of Religions and its Legacy*, Chicago 1983 (Eleventh John Nuveen Lecture). Kitagawa hebt zu Recht hervor, daß Religionswissenschaftler der ersten Stunden am Parlament beteiligt waren: Réville, Paris, nahm an den Sitzungen teil; von Max Müller wurde ein Vortrag verlesen (vgl. Barrows, a. a. O., S. 935 f.), ebenso von C. P. Tiele (vgl. a. a. O., S. 583 ff.). Barrows selbst war sehr an vergleichender Religionswissenschaft interessiert (vgl. Kitagawa, a. a. O., S. 10).
11 Vgl. Druyvesteyn, a. a. O., S. 276
12 Vgl. Bonney, a. a. O., S. 5
13 Vgl. Druyvesteyn, a. a. O., S. 229–233
14 Vgl. a. a. O., S. 27
15 Vgl. z. B. als einen zeitgenössischen Zeugen: Dorchester, D., *Christianity in the United States: From the First Settlement Down to the Present Time*, New York 1888, S. 592–595
16 Vgl. Ahlstrom, a. a. O., S. 828–829
17 Vgl. Barrows, a. a. O., S. 19
18 Vgl. a. a. O., S. 60, 70
19 Vgl. a. a. O., S. 20; sein Vortrag S. 989–996

20 Zu diesem Punkt existiert eine umfangreiche Literatur. Ich verweise hier nur auf eine neuere Untersuchung, die sich auch mit den Beziehungen der indischen Intelligentia in Bengalen zum amerikanischen Unitarismus beschäftigt: Kopf, D., *The Brahmo Samaj and the Shaping of the Modern Indian Mind,* Princeton 1979

21 Vgl. z. B. Halbfass, W., *Indien und Europa*, Basel 1981

22 Zu Anagarika Dharmapala vgl. Obeyesekere, G., Personal Identity and Cultural Crisis: The Case of Anagarika Dharmapala of Sri Lanka. In: Reynolds, F. E./Capps, D. (Eds.), *The Biographical Process: Studies in the History and Psychology of Religions,* The Hague u. a. 1976 (Religion and Reason, II), S. 221–251. Im Parlament waren auch die Theosophen vertreten, vgl. Barrows, a. a. O., S. 65, zum Vortrag eines Theosophen vgl. S. 98–100.

23 Vgl. Kitagawa, a. a. O., S. 7

24 Zu Mozumdar vgl. Kopf, a. a. O. (dort geschrieben: Majumdar); zu Shaku Soyen vgl. Kitagawa, a. a. O., S. 7

25 Vgl. Barrows, a. a. O., S. 1568. Vgl. Kraushaar, Der Religionskongreß in Chicago. In: *ChW 7*, 1893, Sp. 1049 ff., 1074 ff., 1125 ff., 1148 ff., 1174 ff. Hier Sp. 1049

26 Vgl. Barrows, a. a. O., S. 1078 f.

27 Vgl. a. a. O., S. 72

28 Vgl. a. a. O., S. 1093 f.

29 Siehe Druyvesteyn, a. a. O., S. 33

30 Vgl. Kraushaar, a. a. O., Sp. 1080

31 Vgl. a. a. O.

32 Vgl. zum Vorfall um Webb auch Barrows, a. a. O., S. 127, wo versichert wird, die inkriminierte Passage sei abgedruckt. Druyvesteyn weist darauf hin, daß dies nicht zutrifft, vgl. a. a. O., S. 65 f. (Anm.) Der gekürzte Vortrag findet sich Barrows, a. a. O., S. 989–996. Im Protokoll zum Vortrag wird zu diesem „solitary incident of the kind in the whole seventeen days“ bemerkt: „It was occasioned, not by any doctrinal statement, but by what was taken for an attack on a fundamental principle of social morality“, a. a. O., S. 127

33 Siehe Barrows, a. a. O., S. 1090

34 Vgl. a. a. O., S. 969

35 Vgl. a. a. O., S. 978

36 Vgl. a. a. O., S. 1166

37 Vgl. z. B. Chaney, C. L., *The Birth of Missions in America,* South Pasadena, Ca. 1976. Das Buch ist selbst ein Aus-

druck dafür, daß dieses Motiv auch heute noch wichtig ist für breite Kreise des amerikanischen Christentums.

38 Vgl. Handy, a. a. O., S. 42 ff.

39 Den Begriff des Diskurses verwende ich in Anlehnung an Foucault, vgl. besonders Foucault, M., *Die Ordnung des Diskurses*, Frankfurt/M. u. a. 1977, und die literaturwissenschaftliche Ausprägung, die er bei Link und Link-Heer – ebenfalls im Anschluß an Foucault – findet: Link, J./ Link-Heer, U., *Literatursoziologisches Propädeutikum*, München 1980, S. 199 ff., 377 ff. Dort wird er als eine definierte sprachlich-institutionelle Praxis bestimmt.

40 Vgl. Bellah, R. N., Civil Religion in America. In: ders., *Beyond Belief: Essays on Religion in a Post-Traditional World*, New York 1970, S. 168–189

41 Vgl. a. a. O., S. 175

42 Vgl. Barrows, a. a. O., S. 1209–1215

43 Vgl. a. a. O., S. 143 ff.; zum Vortrag O'Gormans vgl. a. a. O., S. 1151–1157

44 Vgl. a. a. O., S. 1578. Barrows nimmt hier auch die genannten indischen Reformer nicht aus. Zum Jesusverständnis dieser Reformer vgl. z. B. die Texte in Hay, S., Quresh, I. H. (Eds.), *Sources of Indian Tradition*, Vol. 2, New York 1968, 7. Aufl. (Introduction to Oriental Civilizations), S. 19 ff., 52–107

45 Vgl. Barrows, a. a. O., S. 253 ff.

46 Vgl. a. a. O., S. 345 ff.

47 Vgl. Handy, a. a. O., Ahlstrom, a. a. O.

48 Vgl. hierzu die Berichte in Barrows, a. a. O., S. 1383 ff.

49 Vgl. z. B. a. a. O., S. 1166–1172

50 Vgl. Handy, a. a. O., S. 112

51 Vgl. Dorchester, a. a. O.

52 Vgl. Barrows, a. a. O., S. 1179 ff.

53 Vgl. a. a. O., S. 1294

54 Vgl. a. a. O., S. 486

55 Vgl. a. a. O., S. 924

56 Vgl. a. a. o., S. 72–79

57 Vgl. a. a. O., S. 28

58 Vgl. Handy, a. a. O., S. 42 ff., passim.

59 Zu diesem Punkt vgl. z. B. Marsden, G. M. L., *American Fundamentalism and American Culture: The Shaping of Twentieth-Century Evangelicalism 1870–1925*, New York u. a. 1980, S. 17 ff., passim.

60 Vgl. den Hinweis auf die Polygamie

Die Autoren

Dr. Michael Biehl, Pastor in Stafstedt (Schleswig-Holstein)

Dr. Gustav H. Blanke, Professor für Anglistik/Amerikanistik, Universität Mainz

Paul Duke, Senior Political Correspondent for Public Television, Washington D. C.

Dr. Thomas M. Gannon SJ, Professor, Director des Woodstock Theological Center, Georgetown University, Washington D. C.

Dr. Erich Geldbach, Konfessionskundliches Institut des Ev. Bundes, Bensheim; Honorarprofessor für Kirchengeschichte, Universität Marburg

Dr. Manfred Henningsen, Professor für Political Science, University of Hawaii at Manoa

Dr. Klaus-M. Kodalle, Professor für Religionsphilosophie und Sozialethik, Universität Hamburg

Dr. Alan Mittleman, The American Jewish Committee, New York

Dr. Leonard Neufeldt, Professor für American Studies, Purdue University, West Lafayette, Indiana

Dr. Martin Riesebrodt, Soziologisches Seminar der Universität München

Dr. Hans Schwarz, Professor für Ev. Theologie (Systematische Theol.), Universität Regensburg

Dr. Dieter Stoodt, Professor für Ev. Religionspädagogik, Universität Frankfurt

Dr. Ernst Vollrath, Professor für Philosophie, Universität Köln

Gesprächsteilnehmer

Prof. Dr. Dieter Georgi, Ev. Theologie, Universität Frankfurt; Prof. Dr. Wolfgang Grünberg, Ev. Theologie, Universität Hamburg; Dr. Heinz Werner Höffken, Politikwissenschaft, Universität der Bundeswehr Hamburg; H. Janus, Pfarrer in Bremen; Dr. Gottfried Küenzlen, Ev. Zentralstelle für Weltanschauungsfragen Stuttgart; Prof. Dr. Peter Landau, Rechtswissenschaft, Universität München; Elizabeth Pond, Korrespondentin Christian Science Monitor; Prof. Dr. Hans-Jürgen Puhle, Geschichtswissenschaft, Universität Bielefeld; Dr. Rolf Schieder, Pfarrer in Allershausen; Prof. Dr. Karl-Heinz Schneider, Hochschule für jüdische Studien, Heidelberg; Dr. Stefan Smid, Rechtswissenschaft, Universität Mannheim; Prof. Dr. Manfred Walther, Rechtswissenschaft/Philosophie, Universität Hannover; Prof. Dr. Johannes Weiß, Soziologie/Philosophie, Universität Gesamthochschule Kassel.